Der Mann, den du gegeben hast

Harriet T. Comstock

Writat

Diese Ausgabe erschien im Jahr 2023

ISBN: 9789359945057

Herausgegeben von
Writat
E-Mail: info@writat.com

Inhalt

KAPITEL I

Einer nach dem anderen verließen die Passagiere den Zug, aber Truedale achtete nicht darauf. Er war schließlich der Einzige, der noch übrig war, aber er war sich dessen nicht bewusst, und dann, als die Dunkelheit draußen seine Aufmerksamkeit erregte, hielt der Zug so plötzlich an, dass er ihn fast von seinem Sitz warf.

"Unfall?" fragte er den Schaffner. „Nein, pfui ! Pine Cone-Station. Ich schätze, dass der Ingenieur fast vergisst – das tut er im Allgemeinen am Ende. Die Gleise hören hier auf. Du siehst mächtig aus; Erwartet dich jemand ?"

„Ich war krank. Mein Arzt hat mich in die Berge geschickt. Ja, jemand wird mich treffen." Truedale ärgerte sich nicht über das Interesse, das der Mann zeigte; er war dankbar.

„Nun ja , wenn du nicht kommst – und manchmal auch nicht, weil die Straßen schlecht sind – kannst du mit uns zurückkommen, nachdem wir das Holz eingepackt haben. Ich wohne fünf Meilen weiter unten an der Strecke; Wir liegen die Nacht im Fell. Du siehst nicht so aus, als würdest du es mit deinen beiden stehenden Füßen aufnehmen."

Die gesamte Zugtruppe, bestehend aus drei Männern, machte sich auf den Weg, um Treibstoff für die Rückfahrt zu sammeln, und niedergeschlagen setzte sich Truedale in die Dunkelheit und Stille, um die Ereignisse abzuwarten.

Kein Mensch materialisierte sich und Truedale gab sich düsteren Gedanken hin. Offensichtlich musste er mit dem Zug zurückkehren und sich morgen früh auf den Weg machen – in diesem Moment erregte ein Funke wie eine Sternschnuppe seine Aufmerksamkeit, und zu seiner Überraschung sah er, keine Dutzend Fuß entfernt, einen großen, schlanken Mann, der in Haltung an einem Baum lehnte so klebrig, dass es sich um einen Pilzwucher oder einen zerstörenden Mistelzweig hätte handeln können. Es kam Truedale nie in den Sinn, dass dieser gleichgültige Zuschauer an ihm interessiert sein könnte, aber er könnte im Notfall nützlich sein, also salutierte er herzlich.

"Hallo Freund!"

An der Auf- und Abwärtskurve des leuchtenden Pfeifenkopfes schloss Truedale , dass der Mann nickte.

„Ich warte auf Jim White."

"Also?" Das eine Wort kam ohne Interesse durch die Dunkelheit.

„Kennen Sie ihn zufällig?"

"Sorter."

„Könnten Sie mich zu ihm bringen?“

"Ich rechne damit. Dafür bin ich gekommen . “

„Ich – ich habe einen Koffer vorausschicken lassen; Vielleicht ist es in diesem Schuppen?“

„Es liegt an – an Jims Wohnung. Kannst du auf der Stute hinter mir reiten? Reisen ist verdammt schlecht.“

Sobald sie auf dem Rücken der Stute waren, verschleppte sich das Gespräch, dann starb sie eines natürlichen Todes. Als Truedale hinter seinem Führer herlief, hatte er das Gefühl, eine Art Antikriegsromanze zu erleben, und sein Griff klopfte unangenehm gegen sein Bein, je rauer der Weg wurde.

Es war neun Uhr, als auf einer kleinen Lichtung in der Nähe des Weges die Lichter einer Hütte fröhlich leuchteten und die Stute abrupt und endgültig stehen blieb.

„Ich hoffe, Weiß ist zu Hause!“ Truedale war bis zur Erschöpfung erschöpft.

„Ich bin Jim White!“ Der Mann stieg ab und stand bereit, seinem Gast zu helfen.

„Willkommen, Fremder. Jeder, den der alte Doc McPherson hierherschickt, bringt seine Begrüßung mit.“

Ungefähr vierzehn Tage später streckte Conning Truedale seine langen Beine nach Jim Whites prasselndem Feuer aus Tannenzweigen und Zapfen aus. Es war ein heftiges und wütendes Feuer, aber die Nacht war scharf und kalt. Es gab kein anderes Licht im Raum als das des Feuers – und es war auch nicht nötig.

Jim saß am Tisch und reinigte eine Waffe. Truedale nahm Rücksicht auf sich selbst. Er hielt seine lange, braune Hand in die Flamme; es war so stabil wie das einer Statue! Er war an diesem Tag zehn Meilen gelaufen und fühlte sich begeistert. Die Nacht brachte Schlaf, die Essenszeit – und oft auch die Zeit dazwischen – brachte Appetit. Seine Gesundheit hatte enorm zugenommen.

„Wie lange bin ich schon hier, Jim?“ fragte er mit langsamer, ruhiger Stimme.

„Kommen Sie Donnerstag, drei Wochen!“ Wenn Jim am lakonischsten war , platzte er innerlich oft vor Verlangen nach Gesprächen. Nach einer Pause sprach Conning erneut:

„Sag mal, Jim, gibt es außer dir und mir noch andere Menschen in dieser Bergkette?“

"Pfui! Ich strotze nur so vor Leuten! Wird verdammt dick. Deshalb muss ich in den tiefen Wald gehen. Ich hasse Menschen einfach von Natur aus, außer in kleinen Dosen. Warum" – hier legte Jim die Waffe auf den Tisch – „ Fünf Meilen zurück, oben am Lone Dome, liegt das Greyson's, und bis zu Jed Martins Haus sind es keine neun Meilen. Bis zur Miss Lois Ann sind es sechzehn Meilen; Wie nennt man Bevölkerung, wenn die Zahlen das nicht beweisen?"

Offensichtlich hatte etwas Whites Vorstellungen von Isolation und Unabhängigkeit durcheinander gebracht – alles würde später ans Licht kommen. Truedale kannte seinen Mann zu diesem Zeitpunkt ziemlich gut; zumindest dachte er, dass er es tat. Wieder nahm Jim seine Waffe und Con dachte träge, dass er zu seiner Hütte gehen musste. Er bewohnte eine kleine Hütte – Dr. McPhersons Grundstück zu Schlafzwecken.

„Weißt du ?", unterbrach Jim plötzlich; „ Erinnern Sie sich an eine Klette , die wild in einer Schafherde herumläuft und sich sammelt , während Sie gehen." Ihr seid ein Wunder ! Nun war der alte Doc McPherson wie ein Schatten , als er sich auf den Weg dorthin machte – aber er brauchte aufgrund seines Alters und natürlicher Körperbaufehler länger, um sich zurechtzufinden . Dein Körper war ziemlich nah dran, aber eine Art schlaffe Schicht aus Knorpel und Fett hing an ihm und war keine gute Grundlage, auf der man aufbauen konnte."

Conning lachte entzückt. Als Jim White aus eigenem Antrieb zu reden begann, floss sein Gespräch weiter, bis ihn Hunger oder Müdigkeit überkamen. Sein Schweigen hatte die gleiche Qualität – es war die Art und Weise, wie Jim begann, die zählte.

„Als ich zum ersten Mal ter nahm Handlin ' yo ' für den alten Doc McPherson, ich habe es umso mehr gehasst, meine Augen von dir abzuwenden, fürchte ich , du könntest rausrutschen, aber Gott! Du kannst jetzt mit dir selbst kämpfen und – ich sehne mich einfach nach den Stöcken."

"Die Stöcke?" Das war ein neuer Ausdruck.

"Wald!" Jim versicherte (er verabscheute die Dummheit, die eine Interpretation von vollkommen einfachem Englisch erforderte): „Deep Woods! Angesichts der Tatsache, dass Burke Lawson verdächtigt wird, in der Nähe zu sein , und meine Pflicht als Sheriff ihn dazu veranlasst hat, mir ins Gesicht zu schlagen , habe ich herausgefunden, dass es ein sehr vernünftiger Trick sein wird, diesen hier anwesenden Polizeibeamten irgendwo zu finden Sonst, bis Burke sich mit seinen Freunden und Feinden abfindet oder sich selbst davonzieht, bevor er aufgehängt oder erschossen wird ."

Truedale drehte seinen Stuhl um und sah Jim an.

„Wissen Sie", sagte er, „Sie haben in den letzten zehn Minuten mehr Namen genannt als in all den Wochen, die ich hier war? Du machst mir einen geistigen Krampf. Ich dachte, Sie und ich hätten diese Hügel für uns alleine; Stattdessen werden wir von allen Seiten bedroht, und dennoch habe ich auf meinen Landstreichern keine Menschenseele gesehen. Wo halten sie sich auf? Was hat dieser Burke Lawson getan, um die Menschen aufzurütteln?"

Santers doch nicht echte Landstreicher, oder? Warum die Leute hier oben so dick wie Zecken sind , obwohl sie sich nicht die Ellbogen stoßen, so wie sie es dort machen, wo man abspritzt. Sie schreien auch nicht , um deine Aufmerksamkeit zu erregen . Aber sie sind hier."

„Lass uns mehr von Burke Lawson hören." Truedale riss *ihn* aus der brodelnden Masse der Menschheit, die White als denjenigen darstellte, der am meisten Farbe und Interesse versprach. „Wo wohnt Burke?"

„Burke? Gott! Burke lebt nirgendwo. Er ist der geborene Floater. Er schnüffelt an einem Ort herum und erweckt den Teufel zum Leben, dann schwebt er ganz natürlich davon. Aber er kommt fast immer zurück. Seitdem die Falle vor langer Zeit aufgestellt wurde , ist er in diesen Gegenden sehr selten; aber jeden Tag könnte er auftauchen.

„Die Falle, was? Was ist damit?" Damit drehte sich Truedale wieder um, denn nachdem Jim seine Arbeit an der Waffe beendet hatte, hatte er die Waffe auf die Pflöcke an der Wand gestellt und sich dem Feuer genähert. Er fuhr mit der Hand durch sein krauses, graues Haar, bis es zu Berge stand und ihm ein besonders struppiges Aussehen verlieh. Er war dabei, sich zu amüsieren. Er war genauso erpicht auf Klatsch wie jede Hüttenfrau in den Bergen, aber Jim war ein Künstler darin, sein Wissen weiterzugeben. Als er sich jedoch zum Teilen entschloss, teilte er königlich.

„Ich habe netter darauf gewartet , dass du Interesse an uns allen zeigst", begann er, „es ist ein deutliches Zeichen dafür, dass du weiterkommst ." Dasselbe habe ich gestern auch dem alten Doc McPherson geschrieben ! „Wenn er es merkt " , schreibe ich, „ist er auf dem Weg der Besserung."

Conning lachte gutmütig. "Oh! Ich bin auf dem Weg der Besserung, in Ordnung", sagte er.

„Was nun diese Fallensache angeht", nahm Jim die Geschichte auf, „ich muss etwas zurückgehen und euch von den Greysons und Jed Martin erzählen – sie sind alle miteinander verbunden wie Bösewichte ." Pete Greyson macht Lone Dome alle Ehre. Pete kam aus dem Bestand; Er ist noch lange kein Schrott, aber er kann sich so verhalten! Petes Vorfahren tranken Wein und redeten wie Herren; Pete muss sich auf Bergtau verlassen, und das macht den Unterschied in seinem Leben aus ; Aber wenn er erst einmal nüchtern ist, hat er Qualität – ist Pete. Pete hat zwei Dartspieler –

Marg und Nella-Rose. Der alte Doc McPherson nennt sie Typen , was auch immer das bedeutet. Marg ist sicher ein Typ , aber Nella-Rose ist ein bisschen ignorant – das sage ich. Aber es ist alles schuld, es ist Nella-Rose, die die Berge in Gang gesetzt hat , soweit ich das beurteilen kann. Kerle machen den Hof um Marg, und sie entgleiten ihr einfach, und Nella-Rose erwischt sie . Sie will nicht , dass sie mit Marg spielen und sie quälen. Gott! wie die beiden Mädels sich gegenseitig nervös machen. Rund um Lone Dome nennen sie Nella-Rose das Doney -Gal – das bedeutet „Schatz“; Sie ist für mehr Ärger verantwortlich als ein Bär mit schmerzendem Kopf oder Burke Lawson mit Tränen in den Augen.“

Conning zeigte großes Interesse und zeigte es zu Jims Freude; Dies war ein gefährlicher Zustand für White, und wenn er erst einmal erschrocken und geschmeichelt war, würde er wahrscheinlich mehr erzählen, als vernünftig war.

„Jed Martin“ – Jim kicherte – „ wurde wie ein heißer Maiskolben zwischen den beiden Mädels hin und her geworfen.“ Er würde Nella-Rose schnell genug nehmen, wenn sie ihn hätte, aber abgesehen von ihr hängt er an Marg, um auf jeden Fall in der Nähe von Nella-Rose zu sein . Und genau hier figgert Burke Lawson . Burke hat zwei Naturen , genau wie der alte Satan. Marg kann auf einem herumspielen und ihn zu allem aufregen ; Nella-Rose kann ihn um den Finger wickeln und ihn dazu bringen, sich wie die Wiederkunft Christi zu verhalten.“

Conning forderte Halt. „Was ist das Zweite Kommen?“ fragte er mit funkelnden Augen.

„ Das heißt? – gut als Bibelfigur“, erklärte Jim verärgert. „Gott, Mann! Denken Sie selbst nach. Ich kann nicht reden und erklären ter onct .“

"Oh! Ich verstehe. Nun, mach weiter, Jim.“

„Es gibt Zeiten des Mondes, in denen ich erkläre, dass Nella-Rose einfach besessen zu sein scheint; Hat ter etwas getan und tut es! Vor drei Monaten, am kommenden Samstag oder so ungefähr, kam ihr in den Sinn, Marg auf Schritt und Tritt zu ärgern, und verkündete, dass sie alle Kerle zusammentreiben und ihre Wahl treffen würde ! Sie hatte das flammende Gesicht , hierher zu kommen und *mir* das zu sagen! Natürlich wusste Marg es, aber die beiden am meisten Verschwörten wussten es nicht – also Jed und Burke. Zumindest vermuteten sie es – aber sie waren sich nicht sicher. Jed wollte Burke aus dem Weg räumen, damit er freien Platz für Nella-Rose hatte, also zielte er darauf, einen von Burkes Füßen zu treffen, gerade so weit, dass er ihn hochlegen konnte – Jed ist der langsame , berechnende Typ und ein absolut sicherer Schuss. Er ging davon aus, dass Burke nicht mit einem schmerzenden Fuß den Lone Dome hinaufgehen könnte, also legte er sich auf ihn, wollte hinterher sagen, er sei auf der Jagd , und hielt Burke für ein Opossum. Nun, Burke hat Wind von der Verschwörung bekommen; Ich glaube , Marg hat ihm einen Floh ins Ohr gesetzt, jedenfalls hat er direkt neben dem Weg, der vom Weg zum Lone Dome führt, eine Falle aufgestellt. Gott! Jed setzte seinen Fuß dazwischen, als ob er ter meinte , und was macht dieser Burke, als mit Nella-Rose einen Spaziergang zu machen, direkt an der Stelle vorbei, an der Jed gefangen wurde! „Corse, er hat etwas Schreckliches geschrien .“ Sie haben Jed geholfen, und ich schätze, Nella-Rose war unschuldig, aber Jed hat den Bericht gegen Burke geschrieben, und Burke hat sich für einen Moment davongemacht. Er ist noch nicht zurückgeschwebt – *noch nicht!* Aber solange Nella-Rose über der Erde ist, wird er ganz natürlich zurückkommen.“

„Und Nella-Rose, die kleine No-Count; Hat sie es Jed zurückgezahlt, dem armen Kerl?“

„Nella-Rose zahlt es niemandem zurück – das tut sie nicht mehr als halb real, wie auch immer man es ausdrückt. Aber schauen Sie mal, wie das einen Sheriff in Ordnung bringt, ja ? Da ich weiß, was ich tue, kann ich keinen von ihnen mit reinem Gewissen ins Gefängnis bringen. Gott! Ich würde gerne ein Gesetz erlassen, das alle Weibchen einsperrt und sie nur mit einer Schnur an den Beinen herauslässt!“ Dann lachte White nachdenklich.

„Was nun, Jim?“

„Mädels!“ White spuckte das Wort förmlich aus. „Mädels!“ Es folgte eine beredte Pause, dann wurde es leiser: „Scherz, wenn du sie platzierst und sie richtig hasst, dann stehen sie auf und tun etwas , um dich zum Schmelzen zu bringen wie Schnee auf dem Lone Dome im Mai. Ich dachte an die kleine weiße Henne und Nella-Rose. Bei Greyson besteht kaum eine Chance, ein lebendes Haustier zu haben . Alles, was zum Essen geeignet ist, ist et. Pete trinkt den Rest. Aber einmal kam Nella-Rose an einem klaren Mondlichtabend hierher , mit etwas unter ihrem kleinen, alten Schal. „Jim“, sagt sie – schmeichelt und überredet – „ Ich möchte , dass du das hier für mich behältst .“ Ich werde seinen Bergfried mitbringen, aber ich liebe ihn, und ich kann ihn nicht sehen – getötet!‘ Dieses Mädchen lässt niemals Tränen fließen – sie benetzen scherzhaft ihre Augen und bringen sie zum Leuchten. Damit ließ sie den grässlichsten weißen Zwerghühner los und streute etwas Mais auf den Boden; Dann setzte sie sich und lachte wie ein Kobold, als das dumme Ding auf sie zusprang und sich auf ihren Schoß fallen ließ. Nun, ich habe die freche kleine Henne behalten – es blieb mir nichts anderes übrig –, aber eines Tages folgte Marg Nella-Rose nach oben, und als sie sah, was los war, stampfte sie hinein und schrie: „Also!“ Du kannst Spielzeug haben, während wir alle verhungern! Du kannst stehlen, was uns gehört – und damit nahm sie das Zwerghühner, und ich könnte sagen, sie drückte Nella-Rose den Hals des Huhns um !"

„Guter Gott!" rief Conning aus; „Der junge Kerl! Und die andere – was hat sie getan?"

„Sie sah mich scherzhaft an – ihre Augen schwammen . Nella-Rose redet nicht viel, wenn sie verletzt ist, aber sie vergisst es nicht . Ich sage dir , junger Kerl, dass es kein Scherz ist , in dieser Siedlung Sheriff zu sein . Man kennt die Leute zu gut und sieht die Rechte und Unrechte besser, als dass es der Gerechtigkeit gut tut."

"Also?" Jim stand auf und streckte sich. „ Du gehst nicht auf die Bärenjagd , Ter-Morrer ?"

„Nein, Jim, aber ich gehe einen Teil des Weges mit dir. Wann fängst du an?"

„Gegen zwei Uhr morgens . "

„Dann werde ich mich melden. Gute Nacht, alter Mann! Du hast mir einen tollen Abend beschert. Ich habe das Gefühl, als würde ich plötzlich in eine Menschenmenge hineinprojiziert, in der menschliche Probleme mit allen Mitteln aufeinanderprallen. Du kannst nicht entkommen, alter Mann; das ist die Wahrheit. Du kannst nicht entkommen. Leben ist Leben, egal wo man es findet."

„Jetzt mach dir keine Sorgen „ Ich rede mit mir über Perlit", warnte Jim. „Die Befehle des alten Doc McPherson waren eine bloße Unterhaltung. Lass dich scrabbln ! Ich werde dich gegen zwei oder so umhauen."

Draußen stand Truedale still und betrachtete die Schönheit der Nacht. Der Mond war voll und überflutete den offenen Raum mit einem Glanz, der in scharfem Kontrast zu den schwarzen Schatten und den Umrissen der nahen und fernen Gipfel stand.

Die Stille war so intensiv, dass das Ohr, das nach Geräuschen suchte, vor Anstrengung schmerzte. Und in diesem Moment stieß eine verzauberte Henne in Whites Schuppen einen seltsamen Schrei aus und Truedale zuckte zusammen. Er lächelte grimmig und dachte an das kleine Nichtzählen und die Tragödie des weißen Zwerghuhns. Im strahlenden Licht um ihn herum schien er ihr erbärmliches Gesicht zu sehen, wie White es beschrieben hatte – die Augen voller Tränen, aber nie überfließend, das Elend und den Hass, die Einsamkeit und Ohnmacht.

Um zwei Uhr am nächsten Morgen klopfte Jim mit seiner Waffe an Truedales Fenster.

„Kommst du spazieren?"

„Wetten!" Con war sofort wach und aufmerksam. Zehn Minuten später schloss er die Türen und Fenster seiner Hütte hinter sich und gesellte sich zu White auf dem mit Blättern übersäten Weg zum Wald. Er ging fünf Meilen und verabschiedete sich dann von seinem Gastgeber.

„Überarbeiten Sie sich nicht!" grinste Jim gesellig. „Ich werde dem alten Doc McPherson schreiben, wenn ich zurückkomme."

„Und wann wird das sein, Jim?"

„ Das bin ich nicht Ich werde vorhersagen." White presste die Lippen zusammen. „Wenn ich bleibe, bleibe ich, aber wenn ich erst einmal in den Wald gehe , gibt es kein Wort mehr . Ich hole Futter, wenn ich komme, und schicke auch Post – aber das tue ich nicht Ich werde mich selbst humpeln , wenn ich die Stöcke nehme .

Truedale allein durch das nasse Herbstlaub zurückwanderte, verspürte er zum ersten Mal seit seiner Ankunft das Gefühl der Einsamkeit. Plötzlich wurde ihm klar, dass White ihm alles bedeutet hatte, was er brauchte, aber wie sollte er diese Zeit nutzen, da White unbehindert im tiefen Wald unterwegs war? Er beschloss, sich zum Lernen zu zwingen. Er hatte ein festes Buch in seinem Koffer verstaut, was seine Freunde nicht wussten. Er würde seine Arbeitsfähigkeit auffrischen – es konnte ihm jetzt nicht schaden. Er war so stark wie nie zuvor in seinem Leben und die Aussicht, die vor ihm lag, versprach größere Gewinne.

Ja, er würde studieren. Er würde auch Briefe schreiben – echte Briefe. Er hatte jeden vernachlässigt , besonders Lynda Kendall. Die anderen spielten keine Rolle, aber Lynda war wichtiger als alles andere. Das würde sie immer tun! Und als er an Lynda dachte, erinnerte er sich daran, dass er in seinem Koffer auch das Stück hatte, an dem er mehrere Jahre lang in Stunden gearbeitet hatte, die er der Ruhe hätte widmen sollen. Er würde das Stück herausholen und versuchen, ihm Leben einzuhauchen, jetzt, wo er selbst lebte. Lynda hatte gesagt, als sie das letzte Mal über seine Arbeit gesprochen hatten: „Es ist wunderschön, Con; Du sollst es nicht herabsetzen. Es ist wunderschön wie ein kaltes Steinding mit rauen Kanten. Manchmal muss man es glätten und polieren, und dann muss man darüber beten und daran glauben, und ich glaube wirklich, dass es sich dafür lohnen wird. Es bedeutet vielleicht nichts anderes als eine sichere Anleitung zu Ihrem Ziel, aber dafür wären Sie doch dankbar, nicht wahr?" Dafür wäre er natürlich dankbar! Es würde für ihn Leben bedeuten – Leben, nicht bloße Existenz. Er begann zu hoffen, dass Jim White einen Monat lang wegbleiben würde; Mit dem Lernen, dem Theaterstück und dem selbstständigen Tun war die vor ihm liegende Zeit bereits eingeplant!

Truedale stapfte lautlos vorwärts, betrat die Lichtung, kam an Whites Hütte vorbei und näherte sich seiner eigenen mit fester Entschlossenheit. Dann blieb er stehen. Er war sich sicher, dass er Fenster und Türen geschlossen hatte – die Vorsicht der Stadt hing noch immer an ihm –, aber jetzt waren beide Türen und Fenster weit geöffnet, um den strahlenden Herbsttag zu ermöglichen, und eine Rauchwolke von einem kürzlich wieder aufgefüllten Feuer stieg fröhlich in die klare Luft , trockene Luft.

„Nun, ich werde –!" und dann schlüpfte Truedale leise in den hinteren Teil der Kabine und zu einem niedrigen Schiebefenster, durch das er unbeobachtet spähen konnte. Ein Blick faszinierte ihn.

KAPITEL II

Die Einrichtung des Zimmers war kahl und schlicht – ein Tisch aus Tannenholz, ein paar Holzstühle, ein breites, bequemes Sofa, ein Schrank mit etwas unscheinbarem Geschirr und ein großer Spiegel im Raum zwischen der Haustür und dem Fenster. Vor diesem Glas ging eine seltsame Gestalt auf und ab und genoss ihr eigenes bemerkenswertes Spiegelbild. Truedales zerschlissener Bademantel hing wie ein Mantel von den Schultern des Eindringlings – es waren sehr gerade, schlanke junge Schultern; Ein alter, lächerlicher Fez – ein Gräuel aus seinem ersten Studienjahr, den er aus sentimentalen Gründen aufbewahrte – schmückte den Kopf des kleinen Fremden und hielt nur teilweise die Masse schattiger Haare im Zaum, die sich von ihm und um sein schelmisches Gesicht wellten.

Überraschung, dann Staunen, schwankte Truedale . Als er das Wunderstadium erreichte, verließen ihn die Gedanken. Er schaute einfach hin und wunderte sich weiter. Durch diese Verwirrung erreichten ihn bald Worte. Der Maskerader drinnen verneigte sich komisch und kratzte sich komisch, und mit leiser, musikalischer Stimme sagte er:

„How-de, Mister Outlander, Sir! Wie-de? Ich habe gesehen, wie Ihr Rauch auf dem Rückweg von zu Hause aufstieg, Sir, und ich bin schon lange bei Ihnen vorbeigekommen, Mister Outlander."

Ein weiterer ausladender Knicks versetzte Truedale in hilflose Heiterkeit, und er schrie förmlich und krümmte sich dabei.

Die Wirkung seines Ausbruchs auf den jungen Menschen in ihm war enorm. Sie schien zu Stein geworden zu sein. Sie starrte auf das Gesicht im Fenster; Sie wurde rot und weiß – der absurde Fez baumelte über ihrem linken Ohr. Dann stieß sie etwas aus, das wie ein einziges Wort aussah, so anhaltend süß war die gedehnte Stimme.

„ Gottmächtig !"

Truedale sah, dass es kein anderes Zugeständnis geben würde, riss er sich zusammen, ging um die Haustür herum und klopfte feierlich. Das Mädchen drehte sich wie auf einer Drehachse, sagte aber kein Wort.

Sie hatte die wunderbarsten Augen – unschuldig und flehend; Sie war noch ein Kind, und obwohl sie jetzt beeindruckt aussah, war sie offensichtlich eine mutige junge Eingeborene, die eine gute Lektion verdient hatte. Truedale war entschlossen, ihr eins zu geben!

„Wenn es Ihnen nichts ausmacht", sagte er, „komme ich herein und setze mich."

Dies tat er, während die großen, ernsten Augen ihm aufmerksam folgten.

„Und jetzt wären Sie so freundlich, mir zu sagen, was Sie damit meinen, meine Kleidung zu tragen?"

Immer noch die Stille und der leere Blick.

„Du musst meine Fragen beantworten!" Truedales Stimme klang streng. „Ich nehme an, du hast nicht damit gerechnet, dass ich so bald zurückkomme?"

Die tiefen Augen bestätigten dies durch die herabhängenden Lider.

„Und du bist eingebrochen – wozu?"

Keine Antwort.

"Wer bist du?"

Die Situation wurde wirklich unerträglich, also änderte Truedale seine Taktik. Er würde mit der armen Kleinen spielen und sie beruhigen.

dich ansehe, sehe ich, was du bist. Du bist überhaupt kein Mensch. Du bist ein Geist von irgendetwas – wahrscheinlich von einem dieser frechen Berge dort drüben. Ich wette, die Weiße Magd! Du musstest meine Kleidung anziehen, um vor meinen Augen zu materialisieren, und du musstest dieses Wort der Hügel verwenden – damit ich dich verstehen konnte. Es ist jetzt ganz klar und Sie sind herzlich willkommen in meinem – meinem Bademantel; Ich wage zu behaupten, dass Sie darunter mit hauchdünnen Wolken, Dämpfen und Nebeln bedeckt sind . Oh! Komm jetzt –" Die seltsamen Augen füllten sich – aber nicht überfüllt!

"Ich habe nur Spaß gemacht. Verzeihen Sie mir. Warum-"

Der elende Fez fiel aus dem weichen Haar – das zerzauste Gewand von den steifen Schultern – und da stand er, gekleidet in ein grobes selbstgesponnenes Kleid, einen kleinen karierten Schal und eine karierte Schürze –

„Es ist das Nichtzählen", dachte Truedale . Laut sagte er: „Nella-Rose!"

Mit dem Ablegen der Verkleidung wurden dem Mädchen Jahre und Würde verliehen, und Truedale , der in der Gegenwart fremder junger Frauen immer am schlechtesten war, starrte die Frau, die jetzt vor ihm stand, benommen an.

„Vielleicht", begann er unbeholfen , „ setzen Sie sich. " Bitte!" Er zog einen Stuhl zu ihr heran. Nella-Rose sank hinein und stützte ihren gesenkten Kopf auf ihre Arme, die sie auf dem Tisch verschränkte. Ihre Schultern hoben und senkten sich krampfhaft, und als Truedale sie ansah, fühlte sie sich hoffnungslos elend.

„Ich bin ein Biest und nichts weniger!" gab er entschuldigend und entschuldigend zu. „Ich – ich wünschte, du *könntest* mir verzeihen."

Dann hob er langsam den Kopf und zu Truedales weiterer Bestürzung sah er, dass Freude und nicht Angst das Zittern dieser trügerischen kleinen Schultern verursacht hatten.

"Oh! Ich verstehe – du lachst!" Er versuchte empört zu sein.

"Ja."

„Um was?"

"Alles Du!"

"Danke schön!" Dann erhob sich wie eine Antwort etwas, das in Truedale bisher unbekannt und ungeahnt gewesen war , und überwältigte ihn. Seine Schüchternheit und Unbeholfenheit schmolzen vor der Wärme und dem Glanz der siegreichen Emotionen dahin. Er stand auf und setzte sich an die Ecke des Tisches, die seinem schäbigen kleinen Gast am nächsten war, und als er ihr direkt in die bezaubernden Augen blickte, stimmte er in ein langes, schallendes Lachen ein.

Es war schlicht und einfach Hingabe.

„Und jetzt", sagte er schließlich, „müssen Sie bleiben und etwas essen." Ich bin fast verhungert. Und du?"

Das Mädchen wurde nüchtern.

„Ich – ich habe immer Hunger", gab sie leise zu.

Sie rückten den Tisch nahe an das prasselnde Feuer und ließen Türen und Fenster offen, um das knusprige, süße Essen zu genießen. Morgenluft.

„Wir feiern eine Party!" Truedale gab bekannt. „Ich gehe zu Jims Hütte und bringe das Beste mit, was er hat."

Als er zurückkam, hatte Nella-Rose Tassen, Untertassen und Teller auf den Tisch gestellt.

„Haben Sie – oft Partys?" Sie fragte.

„Ich hatte noch nie einen. Ich werde sie aber von nun an haben, wenn – wenn du kommst!"

Truedale blieb stehen, die Arme voller Krüge und Teller voller Essen, und hielt das Mädchen mit seinen bewundernden Augen fest.

„Und du lässt mich kommen und dich sehen – dich und deine Schwester und deinen Vater? Ich weiß alles über dich. White hat alles erklärt. Er-"

Nella-Rose stützte sich am Tisch ab und skizzierte ruhig und bestimmt ihre künftigen Beziehungen.

„Nein, Sie können uns nicht alle besuchen. Du kennst Marg nicht. Wenn sie die Dinge nicht herausfindet, wird es keinen Ärger geben; Wenn sie etwas herausfindet, wird es eine Menge Ärger geben!"

Dies wurde mit solch komischem Ernst gesagt, dass Truedale erneut lachte, aber sofort ernüchterte, als er sich an den Vorfall mit dem weißen Zwerghuhn erinnerte, den Jim so anschaulich geschildert hatte.

„Aber wissen Sie", antwortete er, „ich möchte dich nach dieser ersten Party nicht gehen lassen und dich nie wieder sehen!"

Das Mädchen zuckte mit den Schultern und tat die Angelegenheit offenbar ab. Sie setzte sich und begann mit bezaubernder Hingabe zu essen. Plötzlich sprach Truedale erneut amüsiert und interessiert:

„Es wäre sehr unfreundlich von dir, mich dich nicht sehen zu lassen."

"Ich denke!" Nella-Rose zog die Brauen zusammen und knabberte nachdenklich an einem Stück Maisbrot. Dann – ganz plötzlich:

„Ich komme hierher!"

„Du – meinst du das?" Truedale errötete.

"Ja. Und die großen Wälder – du gehst darin spazieren?"

„Das tue ich auf jeden Fall."

„Manchmal – ich bin im großen Wald."

„Wo – speziell?" Truedale spielte dieses neue Spiel mit der törichten Geschicklichkeit eines Neulings.

„Es gibt eine Mulde – wo –" (Nella-Rose hielt inne) „wo das Lorbeergewirr wie ein Dschungel ist –"

Truedale unterbrach: „Ich weiß es! Es gibt einen kleinen Bach, der hindurchfließt, und – Pfade."

"Ja!" Nella-Rose lehnte sich zurück und zeigte verführerisch ihre weißen Zähne.

„Ich – ich sollte – das nicht zulassen!" Für einen Moment durchbrach Truedale das dünne Eis der Freude, das ihn in eine unbekannte Gefahr lockte, und fiel auf den festen Fels des Konservatismus.

"Warum?" Die zärtlich unschuldigen Augen blickten ihn ansprechend an. „Da sind Verrückte und – und andere Dinge! Du neckst nur; lässt du mich – dir den Weg zeigen?"

Das Mädchen war jetzt ganz kindisch und Truedale schämte sich, ihr irgendeinen absurden Weg aufzudrängen, den seine Maßstäbe anerkannten, den ihre aber nie gezeugt hatten.

"Natürlich. Ich würde mich freuen, Sie als Führer zu haben. Jim White hat keine Ahnung von Nüssen und anderen Dingen – er geht in den Wald, um etwas zu töten; er ist jetzt da. Ich wage zu behaupten, dass es in den Bergen außer Beute noch andere Dinge gibt?"

Nella-Rose nickte.

„Lass uns am Feuer sitzen!" sagte sie plötzlich. „Ich – ich möchte dir etwas sagen, und dann muss ich gehen."

Der Mangel an Schüchternheit und Zurückhaltung hätte so leicht zu Kühnheit werden können – aber das taten sie nicht! Das Mädchen war wie ein Geschöpf der Wildnis, das keinen Grund zur Angst kannte und in bisher ungeahntem Vergnügen schwelgte . Truedale zog die Couch für Nella-Rose an den Kamin, stapelte die Kissen an einem Ende und setzte sich dann auf den Baumstumpf, der als Sofa diente.

"Nun dann!" sagte er und behielt seinen luftigen kleinen Gast im Auge. „Was hast du mir zu sagen – bevor du gehst?"

„Es ist etwas, das passiert ist – vor langer Zeit. Du wirst nicht lachen, wenn ich es dir sage? Du lachst richtig viel."

"ICH? Glaubst du, ich lache viel? Guter Gott! Manche Leute denken, ich lache nicht genug." Er dachte an seine Freunde zu Hause, und irgendwie beruhigte ihn die Erinnerung für einen Moment.

„ Vielleicht kennen sie dich alle nicht so gut wie ich." Dies mit amüsanter Überzeugung.

„Vielleicht tun sie das nicht." Truedale war tödlich ernst. „Aber mach weiter, Nella-Rose. Ich verspreche, jetzt nicht zu lachen."

„Es war der Anfang von – dir!" Das Mädchen richtete den Blick auf das Feuer – sie war seltsam zurückhaltend. „Als ich sah, wie du durch das Fenster da drüben schautest, hatte ich zunächst große Angst."

Jim Whites Aussage, dass Nella-Rose nicht mehr als zur Hälfte real sei, schien angesichts der gegenwärtigen Ereignisse kaum weniger als eine nackte Tatsache zu sein.

„So sahst *du* aus – damals, als ich zehn Jahre alt war. Ich war weggelaufen – "

„Laufst du immer weg?" fragte Truedale aus den hohlen Tiefen der Unwirklichkeit.

„Ich laufe viel weg. Wenn man will, muss man Dinge sehen und anders sein.“

„Und du – du willst anders sein, Nella-Rose?“

„Ich – warum, siehst du das nicht ? – Ich *bin* anders.“

"Natürlich. Ich meinte nur – magst du es, anders zu sein?“

„Es muss mir gefallen. Ich wurde mit einem Krächzen geboren .“

„Um Himmels Willen, was ist das?“

„Etwas über deinen Augen, und wenn sie es abnehmen, siehst du mehr und weiter als jeder andere. Du bist ein Teil davon .

Truedale wischte sich die Stirn – der Raum wurde heiß, aber die Hitze allein war nicht für seine Gefühle verantwortlich; Er wurde von der wilden Faszination des kleinen Geschöpfs vor ihm über seine Tiefen hinausgetragen – über sich selbst hinaus. Er wäre kaum überrascht gewesen, wenn ein Luftzug sie wie ein Stück Bergnebel aus dem Fenster geweht hätte.

„Aber du darfst nicht so sehr unterbrechen!“ Sie wandte ihm ein strenges Gesicht zu. „Ich bin damals weggelaufen, um einen – Eisenbahnzug zu sehen! Einer der Nigger erzählte mir davon – er sagte, es sei der Bogy Man. Ich wollte es wissen, also ging ich zum Bahnhof. Es ist ein wirklich schicker Weg nach unten und ich musste eine Nacht unter den Bäumen schlafen. Sehen die Sterne nicht manchmal sternenklar aus?“

Die Unterbrechung ließ Truedale zusammenzucken.

„Das tun sie auf jeden Fall“, sagte er und blickte in die weichen, dunklen Augen mit den langen Wimpern.

„Ich hatte keine Angst – und ich habe mich nicht beeilt. Es war Abend und die Sonne ging gerade unter, als ich am Bahnhof ankam. Da niemand in der Nähe war, rannte ich die große Straße entlang, auf der der Zug vorbeifährt, um ihn zu treffen. Und dann“ (hier faltete Nella-Rose aufgeregt ihre Hände und ihr Atem stockte), „und dann sah ich es kommen und kommen. Das große Feuerauge starrte und der gewaltige Lärm schnaubte, und ich vermutete, dass es der alte Meister Satan war und ich – konnte mich einfach nicht bewegen!“

"Mach weiter! mach weiter!" Truedale beugte sich zu ihr – sie hatte ihn im Netz ihres dramatischen Charmes gefangen.

„Ich sah es kommen und machte mich daran, mich zu verschlingen, und ich konnte mich immer noch nicht rühren. Alles wurde schwarz und schwarz, bis auf ein großes Quadrat mit diesem Monsterauge, das in meine Seele blickte!“

Das Gesicht des Mädchens war ernst – ihre Augen waren leer und wild; Plötzlich wurden sie weicher und ihre kleinen weißen Zähne kamen durch die kindlichen, geöffneten Lippen zum Vorschein.

„Dann verschwand das Auge, da war eine Schwärze auf dem quadratischen Platz, und dann kam ein Gesicht – ein freundliches Gesicht, das war – alles lachte und es – es entfernte sich immer weiter und weiter zur Seite, und ich behielt … Ich folgte und folgte und dann – der große Lärm raste an mir vorbei, und da war ich sicher und prall an einen Baum gelehnt!“

„Guter Gott!“ Wieder Truedale wischte sich die Stirn.

„Seitdem“, entspannte sich Nella-Rose, „kann ich meine Augen schließen und immer ist da das schwarze Quadrat und manchmal – nicht immer, aber manchmal – kommen Dinge!“

„Das Gesicht, Nella-Rose?“

„Nein, das kann ich nicht schaffen. Sondern Dinge, die ich tun, tun und haben möchte. Ich denke immer, wenn ich Dinge sehe, dass ich eines Tages etwas Großes, Schönes tun werde . Ich fühle mich oberflächlich und dann – puh! Los geht’s mit den Bildern und ich bin einfach wieder – kleine Nella-Rose!“

Ein komisch schwerer Seufzer brachte Truedale auf den Boden der Tatsachen zurück.

„Aber das Gesicht, das du vor langer Zeit gesehen hast“, flüsterte Truedale , „war es mein Gesicht, meinst du?“

Nella-Rose hielt inne – dann sagte sie leise:

„Ich – glaube, das war es. Ja, ich bin mir ziemlich sicher, dass es dein Gesicht war. Als ich es an diesem Fenster sah“ – sie deutete quer durch den Raum – „ dachte ich tatsächlich, ich hätte die Augen geschlossen und dass – es war gekommen – das freundliche, gute Gesicht, das mich gerettet hat!“ Ein süßes, freundliches Lächeln umspielte die Lippen des Mädchens und sie erhob sich mit seltener Würde und streckte ihre dünne, zarte Hand aus:

„Herr Outlander, wir werden doch Nachbarn sein , nicht wahr?“

„Ja – Nachbarn !“ Truedale nahm die Hand mit einem deutlichen Gefühl der Erstickung. „Aber warum nennst du mich einen Fremden?“

"Weil du bist! Du gehörst nicht *zu* unseren Bergen.“

„Nein, ich wünschte, ich wäre es!“

„Wünschen kann dich nicht machen. Das bist du – oder du bist es nicht.“

Truedale bemerkte die Sprache des Mädchens. Obwohl es oft verzerrt und grob war, war es nie wirklich Analphabet. Das überraschte ihn.

„Du – oh! Du gehst noch nicht!" Er streckte seine Hand aus, denn die Art und Weise, wie Nella-Rose sich umdrehte, war bedrohlich. Sie schien bereits zum Kabinenzimmer zu gehören – zu Truedale selbst. An ihr haftete nicht die Spur von Fremdheit. Es war, als ob sie immer da gewesen wäre, nur dass seine Augen festgehalten worden wären.

"Ich muss gehen!"

„Warte – oh! Nella-Rose. Lass mich einen Teil des Weges mit dir gehen. Ich – ich habe tausend Dinge zu sagen."

Aber sie war aus der Tür verschwunden, den Weg hinunter.

Truedale stand da und schaute ihr nach, bis die langen Schatten bis zur schärfsten Kante des Lone Dome reichten. Whites Hunde begannen herumzuschnüffeln und deuteten an, dass sie ihre Aufmerksamkeit auf Dinge richten wollten, die näher lagen. Dann seufzte Truedale , als würde er aus einem Traum erwachen. Er erledigte die Aufgaben, die Jim seiner zärtlichen Gnade überlassen hatte – das Füttern der Tiere, das Aufhäufen von Holz. Dann zwang er sich zu einem langen Spaziergang. Er aß spät zu Abend und machte sich schließlich an die Aufgabe, Briefe zu schreiben. Er schrieb sechs an Brace Kendall und zerriss sie; Er schrieb einen davon an seinen Onkel und legte ihn zur Prüfung beiseite, als er aufgrund der Auswirkungen seiner Tagträume wieder bei Verstand war, um darüber zu urteilen. Schließlich gelang es ihm, eine Nachricht an Dr. McPherson und eine an Lynda Kendall zu schreiben.

„Ich denke", so lautete der Brief an Lynda, „ dass ich jetzt regelmäßig an dem Stück arbeiten werde." Mit mehr Blut in meinem eigenen Körper kann ich hoffen, dass ich mehr hineinstecken kann. Ich werde es morgen rausholen und mit der Infusion beginnen. Ich wünschte, Sie wären heute Abend hier – um die wunderbare Wirkung des Mondes auf den Nebeln zu sehen – aber da! Wenn ich mehr sagen würde , könnten Sie erraten, wo ich bin. Wenn ich zurückkomme , werde ich versuchen, es zu beschreiben, und eines Tages musst du es sehen. Mehrmals habe ich mir in letzter Zeit vorgestellt, dass man hier mit seiner Arbeit und genug zum Lebensunterhalt ein Leben führen kann. Keine Sorge, kein Nervenkitzel und immer die enorme Schönheit, die einen inspiriert! Hier scheint nichts völlig real zu sein."

Dann legte Truedale seinen Stift nieder. Nella-Rose drängte Lynda Kendall aus dem Blickfeld; später unterschrieb er einfach mit seinem Namen und ließ den Zettel dabei.

Was Nella-Rose betrifft, so wandten sich ihre Gedanken, sobald sie Truedale verließ , ernsteren Dingen zu, die unmittelbar bevorstanden. Schon bald wurde sie auf jemanden aufmerksam nahe . Die Person, wer auch immer es war, schien entschlossen zu bleiben, verborgen zu bleiben, aber genau aus diesem Grund brachte sie die ganze Gerissenheit und Klugheit des Mädchens zum Vorschein. Es könnte sein – Burke Lawson! Bei diesem Gedanken keuchte Nella-Rose ein wenig. Dann könnte es Marg sein; und hier wurden die dunklen Augen hart – die Lippen fast grausam! Sie kniete nieder und kroch wie ein wahres kleines Tier der Wildnis. Sie hielt sich dicht am Boden und näherte sich der Stelle, an der der Pfad vom Lone Dome auf den breiteren traf, und dort stand unentschlossen und verwirrt ein großes, blondes Mädchen.

Nella-Rose sprang auf, ihre Augen leuchteten.

„Marg! Weswegen jagen Sie mich?“

„Nella-Rose, wo warst du?“

„Was geht dich das an?“

„Du warst in Devil-may-come Hollow!“

"Habe ich? Lass mich passieren, Marg. Bitte haben Sie Ihre Mully -Maden; Ich gehe nach Hause."

Als Nella-Rose vorbeikommen wollte, packte Marg sie am Arm.

„Burke ist zurück!“ Sie flüsterte: „Er versteckt sich, bis der Teufel kommt!“ Er wurde gesehen und das weißt du!“

„Was ist, wenn ich es tue?“ Nella-Rose hat eine mögliche Flucht in die Zukunft nie außer Acht gelassen.

„Du warst dort oben – um ihn zu treffen. Du solltest geleckt werden. Wenn du ihn nicht in Ruhe lässt – lass ihn und mich in Ruhe –, werde ich Jed gegen ihn aufbringen, das werde ich tun; Ich schwöre es!"

„Was ist er – für dich!“ Nella-Rose konfrontierte ihre Schwester direkt. Blaue Augen – kühnes, kaltes Blau waren sie – blickten in dunkle, auch jetzt noch so sanft und gewinnend, dass es schwierig war, ihnen zu widerstehen.

„Wenn du ihn in Ruhe lässt, wird er alles für mich sein!“ Platzte Marg heraus. „Was willst du von ihm, Nella- Rose? – von ihm oder einem anderen Mann? Aber wenn du unbedingt einen Schatz haben möchtest, such dir eine aus und lass mir meinen Tag gewähren.“

Der raue Appell traf Nella-Rose fast schon brutal. Sie war vielleicht genauso unmoralisch wie Marg, aber sie war anspruchsvoller.

„Ich habe es satt, für – für Vater und dich zu putzen und zu kochen!" Marg warf ihren Kopf in Richtung Lone Dome. „Vater ist heutzutage meistens immer betrunken und dir – was kümmert es dich, was aus mir wird? Überlassen Sie es mir, einen eigenen Mann zu finden, und dann werde ich ein Mensch sein. Ich habe heute das Schwein geschlachtet!" Marg platzte plötzlich und unbedeutend heraus; „Ich – ich werde es nie wieder tun. Wir werden zuerst verhungern!"

„Warum hat Vater das nicht getan?" Sagte Nella-Rose leise.

"Vater? Huh! er hätte das Messer nicht halten können. Er griff nach dem Krug – und bekam ihn voll! Nein, ich musste es tun, aber es ist das letzte Mal. Nella-Rose, sag mir, wo Burke versteckt ist – sag es mir! Lassen Sie mir die Freiheit, ihn zu gewinnen; Lass mich meine Chance haben!"

„Und wer tötet dann das Schwein?" Nella-Rose schauderte.

"Wen interessiert das?" Marg warf sich zurück.

"NEIN! Finden Sie ihn, wenn Sie können. Fairplay – keine Gefälligkeiten ; was ich finde, steht dir offen!" Nella-Rose lachte schelmisch und rannte, an ihrer Schwester vorbei, den Weg entlang.

Marg stand da und beobachtete sie mit verwirrter Wut und Hass. Einen Moment lang beschloss sie beinahe, ihr Risiko einzugehen und Burke Lawson im fernen Hollow aufzusuchen. Aber die Nacht nahte – die schwarze, trostlose Nacht der Tieflande. Marg war verzweifelt, aber ein primitiver Konservatismus hielt sie fest. Sie hoffte nicht, dass sie Burke Lawson allein an den geheimen Orten von Devil-may-come Hollow trotzen würde! Also folgte sie Nella-Rose und kam nach Hause, während ihre Schwester das Abendessen zubereitete.

Peter Greyson, der Vater, saß zusammengekauert in einem großen Stuhl am Feuer. Er hatte das Stadium der Rückkehr des Bewusstseins erreicht, in dem er das Gefühl hatte, dass es seine Pflicht sei, sich zu erklären. Er war ein gutaussehender Mann vom Typ der schneidigen Kavallerie gewesen und trug noch immer Spuren des vergangenen Ruhms. In seinen schlimmsten Momenten fluchte er nie vor Damen, und in seinen besten Momenten erinnerte er sich daran, was ihnen zusteht, und verteidigte ihre Ehre und Position mit Inbrunst .

„Lil' Nella-Rose", sagte er, als Marg im Dunkeln vor der Tür stehen blieb, „warum heiratest du nicht Burke Lawson und lässt dich hier bei mir nieder?"

„Er hat mich nicht gefragt, Vater."

„Er ist jetzt nicht mehr in der Lage, etwas auszuwählen" – dies zwischen Schluckauf und Gähnen – „ Ich habe ihn heute Morgen früh gesehen; Ich kenne seinen Rücken überall. Ich hatte gerade den alten Jim White getroffen. Ich schätze, Burke hatte vor, Jim zu erschießen, aber mein Erscheinen hat seine Pläne durchkreuzt. Einen Sheriff zu erschießen ist kein sicheres Geschäft." Was Greyson wirklich gesehen hatte, war Truedales Rückzug, nachdem er sich von Jim getrennt hatte, aber da er nichts von Truedales Existenz wusste, kam er zu dem Schluss, der seinem verwirrten Verstand wahrscheinlich erschien, und hatte Marg nach seiner Rückkehr darüber informiert.

„Ich sage dir , Nella-Rose", fuhr er fort, „ du solltest lieber Burke heiraten und ihn zähmen." Es gibt nichts, was einen Mann so zähmt, wie ihm Verantwortung aufzuerlegen. "

„Komm, Vater, ich helfe dir zum Tisch. Ich möchte nicht über Burke reden. Ich glaube nicht, dass er zurück ist." Sie stützte die rollende Gestalt am Kopfende des Tisches ab.

„Ich sage dir , Chile , ich habe Burkes Rücken gesehen; Glauben Sie nicht , dass ich Lawson erkenne, wenn ich ihn sehe, von hinten oder von vorne? Willst du nicht Lawson heiraten , Nella-Rose?"

„Nein, ich würde ihn nicht haben, wenn er mich fragen würde. Es wäre, als würde man einen Baum heiraten, um den das Frischling herumwälzt. Ich werde keinen Mann suchen und mich bei ihm verstecken."

„Warum überlässt du ihn dann nicht Marg? Sie wäre eine wirklich kluge Persönlichkeit."

„Sie kann ihn haben und willkommen heißen, wenn sie ihn finden kann!" Als sie dann ihre Schwester draußen hörte, rief sie:

„Komm rein, Marg. Schalten Sie die Kälte und die Dunkelheit aus. Was nützt es, sich wie ein alter, hasserfüllter Kerl zu benehmen?"

Marg schlüpfte hinein; Es gab kein anderes Wort, um ihre gleichgültige und verächtliche Haltung zu beschreiben.

„Er kommt vorbei?" fragte sie und nickte ihrem Vater zu.

„Ja – er ist gekommen", gab Nella-Rose zu.

„Also gut, dann werde ich ihm etwas sagen!" Sie ging zu ihrem Vater, stellte sich vor ihn und sah ihm fest in die Augen.

„Ich – ich habe heute das Schwein getötet;" sie sprach scharf und langsam, als würde sie zu einem schwerfälligen Kind sprechen. Peter Greyson begann.

„Du – du – hast das getan?"

"Ja. Während du weg warst – betrunken, und während Nella-Rose dort hinten im Hollow umherstreifte, habe ich das Schwein getötet; aber ich werde es nie wieder tun. Es machte mir die Seele krank. Ich bin so gut wie Nella-Rose – genauso gut. Wenn du deinen Teil nicht tun kannst, Vater, und sie ihren Teil *nicht* tun wird, ist das kein Grund dafür, dass ich mich mit so einer Arbeit, wie ich sie heute getan habe, so aufregen sollte. Du hörst mich?"

„ Natürlich höre ich dich, Marg, und ich bin völlig gedemütigt, dass ich dich zugelassen habe. Es...es wird nicht noch einmal passieren. Ich werde nächstes Jahr eine Smartwatch behalten. Mehr kann ein Gentleman seiner Tochter doch nicht sagen – oder?"

„Sagen ist schön und gut – es ist das Tun." Marg blieb hartnäckig. „Von nun an werde ich auf mich selbst aufpassen. Du und Nella-Rose werdet es herausfinden."

„Was ist mit dir passiert, Marg?" Peter sah besorgt aus.

„Etwas, das es noch nie gegeben hat", antwortete Marg und behielt Nella-Rose im Auge. „Es gibt Zeiten, in denen man sein Leben an der Kehle packen und es erdrosseln muss, bis es in Form kommt. Ich greife jetzt nach meinem."

„Das ist die Tötung dieses Schweins!" stöhnte Peter. „Es hat dich bewegt, und ich kann es dir nicht verübeln. Töten ist nichts für eine Dame; aber Herr! Was für ein Mann wärst du gewesen, Marg!"

„Aber das bin ich nicht !" „Und andere Dinge sind nicht für Frauen da." Ich bin fertig. Es liegt an Nella-Rose und mir, gemeinsam zu teilen und zu teilen, oder …"

Aber es gab nichts mehr zu sagen – die Pause war beredt. Die drei aßen einige Momente schweigend und redeten dann über triviale Dinge. Peter Greyson ging früh zu Bett und die Schwestern spülten das Geschirr ab und teilten es sich zu gleichen Teilen. Sie kümmerten sich im Freien um den spärlichen Viehbestand, und schließlich ging Nella-Rose in ihr kleines Zimmer unter dem Dach, während Marg sich auf die Couch im Wohnzimmer legte.

Als alles wieder zur Ruhe kam, schlich sich Nella-Rose zum niedrigen Fenster ihrer Kammer und blickte kniend auf die friedliche, mondbeschienene Szene hinaus. Wie still und weiß es war und wie sicher und stark die hohen Hügel aussahen! Was passiert ist? Nun, es *konnte nichts* passieren und doch – und doch – Dann schloss Nella-Rose die Augen und wartete. Mit aller Kraft versuchte sie, das „gute, freundliche Gesicht" zum Vorschein zu bringen, aber ohne Erfolg. Plötzlich schrie eine Eule fürchterlich und das Mädchen am Fenster kroch wie ein schuldbewusstes Wesen zurück ins Bett.

Eulen waren sehr weise und konnten mit ihren weit geöffneten Augen Dinge an dunklen Orten sehen! In diesem Moment hätte Nella-Rose eine Untersuchung ihres klopfenden Herzens nicht ertragen können.

KAPITEL III

Lynda Kendall schloss ihren Schreibtisch und drehte sich mit einem verwirrten Ausdruck auf ihrem starken, gutaussehenden Gesicht auf ihrem Stuhl umher. Im Allgemeinen ging sie ihren Weg mit Mut und Überzeugung, aber seit Conning Truedales Zusammenbruch war ein Element in ihr aufgetaucht, das nach Anerkennung verlangte und sie musste erst noch lernen, es zu kontrollieren und auf seiner Unterwerfung zu bestehen.

Ihr Leben war im Großen und Ganzen einfach gewesen, erforderte jedoch schon in jungen Jahren den ständigen Einsatz ihrer Fähigkeiten. Welche Hilfe sie auch immer hatte, beruhte auf der Abhängigkeit anderer von ihr, nicht ihrer Abhängigkeit von ihnen. Sie war so stark und gutherzig, dass das Geben eine Freude war, es war auch eine Freude für diejenigen, die es empfingen. Dass sie immer müde war und sich nach starken Armen sehnte, die sie stützten, kam kaum jemandem in den Sinn , außer vielleicht William Truedale , dem behinderten Onkel von Conning.

An diesem Punkt in Lyndas Karriere schreckte sie vor William Truedale zurück wie nie zuvor. Sie wusste, dass sie den alten Mann nie wieder gesehen hätte, wenn Conning gestorben wäre. Sie glaubte, dass seine Unfähigkeit, Conning zu verstehen – sein starrer, gefühlloser Umgang mit ihm – der Hauptgrund für den körperlichen Zusammenbruch des jüngeren Mannes gewesen war. Die ganze Zeit hatte sie gehofft und geglaubt, dass ihr Einfluss auf den alten William Truedale am Ende gute Ergebnisse bringen würde; Aus diesem Grund, und zwar aus einem geheimen Grund, den niemand ahnte, blieb sie bei ihrem Kurs. Sie stattete dem alten Mann regelmäßig Besuche ab – machte ihn von ihr abhängig, obwohl er ihr nie erlaubte, dies zu ahnen. Ihr Ziel hatte sich immer auf Con konzentriert , der zunächst an ihre Loyalität und Gerechtigkeit appellierte, in letzter Zeit aber an etwas viel Persönlicheres und Zärtlicheres.

Die Arbeit des Tages war erledigt und die Werkstatt, in der das Mädchen saß, begann in den hinteren Ecken, in denen Beweise ihres Berufs die dunklen Räume überfüllten, düster zu wirken. Sie war Innenarchitektin, aber von so origineller und einzigartiger Art, dass ihr Bruder sie als „spirituelle und physische Dolmetscherin" bezeichnete. Sie hatte ihr Handwerk erlernt, aber sie hatte es verschönert und zugelassen, dass es sich so entwickelte, wie sie selbst gewachsen und expandiert war.

Lynda blickte nun auf ihre Armbanduhr; es war halb vier. Die letzte Postzustellung hatte eine kurze, aber inspirierende Nachricht von Con gebracht – laut Dr. McPherson.

„Ich habe es wieder im Griff, Lynda! Der Tag bringt Appetit und Kraft; die Nacht, schlaf! Ich frage mich, ob Sie wissen, was das bedeutet? Ich fange an zu glauben, dass ich wieder zum Typ zurückkehre, wie McPherson sagen würde, und ich bin sehr daran interessiert herauszufinden, welcher Typ? Immer wenn ich ans Lernen denke, bekomme ich einen Anfall von geistiger Verdauungsstörung. Es gibt nur einen Mitgeschöpf, der meine Trostlosigkeit teilt, aber ich bin nie einsam – nie mangelt es mir an einer Beschäftigung. Ich bin bis zur Erschöpfung damit beschäftigt, nichts zu tun und gesund zu werden!"

Lynda lächelte. „ Er wird also nicht sterben!" sie murmelte; „Es hat keinen Zweck mehr, Onkel William zu bestrafen. Ich gehe hinauf und esse mit ihm zu Abend!"

Als die Entscheidung gefallen war und Conning vorerst auf den zweiten Platz verwiesen wurde, stand Lynda auf und lächelte erleichtert. Dann fiel ihr Blick auf das Foto ihrer Mutter, das auf ihrem Schreibtisch stand.

„Ich gehe, Liebes", vertraute sie an – sie standen sich sehr nahe, diese tote Mutter und die lebende, lebenswichtige Tochter – „ ich habe es nicht vergessen."

Die Vergangenheit umgab das Mädchen ebenso wie die Atmosphäre im Raum. Sie war seltsam fröhlich und fröhlich; ein Bewusstsein der Zustimmung beruhigte und tröstete sie, und sie erinnerte sich, wie schon seit vielen Tagen nicht mehr, an die Nacht des Todes ihrer Mutter – die Nacht, in der ihr, einem siebzehnjährigen Mädchen, die Bürde des Geständnisses einer Mutter auferlegt worden war Herz....

„Lynda – bist du da, Liebes?"

Es war während des Krankheitsmonats eine häufige, erbärmliche Frage gewesen. Lynda war aus der Schule gerufen worden. Brace war noch im Studium.

„Ja, Mutter, genau hier!"

„Du bist immer – genau hier! Lyn, einmal dachte ich, ich könnte es nicht ertragen und würde weglaufen – in der Nacht. Als ich an deiner Tür vorbeikam, bist du aufgewacht und hast um einen Schluck Wasser gebeten. Ich gab es und zitterte, dass Sie meinen Hut und meinen Mantel bemerken könnten; aber du hast es nicht getan – du hast nur gesagt: „Was würde ich tun, wenn ich eines Nachts aufwachen würde und keine Mutter hätte?" Lyn, Liebes, ich bin zurückgegangen und – geblieben!"

Lynda hatte geglaubt, dass die Gedanken ihrer Mutter abschweiften, also tätschelte sie die suchenden Hände und murmelte leise etwas zu ihr. Dann plötzlich:

„Lyn, als ich deinen Vater geheiratet habe , dachte ich, ich liebe ihn – aber ich liebte einen anderen! Ich habe für euch alle mein Bestes getan; Ich lasse niemanden wissen ; Ich habe es nicht gewagt, ein Zeichen zu geben, aber ich möchte, dass du nach und nach zu – William Truedale gehst ! Sie brauchen es nicht zu erklären – gehen Sie einfach; Du wirst mein Geschenk an ihn sein – mein letztes und einziges Geschenk.“

Erschrocken und entsetzt hatte Lynda zugehört, verstanden und war alt geworden, während ihre Mutter sprach ...

Dann kam die Nacht, in der sie aufwachte – und keine Mutter fand! Sie war nie dieselbe. Sie kehrte zur Schule zurück, gab aber den Gedanken an ein College auf. Nach ihrem Abschluss richtete sie ein Zuhause für den Vater ein, den sie nun – im Lichte ihres geheimen Wissens – zum ersten Mal verstand. Ihr ganzes Leben lang hatte sie über ihn nachgedacht. Ich fragte mich, warum sie und Brace ihn nicht so geliebt und geehrt hatten wie ihre Mutter. Seine Schwäche, seine Oberflächlichkeit war von der Frau dominiert worden, die, nachdem sie ihr Los angenommen hatte, ihre Last stolz bis zum Ende trug!

Brace ging aufs College und in seinem letzten Jahr dort starb sein Vater; Dann sahen er und Lynda sich einer Zukunft mit vielen Schulden und kaum etwas anderem gegenüber, machten sich konsequent ihre Ausbildung zunutze und lebten bald selbständig, voller Hoffnung und der jungen Lebensfreude.

Lynda – das Geheimnis ihrer Mutter tief in ihrem treuen, zärtlichen Herzen vergraben – begann kurz nach ihrer Rückkehr von der Schule, den alten William Truedale zu erziehen , sehr zur Überraschung und offensichtlichen Verwirrung dieses mürrischen Herrn. Es gab eine Entschuldigung für die plötzliche Freundschaft, denn Brace hatte während der Vorbereitungsschule und des Colleges eine tiefe und aufrichtige Bindung zu Conning Truedale entwickelt und in den Ferien waren die beiden Jungen und Lynda viel zusammen. Allerdings war der Besuch größtenteils einseitig, da das düstere Haus des älteren Truedale kaum Anreize für Geselligkeit bot; Aber Lynda schaffte es, in die Einsamkeit und Tristesse einzudringen, und schließlich wurde sie aus Gründen, die sie selbst am besten kannte, zum einzigen Lichtblick im Leben des alten Mannes.

Und so vergingen die Jahre. Neben Lyndas Entschlossenheit, sich den Anweisungen ihrer Mutter entsprechend zu beweisen, beschloss sie bald, die Angelegenheit zwischen dem Onkel und dem Neffen in Ordnung zu bringen. Für ihre glühende junge Seele, die von Ehrgeiz und dem Wunsch nach Gerechtigkeit erfüllt war, war es kaum weniger als ein Verbrechen, dass William Truedale , verkrüppelt und an seinen Stuhl gefesselt – denn er war kurz nach der Heirat von Lyndas Mutter zum Invaliden geworden –, den

Neffen missverstanden und grausam falsch einschätzte der sich mit Bravour, aber unter enormer Anstrengung seinen College-Abschluss mit einem Hungerlohn durchsetzte, der externe Arbeitskräfte erforderlich machte, um durchzukommen. Sie konnte nicht alles verstehen, aber das Geheimnis ihrer Mutter, ihre wachsende Zuneigung für den alten Mann, ihr intensives Interesse an Conning hielten sie an ihrem Ziel fest. Sie würde im Alleingang das Unrecht wiedergutmachen und sie alle am Leben retten!

Dann kam Connings Zusammenbruch und die Möglichkeit seines Todes oder einer dauerhaften Behinderung. Der Schock für alle goldenen Hoffnungen war schwerwiegend und brachte Bitterkeit und Groll mit sich.

In Lyndas Beziehungen zu Conning Truedale war etwas Tiefes und Leidenschaftliches eingetreten . Für ihn hatte sie, obwohl niemand es ahnte, ihre Verlobung mit John Morrell gelöst – eine Verlobung, auf die sie sich wie so viele Mädchen eingelassen hatte, in einem Alter, in dem das Denken nur noch eine geringe Rolle im Urinstinkt spielt. Aber Conning war nicht gestorben; Es ging ihm wieder besser, er ging an seinen verborgenen Ort, und so küsste Lynda, als sie in der düsteren Werkstatt stand, das Bild ihrer Mutter und begann ein fröhliches kleines Lied zu summen.

„Ich gehe mit Onkel William zu Abend essen!" Sie sagte – die Worte passsten zur Melodie – „ Wir machen es wieder gut!" Es wird alles gut." Und so machte sie sich auf den Weg.

William Truedale lebte in einer schäbig-vornehmen Seitenstraße eines Viertels , das ursprünglich als schick galt, in seinen Ambitionen jedoch scheiterte. Es hatte nie seinen Charakter verloren, aber es hatte auf jeden Fall seinen Glanz verloren . Die Häuser selbst waren gut gebaut und streng korrekt. William Truedale's war das beste im Viertel und hatte auf beiden Seiten ein unbebautes Grundstück. Die Abteilung verlieh ihm Würde und Abgeschiedenheit.

Es hatte eine Zeit gegeben, in der Truedale gehofft hatte, dass die Frau, die er liebte, Möbel und Wandbehänge nach ihrem und seinem Geschmack auswählen und aufstellen würde, aber als diese Hoffnung scheiterte und ihn eine Krankheit befiel, befahl er, nur die Räume in Ordnung zu bringen, die für ihn notwendig waren eingeschränktes Leben. Die Bibliothek im ersten Stock war ein Lagerhaus voller prächtiger Bücher und strengem Luxus; Dahinter befanden sich Bad und Schlafzimmer, beide perfekt ausgestattet. Der lange, breite Flur, der zu diesen Wohnungen führte, war so leer und kahl wie damals, als Schreiner und Maler ihn verließen. Zwei Bedienstete – Ehemann und Ehefrau – dienten William Truedale und äußerten sich selten zu irgendetwas, das ihn oder ihre Beziehung zu ihm betraf. Wahrscheinlich hatten sie komfortabel eingerichtete Zimmer für sich, aber in all den Jahren war Lynda Kendall nie irgendwo im Haus gewesen, außer in den Räumen, die ihrer alten Freundin zur Verfügung standen. Manchmal hatte sie sich gefragt, wie es Con erging, aber zu diesem Thema wurde nie etwas gesagt, und sie und Brace waren bei ihren Besuchen auf die Räume im Erdgeschoss beschränkt gewesen.

Als Lynda nun aus der kalten Vorhalle in die Bibliothek geführt wurde, war es, als würde sie inmitten der Trostlosigkeit Trost und Luxus finden. Die sich öffnende Tür hatte den Mann am großen offenen Feuer nicht geweckt. Er schien in düstere Träumereien versunken zu sein, und Lynda hatte Zeit, unbeobachtet das tragische, schmerzerfüllte Gesicht und die erbärmlich dünnen Umrisse der Gestalt zu bemerken, die auf dem Krankenstuhl ausgestreckt und von einem Teppich aus seltenem Silberfuchs bedeckt war.

Am großen Südfenster befanden sich Vögel in vergoldeten Käfigen — stumme kleine Milben; Sie sangen selten oder nie, aber sie lebten! Es gab auch Pflanzen, die üppig in Töpfen und Kästen wuchsen — aber keine Blume auf einem! Sie existierten nicht freudig, sondern beharrlich. Ein russischer Jagdhund, weiß wie Schnee, lag vor dem Feuer; Seine sanften, traurigen Augen waren auf Lynda gerichtet, aber er rührte sich nicht und kündigte das Eindringen nicht an. Eine Katze und zwei Kätzchen, ebenfalls weiß, rollten wie Schneebälle auf einem purpurroten Kissen in der Nähe des Kamins; Lynda fragte sich, ob sie jemals gespielt hatten. Allein, wie ein totes Ding inmitten des Stilllebens, verbrachte William Truedale hilflos — der Tod rückte seinem bitteren Herzen immer näher und näher — seine müden Tage.

Während sie dastand, zusah und wartete, füllten sich Lynda Kendalls Augen mit schnellen Tränen. Die Wochen ihrer Abwesenheit hatten jedes tragische Detail des Raumes und des Mannes deutlich gemacht. Wahrscheinlich hatte er sie schon in seinem nackten Leben schrecklich vermisst, aber er hatte kein Zeichen gegeben und keinen Anruf getätigt.

„Onkel William!"

Truedale drehte den Kopf und richtete seine tiefliegenden, leuchtenden Augen auf sie.

"Oh! Du hast es dir also anders überlegt?" war alles, was er sagte.

„Ja, ich habe es mir anders überlegt. Lässt du mich zum Abendessen bleiben?"

„Zieh deine Umhänge aus. Jetzt dort! stelle die Ottomane auf; Solange Sie ein Rückgrat haben, können Sie sich darauf verlassen. Faulenzen Sie niemals, wenn Sie es vermeiden können."

Lynda stellte den niedrigen, mit Samt bezogenen Hocker neben den Couchsessel; Der Hund hob seinen scharfen, schönen Kopf und schmiegte sich an ihr Knie. Truedale beobachtete es — Tiere kamen nie zu ihm, es sei denn, es wurde ihm befohlen – warum gingen sie zu Lynda? Wahrscheinlich aus demselben Grund, aus dem er sich an sie klammerte, auf sie aufpasste und mit schrecklicher Angst fürchtete, dass sie nie wiederkommen würde!

„Ich nehme an, da Cons Tod nicht auf meinem Kopf liegt, hattest du das Gefühl, du könntest mir vergeben, oder?"

„Nun, so etwas in der Art, Onkel William."

„Was geht es dich etwas an, was ich mit meinem Geld mache – oder mit meinem Neffen?"

Diese beiden näherten sich einander nie auf herkömmlichen Wegen. Ihre Abwesenheiten dienten der Speicherung wichtiger Themen und Fragen – ihre Treffen waren eine Reihe explosiver Ausbrüche.

„Das geht mich nichts an, Onkel William, aber wenn ich das nicht gutheißen könnte, warum …"

"Genehmigen! Huh! Wer bist du, dass du deine Ältesten verurteilen, gutheißen oder missbilligen solltest?"

Darauf gab es keine Antwort. Lynda wollte lachen, hatte aber Angst, sie könnte weinen. Die harten, empörten Worte widersprachen der zitternden Freude der Stimme, die sie in jedem Ton mit Erleichterung und Hingabe begrüßte.

„Ich habe dir viel zu sagen, Mädchen. Es ist gut, dass Sie heute gekommen sind – sonst wären Sie vielleicht zu spät gekommen. Ich plane eine lange Reise."

Lynda begann.

"Eine lange Reise?" Sie sagte. In den letzten Jahren, seit Truedale von der schrecklichen Krankheit befallen war , beschränkte er sich auf Reisen darauf, im Rollstuhl zwischen Schlafzimmer und Bibliothek hin und her zu gehen.

„Du – denkst du, ich scherze?" In den brennenden Augen lag ein grimmiger Humor .

"Ich weiß es nicht."

„Na dann werde ich es dir sagen. Ich meine es ganz ernst. Während ich von eurer Aufmerksamkeit ausgeschlossen war – an diesen Felsen gefesselt" (er schlug wie ein leidenschaftliches Kind auf die Armlehnen des Stuhls), „bin ich zu einer Schlussfolgerung gelangt, über die ich mehr oder weniger immer nachgedacht habe. Nachdem ich nun erkannt habe, dass zweifellos die Zeit kommen wird, in der Sie, Con – alle von Ihnen – aussteigen werden, habe ich beschlossen, Ihnen allen zu beweisen, dass ich nicht ganz so abhängig bin, wie Sie denken . "

„Warum – was soll das heißen, Onkel William?"

Dies war eine neue Phase und Lynda beugte sich über den Hund und legte ihre Hand auf die Armlehne des Stuhls. Sie hatte Angst, war erregt. Truedale sah das und lachte trocken und freudlos.

"Oh! Ein Stuhl, der die Länge dieses Hauses rollen kann, kann die Strecke rollen, die ich zurücklegen möchte. Mit Geld kann man alles bezahlen – alles! Gott sei Dank habe ich Geld, und zwar reichlich. Es bedeutet Macht – sogar für so etwas wie mich. Macht, Lynda, Macht! Es kann Leben verwirren und entwirren; es kann Gunst erkaufen und Terror verursachen. Stellen Sie sich vor, was ich all die Jahre ohne es gewesen wäre. Denken! Nun, ich habe damit verhandelt; damit zerquetscht; drohte und winkte damit – jetzt werde ich damit spielen! Ich werde jeden überraschen und selbst eine Gala-Zeit verbringen. Ich werde die Dinge in Bewegung bringen und dann gehe ich auf eine Reise. Es ist seltsam" (die höhnische Stimme wurde zu einem Murmeln), „alle meine Gefängnisjahre habe ich darüber nachgedacht und es geplant; Die Umsetzung scheint der einfachste Teil zu sein. Ich frage mich jetzt, warum ich hinter Gittern geblieben bin, wenn ich mit ein wenig Anstrengung – ein wenig Gleichgültigkeit gegenüber Meinungen – meinen Horizont hätte erweitern können. Aber guter Gott! Ich habe keine Zeit verschwendet. Ich habe jedes Detail studiert; mir ist nichts entgangen. Dieser" (er berührte seinen Kopf – einen schönen, fast edlen Kopf, bedeckt von einer Fülle weißer Haare), „dieser hat eine doppelte Pflicht erfüllt, während diese" (er zeigte auf seine nutzlosen Beine) „sich geweigert haben, ihre Rolle zu spielen." Obwohl ich mich gewissenhaft verantwortlich fühlte, blieb ich bei meinem Job; aber ein Mann hat ein Recht auf ein wenig eigene Freiheit!"

Lynda kam so nah heran, dass ihr Hocker den Stuhl berührte. Sie beugte ihre Wange über die verschrumpelte Hand, die auf dem Arm ruhte. Die Aufregung und das fieberhafte Geplänkel von Truedale berührten sie schmerzlich. Sie machte sich bittere Vorwürfe, ihn seiner Einsamkeit und Fantasie ausgeliefert zu haben. Ihr Interesse an Conning und ihr Groll gegen ihn schwanden vor der erbärmlichen Zurschaustellung von Gefühlen, die in jedem Ton und jedem Wort von Truedale zum Ausdruck kamen .

Die Berührung der warmen Wange mit seiner Hand bewegte den Mann. Seine Augen wurden weicher, sein Gesicht zuckte, und weil die jungen Augen verborgen waren, ließ er seinen Blick ehrfürchtig auf dem gesenkten Kopf ruhen. Sie war das Einzige auf der Welt, das er liebte – das Einzige, das seine Härte und Verzweiflung durchdrang und ihn zu einem Menschen machte. Dann fragte er unerwartet:

„Lynda, wann hast du deine Verlobung mit John Morrell gelöst?"

Das Mädchen zuckte zusammen, änderte aber ihre Position nicht. Sie hat Truedale gegenüber nie belogen oder Ausflüchte gemacht – sie mochte ihren eigenen Rat behalten, aber wenn sie sprach, war es schlicht die Wahrheit.

„Vor etwa sechs Monaten."

„Warum hast du es mir nicht gesagt?"

„Es gab nichts zu erzählen, Onkel William."

„Es gab eine Tatsache, nicht wahr?"

"Oh! ja, die Tatsache."

"Warum hast du das getan?"

„Das – ist – eine lange Geschichte." Lynda blickte jetzt auf und lächelte das seltene Lächeln, das nur der betroffene Mann verstand. Appell, Verwirrung und Distanziertheit kennzeichneten es. Sie sehnte sich hilflos nach Mitgefühl und Verständnis.

„Nun, lange Geschichten sind hier willkommen, Kind; vor allem nach ihrem Verlust. Läute die Glocke; Lass uns zu Abend essen. Ziehen Sie die Jalousien herunter und" (Truedale machte eine große Geste) „stellen Sie das Vieh raus! Ein frühes Essen, ein langer Abend – was könnten wir besser hinzufügen als ein paar lange Geschichten?"

Als Lynda befolgte, was Truedale ihr befohlen hatte, verspürte sie eine gewisse Erleichterung. Diese Besuche waren zwar wie düstere Theaterstücke, aber es waren auch heilige Pflichten. Dieser Film war nach einer Zeit voller neuer und seltsamer Emotionen etwas düsterer als sonst, hatte aber eine tonisierende Wirkung auf die strapazierten Nerven der beiden Schauspieler.

Der runde Tisch war neben dem Feuer gedeckt – jetzt war der Diener anwesend; Silber, Glas und Leinen waren perfekt und die einfache Kost sorgfältig ausgewählt und zubereitet.

Truedale fühlte sich noch nie so wohl wie damals, als er diesen kleinen Abendessen vorstand. Er aß wenig; er wählte die seltensten Stücke für seinen Gast; er redete leichthin – manchmal wunderbar. In solchen Momenten wurde Lynda klar, was er gewesen sein musste, bevor Liebe und Gesundheit ihn verließen.

Heute Abend – von allem anderen abgeschnitten, die Anstrengung der letzten Wochen ignoriert, die langen Geschichten absichtlich beiseite geschoben – sprach Truedale von den Büchern, die er gelesen hatte; Lynda, von ihrer Arbeit.

„Ich habe zwei wundervolle Häuser zu erledigen", sagte sie und hielt anmutig einen Bissen Essen hin. „Eines ist für ein Paar, das kürzlich reich geworden ist; Sie trauen sich nicht, sich zu bewegen, aus Angst, etwas falsch zu machen. Ich habe diesen Ort von der Mansarde bis zum Keller. Es ist eine schreckliche Verantwortung – aber es macht jede Menge Spaß!"

"Es muss sein. Das Geld anderer Leute auszugeben und sie gleichzeitig so gut wie neu zu machen, muss ein seltener Sport sein. Und der andere Vertrag?"

"Oh! das ist eine andere Sache." Lynda lehnte sich zurück und lachte. „Ich renoviere ein altes Haus. Falsche Fronten auftragen, etwas Rouge auftragen, Falten auffüllen; Kurz gesagt, einer abgelenkten alten Dame etwas zu geben, das sie interessiert. Sie weiß es nicht, aber ich lasse sie die Arbeit machen und sie ist sehr glücklich. Sie hat einen irgendwie rostigen, guten Geschmack. Ich poliere es, ohne ihr wehzutun. Das Wohnzimmer! Na, Onkel William, es ist ein Bild. Es ist ein wahrgewordener zarter Traum."

„Und das verlangst du, du Pirat?"

"Ich muss nicht. Die liebe Seele ist so dankbar, dass ich gezwungen bin, Gefälligkeiten abzulehnen ."

„Lynda, klingel für Thomas." Truedale zog die Brauen zusammen. „Ich glaube, ich werde – ich werde rauchen. Es kann mir helfen, nach den langen Geschichten einzuschlafen und – wenn ich allein bin." Er gab sich selten auf diese Art hin – der Tabak regte ihn an, anstatt ihn zu beruhigen –, aber der Abend musste den größtmöglichen klaren Gedanken enthalten!

KAPITEL IV

Lynda setzte sich wieder auf ihre Ottomane – ihre Fähigkeit, stundenlang ohne Stütze für den Rücken zu sitzen, war für William Truedale schon immer einer ihrer Reize gewesen . Der alte Mann sah sie jetzt an; wie stark und fein sie war! Wie zuverlässig und doch – wie anziehend! Wie sie immer gab und gab – bis zum Zerreißen gewöhnt war – und wie sie es selten verstand. Truedale verstand sie durch ihre Mutter!

„Ich möchte dich fragen, Lynda, warum kommst du hierher – du von aller Welt? Ich habe mich oft gefragt."

„Ich – ich komme im Allgemeinen gerne, Onkel William."

„Aber – zu anderen Zeiten, außerhalb des Generals? Dann kommst du öfter. Warum?"

Und jetzt richtete Lynda ihre klaren, dunklen Augen auf ihn. Es war ein plötzlicher Entschluss gefasst worden. Sie würde ihn trösten wie nie zuvor und ihn für die vergangenen Wochen entschädigen, in denen sie ihn im Stich gelassen hatte, während sie sich für Cons Sache eingesetzt hatte. Sie würde ihr Geheimnis mit ihm teilen!

„Kurz bevor Mutter ging, Onkel William, erzählte sie mir –"

Die Hand, die die Zigarre hielt, schwankte – es war eine sehr gebrechliche, dünne Hand.

„Habe ich dir gesagt – was?"

„Dass du sie einmal – geliebt hast."

Die alte Wunde schmerzte, als sie freigelegt wurde . Lynda wollte trösten, aber sie verursachte unerträgliche Schmerzen.

„Sie – hat sie dir das erzählt? Und du bist so jung! Warum sollte sie dich so belasten – ausgerechnet sie?"

„Und – meine Mutter hat dich geliebt, Onkel William! Sie hat es zu spät herausgefunden und – und danach hat sie ihr Bestes getan für – für Brace und mich und – Vater!"

Der Raum schien zu schwanken, wie alles andere im Universum in diesem Moment für William Truedale . Alles, was ihm zum Verhängnis geworden war – was zu seiner bitteren Einsamkeit und Verzweiflung geführt hatte – wurde von den Worten zunichte gemacht, die die frühere Dunkelheit mit fast erschreckendem Licht überfluteten. Für einen oder zwei Augenblicke wagte er es nicht zu sprechen – er wagte es nicht, seiner Stimme zu trauen. Der Schock war groß gewesen. Dann ganz leise:

„Und – und warum hat sie – zuletzt gesprochen?"

Lyndas Augen füllten sich mit Tränen.

Schande zu dir hätte kommen können – sie hat mich geschickt!" Ihr Vertrauen war das Heiligste in meinem Leben und ich habe versucht, ihren Wünschen nachzukommen. Ich – ich habe in letzter Zeit leider versagt, aber versuche mir zu vergeben – meiner Mutter zuliebe!"

„Und du – hast" – die Stimme zitterte erbärmlich, trotz der Anstrengung, die Truedale unternahm, um sie zu beruhigen – „ schweigte – seit sie ging; Warum? Oh! Die Jugend ist so unwissend, so grausam!" Das sagte er eher zu sich selbst als zu dem Mädchen an seinem Knie, auf dessen gesenktem Kopf seine verschrumpelte Hand unbewusst ruhte.

„Zuerst habe ich das Geheimnis für meinen Vater bewahrt. Er wirkte so erschüttert, nachdem er allein war. Und da ich versucht habe, für dich das zu sein, was meine Mutter von mir wollte, schien es keine große Rolle zu spielen. Ich wollte meinen Weg durchsetzen. Ich wollte es dir immer sagen, und jetzt, nach diesen Wochen des Missverständnisses, hatte ich das Gefühl, du solltest wissen, dass es ausgerechnet für mich immer einen Grund geben wird, dein Leben zu teilen."

"Ich verstehe! Ich verstehe!" Eine große Welle von Gefühlen stieg und stieg und trug die letzten Jahre des Elends mit sich. Das Wissen hätte ihn einst vielleicht retten können, aber jetzt war es zu spät gekommen. Nach und nach würde er mit dieser erschütternden Wahrheit klarkommen, die ihm so plötzlich aufgedrängt worden war, aber nicht jetzt, während Katherine Kendalls Tochter an seiner Seite kniete!

„Lynda, ich kann nicht mit dir darüber reden. Wenn Sie älter sind – wenn das Leben sein Bestes oder sein Schlechtestes für Sie getan hat – werden Sie es besser verstehen als heute; Aber denken Sie daran: Was Sie mir gesagt haben, hat tief getroffen, aber es hat mit einem Schlag die Härte und Bitterkeit aus meinem Herzen gestrichen. Merk dir das!"

Dann kehrte er plötzlich zu seiner gewohnten Art zurück und sagte:

„Und jetzt erzähl mir von Morrell."

Lynda zuckte zusammen; Die Situation verwirrte sie. Sie hatte trösten wollen – stattdessen schien sie ihre alte Freundin verletzt und verwirrt zu haben.

„Über John Morrell?" sie murmelte mit zunehmender Verwirrung; „Es gibt nicht viel zu erzählen."

„Ich dachte, es wäre eine lange Geschichte, Lynda."

„Irgendwie scheint es nicht lange zu dauern, wenn man in die Nähe kommt. Aber Sie müssen doch sicher einsehen, Onkel William, dass ich nach – nach Vater und Mutter – natürlich etwas eifriger wäre als die meisten Mädchen. Für mich würde es niemals genügen, den falschen Mann zu heiraten, und natürlich weiß ein Mädchen erst dann wirklich Bescheid, wenn sie sich der Situation aus nächster Nähe stellt. Ich hätte mich nie mit John Morrell verloben sollen – das war der wahre Fehler; und erst als er sich meiner sicher war – wusste ich es! Onkel William, ich muss mein eigenes Leben haben, und John – nun, er wollte auch sein eigenes und meins haben. Ich konnte es nicht ertragen! Ich habe mich hochgekämpft und kleine Höhen bezwungen, genau wie er – genau wie Con und Brace; wir haben uns alle zusammen hochgekämpft. Es schien nicht ganz fair zu sein, dass sie – nun ja, ihre Flagge zeigen sollten und dass ich“ (hier lachte Lynda) „unter Johns Standarte kuscheln sollte. Ich glaube nicht immer an seinen Standard; Ich bin damit nicht einverstanden. So sehr ich Männer mag, glaube ich nicht, dass sie qualifiziert sind, das Leben von Frauen zu ordnen, zu ordnen, zu regeln und zu beherrschen. Wenn eine Frau denkt, dass der Verzicht den Gewinn rechtfertigt, ist das in Ordnung. Wenn ich mich ehrenhaft an John Morrell verkauft hätte, hätte ich mich an die Vereinbarung gehalten; Ich hasse und verabscheue Frauen, die das nicht tun! Ich schmälere die Romantik und das Gefühl nicht, Onkel William, aber im Großen und Ganzen ist die übliche Ehe ein Schnäppchen und die Hälfte der Frauen jammert darüber, daran festzuhalten – die anderen spielen mit, und wenn genug Liebe da ist, klappt es ziemlich gut – aber ich konnte nicht! Sie sehen, ich hatte mit Vater und Mutter zusammengelebt – ich habe den Mangel zwischen ihnen gespürt – und ich habe die Augen meiner Mutter gesehen, als sie – losgelassen hat und gestorben ist! NEIN! Ich möchte mein eigenes Leben führen!“

„Und Sie werden aus so einer Laune auf das Erbe einer Frau – Haus und Kinder – verzichten? Deine Mutter hatte eine Entschädigung; Hast du keine Angst vor der Zukunft?“

die Gegenwart nicht entehre .“

„Ein einsamer Mann oder eine einsame Frau – ein Ausgestoßener des Gewöhnlichen – ist ein Geschöpf der Hölle!“

Lynda schüttelte den Kopf.

"Mach weiter!" befahl Truedale streng. „Morrell ist ein guter Kerl. Von meinem Gefängnis aus habe ich dafür gesorgt, das herauszufinden. Brace hat mir einen praktischen Dienst erwiesen, als er vor Ihrer Verlobung als Detektiv fungierte!“

Lynda errötete und runzelte die Stirn.

„Das wusste ich nicht“, war alles, was sie sagte.

„Es spielt keine Rolle – ich bin nur froh, dass ich Mitleid mit ihm haben kann und wütend auf dich bin. Ich hätte nie gedacht, dass du ein Narr sein könntest, Lynda."

„Ich wage zu behaupten, dass wir es alle können, wenn wir uns darauf konzentrieren – manchmal auch ohne. Also! Das ist die ganze Geschichte, Onkel William."

„Es ist nur das Vorwort. Sehen Sie, Lynda, ist Ihnen schon einmal aufgefallen, dass eine Frau wie Sie ohne eine Erfahrung nicht zu einem solchen Schluss kommt wie Sie – ein Kontrast, wenn man sich das ansieht?"

„Ich – ich weiß nicht, was du meinst, Onkel William."

„Ich denke, das tust du. Ich habe kein Recht, Nachforschungen anzustellen, aber ich habe das Recht, Ihnen zu helfen, wenn ich kann. Du hast viel für deine Mutter getan; Kannst du mir die Ehre verweigern , etwas für sie zu tun?"

"Es gibt nichts zu tun."

"Lass uns sehen! Letzten Endes bist du nur ein einfaches Mädchen. Du hast etwas mehr Rückgrat und Witz als manche, aber dein Herz ist am selben Ort wie das anderer Frauen und du bist im Wesentlichen nicht anders. Sie wollen die vernünftigen, richtigen Dinge genauso wie sie – ein Zuhause, Kinder und Sicherheit vor den Dingen, vor denen sich Frauen fürchten. Ein Mann kann einer Frau eine Chance für ihre beste Entwicklung geben; Sie sollte das erkennen und – ja – es wertschätzen."

"Sicherlich!" Dies kam sehr sanft von den Lippen, die jetzt von zwei kalten, zitternden Händen verdeckt wurden. „Eine Frau erkennt es; Sie weiß es zu schätzen, aber das schließt sie nicht von der Wahl aus."

„Ein Mann ist – natürlich innerhalb der Grenzen und Vernunft – genauso gut wie ein anderer, wenn er eine Frau liebt und sie dazu bringt, ihn zu lieben. Sie dachten sicherlich, dass Sie Morrell lieben. Wenn Sie es nicht täten, hätten Sie nichts zu gewinnen. Du hast wahrscheinlich genauso viel verdient wie er."

"Das ist richtig. Alles ganz richtig."

„Dann ist etwas passiert!" Truedale warf seine halbgerauchte Zigarre ins Feuer. „Was war es, Lynda?"

„Es gab nichts – wirklich –"

"Da war etwas. Da war – Con!"

"Oh! wie – wie kannst du?" Lynda fuhr zurück. Sie wollte eigentlich sagen: „Wie kannst du es wagen?" – aber das ausgemergelte und gequälte Gesicht hielt sie zurück.

„Weil ich muss, Lynda. Weil ich muss. Weißt du, dass ich dir erzählt habe, dass ich eine Geschichte habe? Du musst Geduld mit mir haben und mir zuhören. Setz dich noch einmal hin und versuche dich daran zu erinnern: Ich tue das für deine Mutter! Ich wiederhole – es gab Con. Zuerst hast du wie Brace für ihn zu den Waffen gegriffen; Deine Sexinstinkte wurden nicht geweckt. Ihr seid alle gute Kerle gewesen, bis ihr mit verbundenen Augen in die Falle getappt seid, die der arme Morrell euch gestellt hat. Du dachtest, ich würde Con misshandeln, seine besten Interessen missachten und seine Seele aushungern lassen! Oh! du armer kleiner Ignorant; Der Junge hatte nie eine nennenswerte Seele, bis er zur Selbstverteidigung erwachte und an seine Grenzen stieß. Was wussten Sie und Brace über die Vergangenheit – die Vergangenheit, die in die Entstehung von Con eingeflossen ist? Du warst mit deiner jungen Verurteilung und deiner fehlgeleiteten Loyalität frei genug – aber wie steht es mit der Gerechtigkeit?"

Lyndas Augen waren auf Truedales Gesicht gerichtet. Sie hatte ihn noch nie in dieser Stimmung gesehen und obwohl er sie faszinierte, überwältigte er sie.

„Na, Mädchen, Cons Vater, mein jüngerer Bruder, war genauso talentiert wie Con, aber er war ein Schuft. Er hatte genug Geld, um den Weg zu seinem eigenen Untergang zu ebnen. Bis es verschwunden war , verschmähte er mich – verschmähte sogar sein eigenes Genie. Er heiratete eine Frau, die genauso verrückt war wie er selbst, und warf sie dann ohne Bedenken beiseite, um zu sterben. Er hatte kein Verantwortungsgefühl – keine Scham. Er hatte Temperament – ein verdammtes – und er ließ sich bis zum Ende davon treiben. Als alles vorbei war, brachte ich Conning hierher. Gerade zu dieser Zeit – nun ja, es war kurz nachdem deine Mutter deinen Vater geheiratet hatte – befiel mich diese schleichende Krankheit. Wenn der Junge nicht gewesen wäre, hätte ich die ganze Sache auf der Stelle beendet, aber mit der Last, die mir auferlegt wurde, konnte ich nicht davonkommen. Seitdem ist es eine Art Rennen – die Bedrohung wird immer größer und die Entstehung von Con hält Schritt. Ich habe geschworen, wenn er Talent hätte , müsse es sich in der Not beweisen, nicht im Luxus. Ich habe mir das Leben schwer gemacht, um mich zu stärken und zu inspirieren. Ich hatte nie die Absicht zu töten – du musst mir gerecht werden. Du siehst nur, dass ich, hier angekettet, nicht nah genug dran sein konnte, und Con war stolz, Gott sei Dank! und er dachte, er hätte Hass – aber das hat er nicht, sonst wäre er lieber verhungert, als mein Angebot anzunehmen. In seinem Herzen respektiert er mich – sagen wir mal – bis zu einem gewissen Grad. Ich sah, wie er den Abstand zwischen ihm und seinem Erbe vergrößerte – und es hat mir geholfen zu leben; Man sah, wie er aus sich einen Mann machte, und es war fesselnder als die Gelegenheit, sich einem bereits gemachten Mann anzuschließen. Oh, ich habe alles gesehen und es hat mir bei meinem Plan geholfen."

"Dein Plan?" Die Frage war ein schwacher Versuch, sich mit einer Situation auseinanderzusetzen, die zu groß und zu stark wurde. „Dein Plan – was ist dein Plan?"

„Lynda, ich habe mein Testament gemacht! Das Abseitssitzen und Zuschauen war die größte Aufregung meines Lebens. Im Laufe der Jahre habe ich geglaubt, dass ich es alleine schaffen würde; Jetzt sehe ich, dass die führende Hand deiner Mutter mich weitergeführt hat; Ich möchte, dass du das glaubst, denn ich glaube es!"

„Ich – ich werde es versuchen, Onkel William." Lynda kämpfte nicht länger gegen das, was sie nicht verstehen konnte. Sie hatte das Gefühl, dass es mit ihr seinen Willen haben musste.

„Dieses Haus", sagte Truedale , „war für deine Mutter bestimmt. Ich ließ es leer und bereit für ihren Geschmack und ihre Wahl. Danach – ich gehe, ich möchte, dass du es für sie – und mich – ausrüstest! Du musst es sofort tun."

"NEIN! NEIN!" Lynda hob protestierend die Hand, aber Truedale lächelte sie schweigend an und fuhr fort: „Vielleicht lasse ich Sie morgen beginnen und nicht warten! Sie müssen die kahlen Ecken füllen – scheuen Sie keine Kosten. Sie und ich werden ziemlich rücksichtslos sein; Ich möchte, dass dieser Ort endlich ein – Zuhause ist."

Und jetzt leuchteten Lyndas Augen – ihre seltenen Tränen machten sie blind.

„Du hast immer versucht, indirekt, Lynda, Cons größtes Wohl zu sichern; Du hast es getan! Ich habe vor, ihm ein Erbe von dreitausend pro Jahr zu hinterlassen. Das wird es ihm ermöglichen, sich selbst zu entmutigen und das Talent zu entwickeln, von dem Sie denken, dass er es hat. Ich habe dafür gesorgt, dass die beiden treuen Seelen, die mir hier gedient haben, niemals Not erfahren werden. Es wird Geld geben, und zwar reichlich, damit Sie meine Wünsche bezüglich dieses Hauses erfüllen können, sollte – nun ja – sollte mir etwas zustoßen! Nachdem diese Einzelheiten geklärt sind, geht mein recht sperriges Vermögen an – Dr. McPherson, mein alter und geschätzter Freund!"

Lynda zuckte heftig zusammen.

„Zu – zu Dr. McPherson?" Sie keuchte, jedes Verlangen nach Conning in ihren Armen.

"Dort! Dort! sei nicht so aufgeregt, Lynda. Es ist nur für – drei Jahre. McPherson und ich verstehen das."

"Und dann?"

„Es geht an Conning – wenn –"

"Wenn was?" Lynda hatte jetzt Angst.

„Wenn er – dich heiratet!"

"Oh! Das ist unerträglich! Wie konntest du so grausam sein, Onkel William?" Die heißen, leidenschaftlichen Tränen brannten auf dem empörten Gesicht.

„Er wird es nicht wissen. Die Jahre werden ihn auf die Probe stellen und beweisen."

„Aber ich werde es wissen! Wenn Sie es für das Beste hielten, dies zu tun, warum haben Sie es mir dann erzählt?"

„Es gab Stunden, in denen ich selbst nicht wusste, warum; Ich verstehe heute Abend. Deine Mutter hat mich geführt!"

„Meine Mutter hätte mir nie so weh tun können. Niemals!"

„Du musst vertrauen – ihr und mir, Lynda."

„Angenommen – oh! angenommen – Con nicht ... Oh! Das ist erniedrigend!"

„Dann wird das Vermögen Ihnen gehören. McPherson und ich haben das sorgfältig ausgearbeitet."

"Meins! Meins! Warum" – und hier warf Lynda ihren Kopf zurück und lachte erleichtert – „ ich weigere mich absolut, es zu akzeptieren!"

„In diesem Fall geht es an Wohltätigkeitsorganisationen."

Es wurde still im Raum. Verblüfft und wütend traute sich Lynda nicht, etwas zu sagen, und Truedale sank müde zurück. Dann hörte man in der ruhigen Straße das Rattern von Rädern – das Hupen einer Taxihupe.

„Thomas hat nicht vergessen, für deine Heimreise zu sorgen; aber der Mann kann warten. Die Nacht ist mild" – Truedale sprach sanft – „ und du und ich sind reich."

Lynda schien es nicht zu hören. Ihre Gedanken rasten wild über den Weg, den ihr die Worte ihrer alten Freundin vorgezeichnet hatten.

„Conning würde es nicht wissen!" sie ergriff und hielt daran fest; „Er wäre in der Lage, unabhängig zu handeln. Zuerst schien es unmöglich. Ihr Wissen konnte niemanden außer sich selbst beeinflussen! Wenn" – und hier atmete Lynda schneller – „ wenn Conning sie so sehr haben wollte, dass er sie bittet, sein Leben zu teilen, das die dreitausend Dollar ermöglicht haben, warum wäre dann das Glück, sein eigenes zu ihm zu bringen, ihr! – ihr!"

Wieder hielt sie die andere Seite des Bildes fest. "Aber angenommen, er wollte sie *nicht* – auf diese Weise? Dann würde sie, seine Freundin – diejenige, die ihn auf der ganzen Welt am meisten liebte – davon profitieren; Sie wäre eine wohlhabende Frau, ihrer Mutter zuliebe, oder" – die Alternative verwirrte sie – " sie könnte alles verstreichen lassen, alles und die Konsequenzen tragen!"

An diesem Punkt wandte sie sich an Truedale und fragte erneut mitleiderregend:

"Oh! warum, warum hast du das getan?"

In den Worten lag weder Wut noch Auflehnung, sondern ein Pathos, das den alten Mann dazu veranlasste, die Augen zu schließen, als er das Flehen in seinem erhobenen Gesicht hörte. Es war das Einzige, was er nicht ertragen konnte.

"Die Zeit wird es beweisen, Kind; Die Zeit wird es beweisen. Ich konnte es dir nicht verständlich machen; Deine Mutter könnte es getan haben – ich konnte es nicht. Aber die Zeit wird es zeigen. Die Zeit ist ein seltsamer Offenbarer. Mein ganzes Leben lang habe ich in der Dunkelheit gearbeitet, bis – jetzt! Ich hätte mehr vertrauen sollen – Sie müssen von mir lernen.

"So, lass den Mann nicht länger warten. Ich frage mich – tu es nicht, es sei denn, du willst oder hältst es für richtig – aber ich frage mich, ob du mir einen Abschiedskuss geben könntest?"

Lynda stand auf, beugte sich tränenüberströmt über ihn und küsste ihn – sie küsste ihn zweimal, einmal für ihre Mutter! – und sie hatte das Gefühl, dass er es verstand. Sie hatte seine Lippen noch nie zuvor berührt und es kam ihr wie eine seltsame Zeremonie vor.

Eine Stunde später rief Truedale nach Thomas, wurde in sein Schlafzimmer gerollt und ihm ins Bett gebracht.

"Vielleicht", sagte er zu dem Mann, "stellen Sie diese Tropfen besser auf den Ständer." Wenn ich nicht schlafen kann –" Thomas lächelte und gehorchte. Es hatte eine Zeit gegeben, da hatte er Angst vor dieser kleinen, dunklen Flasche, aber nicht jetzt! Er glaubte zu sehr an die Charakterstärke seines Herrn. Das Medikament in der Nähe zu haben, könnte durch Suggestion helfen, die Unruhe zu lindern, aber es war noch nie darauf zurückgegriffen worden, also lächelte Thomas, als er sich mit einem fröhlichen Gruß abwandte:

"Sehr gut, Herr; aber es wird keine Notwendigkeit geben, hoffe ich."

„Gute Nacht, Thomas. Bitte stell die Jalousie hoch. Es ist eine herrliche Nacht, nicht wahr? Wenn sie auf dem hinteren Grundstück bauen würden, könnte ich den Mond nicht so gut sehen. Vielleicht entscheide ich mich, diese Immobilie zu kaufen.“

Als Thomas gegangen war und er endlich allein war, seufzte Truedale schwer. Es schien die Zurückhaltung zu lindern, unter der er wochenlang gelitten hatte.

Sein ganzes Leben lang hatte die Möglichkeit, seiner Knechtschaft zu entkommen, die Knechtschaft weniger unerträglich gemacht. Es war, als wüsste er von einem Geheimgang aus seinem Gefängnishaus – ein Ausgang im Dunkeln und begleitet von Zweifeln und Ängsten, aber dennoch ein sicherer Weg in die Freiheit. In der Vergangenheit war es ihm feige vorgekommen, sich sein Wissen zunutze zu machen – es war, als würde er seine Schulden unbezahlt lassen. Aber jetzt, in dem hellen, mondbeschienenen Raum, schien es nicht mehr so. Er hatte seine Aufgabe erledigt, das Pfusch beendet und einen klaren Ruf gehört, der Lob und Zustimmung ausdrückte. Es gab nichts, was ihn zurückhalten konnte!

Drüben im Schrank am Fenster befanden sich ein Foto und ein paar Briefe; Truedale drehte sich zu ihnen um und fragte sich, ob Lynda sie anstelle seines alten Freundes McPherson finden würde? Er wünschte, er hätte gesprochen – aber schließlich konnte er es kaum erwarten. Er hatte sich definitiv entschieden, die Reise anzutreten! Aber er sprach leise wie zu einer Präsenz:

„Und so – du hast eine Rolle gespielt? Armes Mädchen! Wie gut – du hast es gespielt! Und du – hast gelitten – oh! Mein Gott – und ich habe dir nie die Gerechtigkeit des Verständnisses erwiesen. Und du hast dein Mädchen verlassen – mir – ich habe versucht, dich dabei nicht im Stich zu lassen, Katherine!“

Dann griff Truedale nach der Flasche. Er nahm einen Schluck vom Inhalt und wartete! Dann nahm er noch einen und ein Schauer der Erregung erregte sein träges Blut. Schwach und tastend streckte er seine erstarrte Hand wieder aus; er war jetzt auf einem guten Weg. Die lange Reise begann im Mondlicht und seltsamerweise wurde es weder dunkel noch schien er allein zu sein. Das überraschte ihn ein wenig, er hatte immer damit gerechnet, dass es so anders sein würde!

Und nach und nach stand ihm nur noch ein einziges Gesicht gegenüber – es war heller als der mondbeschienene Weg. Es lächelte verständnisvoll – auch es hatte auf die breite Straße geschaut –, es konnte sich ein Lächeln leisten.

Noch einmal bewegte sich die schwere, eiskalte Hand auf den Ständer neben dem Bett zu, doch sie verlor die Kraft, bevor sie das Ziel erreichte.

Die Flucht war gelungen!

KAPITEL V

Die Tage vergingen und Jim White blieb ungehindert im tiefen Wald. Nach Nella-Roses beunruhigendem, aber aufregendem Auftritt erholte sich Truedale schlagartig und fand sich allein in seiner Kabine wieder zurecht. Durch eine strenge Anklage verwies er die ganze Angelegenheit auf den Bereich der Dinge, die er nicht hätte zulassen sollen, die aber keinen wirklichen Schaden angerichtet hatten, oder glaubte dies zu tun. Er holte das schwere Buch über Philosophie hervor und bemühte sich, es zu studieren. Nach ein paar Stunden griff er sogar zu dem nassen Handtuch, weil er dachte, dieser Vorschlag könnte ihm helfen, doch Nella-Rose geriet beharrlich und schelmisch zwischen seine Augen und die Seiten und missachtete die Philosophie durch die Magie ihres Aberglaubens und ihres betörenden Charmes.

Dann griff Truedale sein Spiel an, bösartig und gebieterisch. Dies war erfolgreicher. Er hat seinen Plan etwas rekonstruiert – er hat Nella-Rose reingelassen! Gezügelt und etwas ummodelliert, materialisierte sie sich, und während er sich streng mit ihr befasste, war das Schreiben möglich.

So vergingen der erste Tag und die erste Nacht. Am zweiten Tag verlangte Truedales neue Kraft nach Bewegung und Erholung. Es war nicht zu erwarten, dass er sich einsperrte, bis White zurückkam, um ihn zu beaufsichtigen. Schließlich war es nicht nötig, ein Narr zu sein. Also packte er einen Sack mit Futter und ein oder zwei Büchern und machte sich auf den Weg, nachdem er großzügig für das Vieh gesorgt und die Hunde nach sich gerufen hatte.

Aber Truedale wusste nicht, was um ihn herum vorging. Pine Cone Settlement war seit der Fallenepisode angespannt und abwartend gewesen. In den Bergen passierte nicht viel, und wenn doch, wurde das Beste daraus gemacht. Mit bedeutungsvollem Schweigen hielten sich die Freunde und Feinde von Burke Lawson in Schach, bis er zu seinen alten Lieblingsplätzen zurückkehrte; Dann würde es heftige Schießereien geben – nicht unbedingt tödlich, ein oder zwei Mitternachtsangriffe, einen allgemeinen Aufruhr und schließlich einen Waffenstillstand.

All das wusste Jim White, und es war der treibende Faktor, der ihn in die tiefen Wälder geschickt hatte. Seine Gefühle widersprachen seiner Pflicht. So schuldig Lawson auch war, der Sheriff mochte ihn lieber als Martin und er meinte, sollte er Burke in „den Stöcken" treffen, würde er ihn auf eine Bärenjagd mitnehmen und ihm ein paar gute Ratschläge geben. Damit würde er sein Gewissen und seine gesetzlichen Pflichten rechtfertigen. Aber White war, seltsamerweise, ebenso unwissend wie Truedale über ein Element, das in die Bedingungen eingetreten war. Es war Jim nie in den Sinn gekommen, die Ankunft seines Besuchers anzukündigen oder zu erklären. Für Pine Cone weckte ein „Furriner" bestenfalls ein oberflächliches Interesse, und da Truedale nachts unsichtbar angekommen war, warum sollte man ihn dann einer Gemeinschaft gegenüber erwähnen, die unmöglich etwas mit ihm gemeinsam haben konnte? So kam es, dass Greyson und ein paar andere, als sie Truedale aus der Ferne bemerkten und ihn sofort aus den Augen verloren, zu dem Schluss kamen, dass er Burke war, zurückgekehrt und versteckt; und eine wachsende, aber heimliche Aufregung lag in der Luft. Beide Fraktionen gingen davon aus, dass er beim Sheriff war, und die Stimmung war hoch. An der endgültigen Schätzung, hätte White es ahnen können, hatte er selbst keinen geringen Anteil!

Geliebt und gehasst teilte Lawson die Gemeinschaft zu etwa gleichen Teilen für und gegen sich. Es gab diejenigen, die verteidigten und schworen, jeden zu töten, der dem jungen Gesetzlosen Schaden zufügte – er war ein fröhlicher, waghalsiger Typ und seinen Freunden gegenüber ebenso loyal wie seinen Feinden gegenüber unnachgiebig. Andere erklärten, dass der Desperado „fertig" sein müsse; Die Meinungsverschiedenheit über die Falle war nur das letzte einer langen Liste von Verbrechen; Es war an der Zeit, jemanden zum Schweigen zu bringen, der sich weigerte, sich anzuschließen – der den Sheriff seinen Freund nannte und dafür bekannt war, mit Finanzbeamten herumzualbern! Das war vielleicht die schlimmste Tat, die einem Eingeborenen zugeschrieben werden konnte.

also auf dem Kriegspfad, und Truedale , rücksichtslos und ahnungslos, nahm auf eigene Gefahr Luft und Bewegung.

Die Männer aus den Bergen hatten nun einen klaren Fall, da Peter Greyson seine Aussage gemacht hatte, die übrigens von Stunde zu Stunde schlüssiger wurde, je mehr Fantasie, Rausch und die Freude, sich wichtig zu finden, in Greyson wuchsen.

„Jim sagte mir", hatte Peter Jed Martin anvertraut, „dass er eine Truppe von damals zusammenstellen und Lawson zusammentreiben würde."

Das war völlig falsch. White nahm niemanden in seine Geschäftsgeheimnisse auf, schon gar nicht Greyson, den er zutiefst verachtete. „Aber ich nenne das nicht für uns alle sauber, Jed. Wir wollen nicht, dass Fremde Burke erwischen; wir wollen nicht, dass sie ihn fesseln oder in Löcher schießen; Was wir alle wollen, ist, White zu zwingen, ihn der Justiz auszuliefern, ihm einen fairen Prozess zu geben und ihn dann in eine dieser Gefängnisfallen zu schicken, damit er hinter Gittern seine Seele ausfressen kann. Jed – schließen Sie einfach Ihre Augen und *sehen Sie* Burke Lawson hinter Gittern – wie er aus einer Pfanne trinkt, Gefängniswasser trinkt – rufen Sie einfach dieses Bild auf."

Jed bemühte sich darum, und es entsprang seiner Fantasie.

„Wir wollen ihn alle verfolgen", fuhr Greyson fort, „wir wollen ihm keinen freien Durchgang nach Kingdom-Come per Seil oder Schuss ermöglichen – wir alle wollen Gefängnis für Lawson, Gefängnis!"

Da Jed am meisten besorgt war, verbreitete sich dieser Erlass per Funk ins Ausland.

„Fang ihn lebendig!" Freund und Feind waren wachsam.

„Und wenn alles repariert und erledigt ist – wenn Burke in der Falle sitzt", sagte Greyson, „was wirst du dann tun – für mich, Jed?"

Das war eine überraschende, neue Entwicklung.

„Ich habe nicht damit gerechnet, dass du das tust – Pelzlohn!" Jed geriet ins Stocken. Dann kam Greyson heraus:

„Keine Bezahlung, Jed. Gawd weiß, dass ich meine Pflicht so erfülle, wie ich sie sehe. Da ich aber pflichtbewusst bin, sehe ich mehr als eine Pflicht. Wenn du Lawson fängst und einsperrst, Jed, möchte ich dir näher sein als ein Freund."

„Näher als …", keuchte Jed.

„Und die Pflicht treibt mich dazu, dir zu gestehen, Jed, dass das Glück einer Dame auf dem Spiel steht."

Jed starrte jetzt nur noch den Mund an. Visionen von Nella-Rose machten ihn schwindlig und sprachlos.

„An dem Tag, an dem du Lawson ins Gefängnis steckst, Jed, an diesem Tag werde ich dir die Hand meiner Tochter geben. Sie liebt dich; sie hat gestanden! Ihr sollt hierher kommen und alles teilen! Die Stunde, in der Burke verurteilt wird – Marg gehört dir!"

„Marg!" Das Wort kam mit einem Keuchen.

"Kein Wort!" Greyson winkte fürstlich mit der Hand – diese Geste war ein Erbstück seiner Vorfahren. „Ich verstehe Ihre Gefühle – ich habe gesehen, was los ist –, aber natürlich möchte ich, dass meine Tochter jemanden heiratet, der ihrer würdig ist. Du erhältst meine Marge, wenn du dich bewährt hast! Ich habe dich falsch eingeschätzt, Jed, aber das wird alte Rechnungen ausradieren."

Mit einem widerlichen Gefühl der Vertieftheit versank Jed in schwarzes Schweigen. Wenn Marg ihn wollte und der alte Greyson ihr half, gab es keine Hoffnung! Blut und Verlangen würden jedes Mal siegen; Das hat jeder Bergsteiger erkannt!

Und so brodelte es unter der Oberfläche tödlicher Ruhe, als Truedale , der glaubte, er hätte sich gut unter Kontrolle, seinen Sack packte und sich auf den Weg zu einer langen Wanderung machte. Er hatte kein bestimmtes Ziel vor Augen – tatsächlich wiegte ihn der sanfte, verträumte Herbsttag in geistiger Trägheit –, er ging einfach mit, aber er ging so direkt auf den Rhododendronteppich zu, als hätte er seine Aktionen schon lange geplant. Doch erst am späten Nachmittag traf er auf Nella-Rose.

In diesem Moment wurde ihm klar, dass er den ganzen Tag nach ihr gesucht hatte. Seine strengen Standarten zerfielen und wurden zu trockenem Staub. Man könnte genauso gut Maßstäbe an flackerndes Sonnenlicht oder an wirbelnde kleine Bergnebel anlegen wie an Nella-Rose. Sie kam fröhlich auf ihn zu; Die Hunde hatten sie bei einem ihrer Unternehmungen entdeckt und begleiteten sie nun stillschweigend.

„Ich – ich habe den ganzen Tag nach dir gesucht!" Truedale gab zu, wahrheitsgemäß, aber indiskret. Und dann bemerkte er, wie schon zuvor, den seltsamen Eindruck, den das Mädchen machte, als wäre es auf den Tatort geblasen worden. Das hübsche, weiche Haar, das in einem verwirrenden Schwung auf der Wange liegt; die großen, verträumten Augen und schwarzen Wimpern; das enge Anschmiegen ihres schäbigen Kostüms, als wäre es von dem verspielten Sturm, der sie dahingeweht hatte, um ihren schlanken Körper geschlungen; alle hatten Anteil an der Illusion.

„Ich musste – um Marg nach Devil-may-come Hollow zu führen. Sie jagt jetzt dort!" Nella-Roses weiße Zähne zeigten sich in einem verschmitzten Lächeln. „Wir sind in Sicherheit, wenn Marg dort unten herumhuscht. Komm, ich kenne einen sonnigen Ort – ich möchte dir von Marg erzählen."

Ihre kindische Aneignung von ihm vollendete Truedales Kapitulation. Der absolute Mangel an Selbstbewusstsein vertrieb den letzten Rest an Vorsicht. Sie fanden den sonnigen Platz – er war wie ein Grübchen in einem Hügel, das die Wärme und Helligkeit eingefangen hatte und sie stets von Schatten fernhielt. Es schien fast so, als würde die Nacht die Nische nie erobern können.

Und während sie sich dort ausruhten, erzählte ihm Nella-Rose, dass die Eingeborenen glaubten, er sei der Flüchtling Lawson.

„Und Marg würde dich so – äh – aufgeben" (Nella-Rose pustete mit ihren hübsch geschürzten Lippen eine imaginäre Kleinigkeit davon). „Sie ist mir den ganzen Tag nachgelaufen – sie hat mich an einem Ort verloren, an dem man sich gut verstecken kann – und dort habe ich sie zurückgelassen! Sie wird es Jed Martin heute Abend erzählen, wenn sie zurückkommt. Marg wittert Burke, damit Jed und seinesgleichen ihn fangen können – das ist ihre

Art und die von Jed!" In der Stimme des Mädchens klang stechende Verachtung mit.

„Aber nicht auf deine Art, darauf wette ich, Nella-Rose." Der Spaß und nicht die Gefahr der Situation beeindruckte Truedale .

„ Nein! – ich würde alles selbst machen!" Entweder würde ich ihn warnen und damit Schluss machen, oder ich würde ihm zur Seite stehen."

„Ich bin mir nicht sicher, ob mir das Missverständnis über mich gefällt", bemerkte Truedale halb spielerisch, „sie schießen mir vielleicht in den Rücken, bevor sie es herausfinden."

„Glaubst du" (und hier verzog sich Nella-Roses Gesicht zu ernsten, gefährlich süßen Falten), „glaubst du, ich würde dich ihnen allen überlassen, wenn diese Gefahr bestünde? Sie zielen nicht darauf ab, Burke zu erschießen oder zu fesseln; Sie gehen davon aus, dass sie ihn lebendig nehmen und ihn ins Gefängnis sperren werden, um – um –"

„Was, Nella-Rose?"

„Stirb vor Sehnsucht!"

„Würde das Burke Lawson passieren?"

Das Mädchen nickte. Dann kehrte die bezaubernde Unfugheit in ihre Augen zurück und sie wurde wieder ein Kind – ein Geschöpf, das so unendlich jung war, dass Truedale im Vergleich dazu großväterlich wirkte.

„Kannst du dir nicht vorstellen, wie unglaublich lustig es sein wird, sie zu führen und ihnen folgen zu lassen, und dann werden sie eines Tages direkt auf dich losgehen und es herausfinden! Gottverdammt !"

Unverantwortliche Heiterkeit trieb das Mädchen hin und her . Sie lachte leise, bis die Tränen in ihren klaren Augen standen. Truedale erfasste ihre Stimmung und lachte mit ihr. Das Bild, das sie zeichnete, wie sie Eifersucht, Bosheit und Dummheit auf die falsche Spur brachte, war sehr lustig, aber plötzlich hielt er inne und sagte ernst:

„Aber in der Zwischenzeit könnte dieser Burke Lawson zurückkehren; Mit deinen Streichen könntest du ihm den Garaus machen."

Nella-Rose schüttelte den Kopf. "Ich würde wissen!" erklärte sie selbstbewusst. „Ich weiß alles, was in den Bergen vor sich geht. Burke würde es mir zuerst sagen!"

„Es ist wie ein Melodram", murmelte Truedale halb vor sich hin. Durch einen Trick der Einbildung schien er genauso auszusehen wie Brace Kendall. Der Gedanke ließ ihn zurückschrecken. Was würde der gute alte Brace in der gegenwärtigen Situation tun?

„Was ist Melodram?" Nella-Rose ließ sich nie ein neues Wort oder einen neuen Vorschlag entgehen. Sie war ebenso eifrig wie dramatisch und schelmisch.

„Es wäre schwer, es dir verständlich zu machen – aber sieh mal" – Truedale zog den Sack zu sich – „ Ich wette, du hast Hunger!" Er verdrängte Brace bewusst aus seinen Gedanken.

„Das glaube ich." Die schönen Augen waren auf die Hand gerichtet, die die erlesensten Bissen der am frühen Morgen zubereiteten Speisen hervorbrachte. Als er ihr das kleine Festmahl vorstellte, gab Truedale zu, dass er die Bissen auf eine vage Art und Weise für Nella-Rose aufgehoben hatte, obwohl er sich zuvor von gröberer Kost ernährt hatte.

„Ich weiß nicht, ob ich dir einen Chicken Wing geben soll!" sagte er spielerisch. „Du siehst so aus, als würdest du gleich wegfliegen – aber leider habe ich beide Beine aufgefressen!"

"Oh! Bitte" – Nella-Rose griff über den schmalen Raum, der sie trennte, und flehte hübsch – „ Ich bewundere einfach von Natur aus Flügel!"

"Ich wette, Sie tun! Nun, essen Sie viel Brot mit ihnen. Und siehe, Nella-Rose, während du isst , lese ich dir eine Geschichte vor. So etwas nennen wir Melodram."

"Oh!" Dies durch das zierliche Knabbern des begehrten Flügels. „Ich mag Geschichten wirklich."

„Jetzt sei still!" „Befahl Truedale und er begann die temperamentvolle Geschichte der Liebe und der großen Abenteuer, die er genau wie die Leckerbissen, von denen er wusste, dass er sie für Nella-Rose mitgebracht hatte!

Die warme Herbstsonne schien eine ganze Stunde lang auf sie, dann veränderte sie sich und die Kühle des nahenden Abends warnte den Leser vor dem Flug der Zeit. Er blieb plötzlich stehen und stellte fest, dass seine Begleiterin ihren Hunger und ihr Essen längst vergessen hatte. Sie beugte sich über die Trümmer , versunken und angespannt. Ihre Hände waren fest gefaltet – es waren kalte, kleine Hände – und ihre großen Augen waren angespannt und voller Staunen.

"Ist das alles?" fragte sie heiser.

„Nein, Kind, da ist noch mehr."

"Mach weiter!"

"Es ist zu spät! Wir müssen zurück."

„Ich – ich muss den Rest wissen! Verstehst du das nicht, du weißt ja, wie es ausgehen wird; Ich tu nicht!"

"Soll ich es dir erzählen?"

„Nein, nein. Ich möchte es hier haben, mit der warmen Sonne und den Kiefern und du – du selbst, der es wahr macht."

„Ich verstehe nicht, Nella-Rose!" Aber während er sprach, begann Truedale zu verstehen und es bereitete ihm einen Moment Unbehagen. Er wusste, was er tun sollte, wusste aber, dass er es nicht tun würde! „Wir müssen noch einmal kommen und uns den Rest anhören", sagte er.

"Ja? Warum" – und hier nahmen die schattigen Augen den Blick einer Frau an, den Blick, der den Mann in ihrer Nähe warnte und anlockte – „ Ich wusste nicht, dass es jemals so kommen würde – wirklich."

„Was, Nella-Rose?"

"Warum Liebe. Sie alle wussten es – und nahmen es. Es war, als wäre es etwas ganz Eigenes. Das ist nicht die Sorte, die wir alle haben. Kommt es nur so – ähm – auf Mel - Melerdrammer ?"

„Nein, kleines Mädchen. So kommt es im wirklichen Leben, wenn die Herzen groß und stark genug sind, um es zu ertragen." Truedale beobachtete die Wirkung seiner Worte auf das seltsame, junge Gesicht vor ihm. Sie drängten sich durch ihre Unwissenheit und ihr untrainiertes Verlangen nach Liebe und Bewunderung. Es war ein gefährlicher Moment, denn Truedales Gewissen schien unter Drogen zu stehen und zu schlafen, und Nella-Rose erwachte zu etwas, das sie noch nie zuvor gekannt hatte. Für sie waren Laune und Unfug verschwunden; Sie schien im Begriff zu sein, etwas Wunderbares zu sehen und zu hören, das ihr jedoch entging und sie anrief.

Und nach diesem ersten Tag trafen sie sich oft. „Zueinander passiert" war die Art und Weise, wie Truedale es ausdrückte. Es schien sehr natürlich. Die malerischen Orte gefielen beiden. Es gab auch Lektüre – sorgfältig ausgewählte Teile. Es war äußerst interessant, den ungeübten Geist in verwirrende Labyrinthe zu führen – zu beobachten, wie Überraschung, Staunen und Ratlosigkeit zu Verständnis und Freude verschmolzen. Truedale empfand die Befriedigung, zum ersten Mal in seinem Leben zu sehen, dass er eine große Macht war. Der Gedanke versetzte sein Gehirn ein wenig in Aufregung, machte ihn aber auch ernsthaft demütig.

Allmählich wurden seine Zweifel und Selbstbeobachtungen deutlicher; er lebte Tag für Tag, Stunde für Stunde; während Jim White zögerte, blieb Nella-Rose; und die Vergangenheit – Truedales Vergangenheit – verschwand fast aus dem Blickfeld. Als er später darüber nachdachte, war ihm kaum klar, wo und wie er sich entschieden hatte, sich von seiner Vergangenheit und allem, was sie bedeutete, zu lösen und eine Zukunft zu akzeptieren, die fast lächerlich anders war als alles, was er sich vorgestellt hatte.

Eines Tages wurde auf Burke Lawson Bezug genommen, und anstatt es wie bisher durchgehen zu lassen, fragte er Nella-Rose plötzlich:

„Was bedeutet er für dich?“

Das Mädchen errötete und wandte sich ab.

„ Burke? – oh, Burke ist jetzt nichts mehr!“

„War er jemals – irgendetwas?“

„Ich schätze, das war er nicht; Ich *weiß, dass* er es nicht war!“

Truedale blitzschnell zu verstehen, was passiert war. Dieses einfache Mädchen bedeutete ihm mehr als alles andere – mehr als die Vergangenheit und was sie bereithielt! Einen niedereren Mann hätte dieses Wissen nicht sonderlich beunruhigt; Ein Mann mit mehr Erfahrung und Hintergrund hätte es verstanden und gewusst, dass es sich um eine Phase handelte, mit der streng und kompromisslos umgegangen werden musste, dass es sich jedoch lediglich um eine Phase handelte, die als solche vorübergehen musste. Nicht so Truedale . Er war bis in die Wurzeln seines Wesens gerührt; Jede Erfahrung war für ihn eine konkrete Tatsache und daher bedeutsam. Um die Emotionen, die ihn zeitweise überwältigten, rein zu halten, muss er auf alles verzichten, was ihn von Nella-Rose trennte, und sein Leben neu aufbauen. oder – er muss *sie* gehen lassen!

Als Truedale begann, darüber nachzudenken, als er Nella-Roses Abhängigkeit von ihm – ihr Vertrauen und ihr Glück – erkannte, kapitulierte er und erlaubte seiner Fantasie, sich die vor ihm liegende Zeit auszumalen und auszumalen . Er weigerte sich, einen Blick zurück zu werfen.

Natürlich gelang das alles nicht ohne Kampf und Vorahnungen; aber er sah keine Möglichkeit, das zu behalten, was einst teuer war, ohne das zu entehren , was jetzt teurer war; und er – lass los!

Mit dieser Entschlossenheit begann er, sich energisch auf die Veränderung vorzubereiten. Tag für Tag beobachtete er Nella-Rose mit neuem und weitsichtigem Interesse – nicht immer mit liebevollen und leidenschaftlichen Augen. Er hatte das Gefühl, dass sie sich mit seiner Hingabe und Ausbildung zu einer selten süßen und feinen Frau entwickeln könnte. Er war in seinem Wahnsinn nicht immer ein Narr; zeitweise war er wunderbar klarsichtig. Er wollte nach Hause zurückkehren, sobald seine Gesundheit wiederhergestellt war, und die Kendalls ins Vertrauen ziehen; aber der Gedanke an Lynda bereitete ihm ab und zu einen schlechten Moment. Er konnte sie nicht so einfach aus den heiligsten Erinnerungen seines Lebens verbannen, aber nach und nach kam er zu der Überzeugung, dass ihre Beziehungen zu ihm platonisch waren – schon immer gewesen waren; und dass sie in dem neuen Plan eine nicht unerhebliche Rolle in seinem Leben und dem von Nella-Rose spielen würde.

Es würde Jahre der Selbstverleugnung und der Arbeit geben , und dann würden nach und nach Erfolge erzielt werden. Er würde sein fertiges Werk, zu dem er auch Nella-Rose zählte, zu seinen alten Lieblingsplätzen mitnehmen und seine Weisheit und sein Glück beweisen. Kurz gesagt, Truedale war verrückt nach Liebe – bereit, alles den rücksichtslosen Winden der Leidenschaft zu überlassen. Er gab den Dingen blindlings falsche Namen und steuerte direkt auf die Felsen zu.

Er meinte es gut, wie Gott wusste; tatsächlich traten jetzt alle religiösen Elemente zum Vorschein, die man bei ihm bisher nicht vermutet hatte. Konventionen waren absurd, wenn man sie auf die gegenwärtigen Bedingungen anwendete, aber sobald man das Unvermeidliche akzeptiert hatte, war der Weg göttlich strahlend. Er hatte vor, den Preis für das zu zahlen, wonach er sich sehnte. Er hatte keine andere Absicht.

Da er sich nun damit abgefunden hatte, die Vergangenheit hinter sich zu lassen, konnte er es sich leisten, in den Freuden der Gegenwart zu schwelgen, mit einem freudigen Gefühl der Verantwortung für die Zukunft.

Im Moment kam ihm sein Verhalten so natürlich vor, dass er sich fragte, ob er jemals daran gezweifelt hatte. Immer mehr Männer mit einer Vision – und Truedale glaubte fest daran, dass er diese Vision hatte – erkannten die Absurdität alter Ideale.

Zurück zum Boden bedeutete mehr als das Physische; es bedeutete zurück zum Ursprünglichen, zum Einfachen, zum Wirklichen. Die künstlichen Anforderungen der Gesellschaft müssen abgelehnt werden, wenn eine neue und höhere Moral etabliert werden soll.

Wenn Truedale in diesem Geisteszustand einmal die tatsächliche Gefahr erkannt hätte, wäre vielleicht alles gut geworden; aber er war aus seiner Umlaufbahn geraten.

Zu diesem Zeitpunkt verwirrte Nella-Rose ihre Familie so sehr, dass sie ihren Vater phänomenal nüchtern hielt und Marg an den Rand der Nervenerschöpfung trieb.

Das Mädchen war, um es mit Greysons Worten auszudrücken, „ über Nacht erwachsen geworden “. Sie war umwerfend und erinnerte an eine Vergangenheit, die tief ins Herz des Vaters eindrang.

Es hatte eine Zeit gegeben, in der Peter Greyson, freilich noch ein kleiner Junge – und bevor der grausame Krieg das Vermögen seiner Familie ruiniert hatte – von solchen Frauen umgeben gewesen war, wie Nella-Rose jetzt vorschlug. Frauen mit tanzenden Augen und weichen, weißen Händen. Frauen, geboren und aufgewachsen für Liebe und Huldigung, die ihre Privilegien mit Charme und Schönheit einforderten. Es hatte eine faszinierende Frau gegeben, eine Großtante von Nella-Rose, die die Familienehre gefährdet hatte , indem sie ihr Erbe der Anbetung mit hochmütiger Hand genommen hatte. Sie missachtete die Rechte eines anderen, ritt mutig mit dem Mann ihrer Wahl davon und überließ die Wiederherstellung ihres Rufs ihren Verwandten und Verwandten, die sofort zum Handeln aufwachten und wie meine Damen und Herren logen, als die Wahrheit unmöglich war. Schließlich milderten und verfeinerten sie die Tat der kleinen Straßenräuberin so sehr, dass sie in der Familiengeschichte mit einem Wappen nur im Schatten und nicht mit Schmähungen weitergegeben wurde.

Wenn ihr Vater darüber nachdachte, war Nella-Rose ihrer malerischen Vorfahrin gefährlich ähnlich! Der Gedanke hielt Peter viele Tage lang von der Destille im Wald fern. Er, der arme, heruntergekommene Kerl, war genauso bereit wie jeder andere Mann seiner Linie, Frauen zu beschützen, insbesondere seine eigenen, aber jetzt war er zutiefst ratlos.

War es Burke Lawson, der aus seinem Versteck einen Zauber auf Nella-Rose richtete?

Dann wurde Peter hässlich. Der Schutz der Frauen war eine Sache; Eine andere Möglichkeit war es, die Gemeinschaft von einem Gesetzlosen zu befreien. Männer wussten, wie man mit solchen Angelegenheiten umgeht, und Greyson hielt sich für einen echten Mann.

„Nella-Rose", sagte er eines Tages, während er nachdenklich rauchte und seiner jüngeren Tochter zuhörte, wie sie mit besonders süßer kleiner Stimme eine Hymne für die Lagerversammlung sang, „wenn mein Schiff einläuft, Schatz, werde ich dir eine Harfe kaufen." . Ein goldenes."

„Ich hätte lieber ein rosa Kleid, Vater, und einen echten Hut; Ich hasse Sonnenhauben einfach von Natur aus! Ich bevorzuge eine Feder an meinem Hut – Blumen verblassen schnell."

„Aber Harfen sind mächtig elegant, Nella-Rose. Es gab eine Zeit, in der Ihre – Tanten und – und Großmütter Harfen spielten, als wären sie ihre tägliche Nahrung. Vergiss das nie, Nella-Rose. Harfen in Familien bedeuten *Blut* , und Blut geht nicht aus, wenn man vorsichtig damit umgeht."

Nella-Rose lachte, aber Marg, im Waschhaus dahinter, hörte zu und – hasste!

Niemand brachte *sie mit Harfen oder Blut in Verbindung, aber sie hielt in ihrem mürrischen Herzen und ihrer mürrischen Seele die wahren Elemente von allem, was in die*

Entstehung der besten Greysons eingeflossen war . Und als der Winter voranschritt, sah sich Marg körperlich und geistig erschöpft mit der harten Realität konfrontiert. Der Herbst war vorbei – auch wenn die trüben Stunden das widerlegten. Sie muss sich vorbereiten. Also sammelte sie ihre Kräfte – ihre Gartenprodukte, die man gegen lebensnotwendige Dinge eintauschen konnte; das Schweinefleisch; die Wolle; alles, was entbehrlich sein konnte, musste sie in Umlauf bringen. Also zählte sie drei Dutzend Eier und wog zehn Pfund Schweinefleisch und rief Nella-Rose an, die sie mit ihrem Gesang und Toben vor der Küchentür in den Wahnsinn trieb.

„Du – Nella-Rose!" Sie rief: „Bist du verrückt nach Lot?"

Nella-Rose wurde sofort zurückhaltend und erschien an der Tür.

„Sehe ich danach aus?" sagte sie und drehte ihr wundervolles kleines Gesicht zur Inspektion nach oben. Etwas in den Worten und in der ansprechenden Schönheit ließ Marg erzittern. Wäre Marg Greyson Glück und Gerechtigkeit zuteil geworden, wäre sie die zärtlichste Schwester von Nella-Rose gewesen. Zwischen ihnen lagen mehrere Jahre; Das jüngere Mädchen griff in die schwindenden Rechte des älteren Mädchens ein. Der Kampf zwischen ihnen war so alt wie das Leben selbst, aber er konnte nicht völlig töten, was leidenschaftlich hätte existieren sollen.

„Du musst diese Dinge tragen" – Marg hielt den Korb hin – „ zum Handelszentrum hinunter, und du kannst die kleinen Dinge wie Pfeffer, Salz und Zucker zurückholen." Sagen Sie Cal Merrivale , er soll den Rest holen und mit dem verhandeln, was ich hier vorbereitet habe, wenn er vorbeifährt. Wenn Sie jetzt anfangen , können Sie bei Sonnenuntergang zurück sein."

Zu Margs Überraschung protestierte Nella-Rose weder gegen den sieben Meilen langen Fußmarsch noch gegen die schwere Last. Sofort zog sie ihre Sonnenhaube in den richtigen Winkel auf ihrem Kopf und ergriff den Korb.

„ Gehst du nicht zuerst etwas essen?" fragte Marg.

"NEIN. Einen Bissen hineingeben; Ich werde es übrigens essen."

Da das Zentrum in der entgegengesetzten Richtung zum Hollow lag und sieben Meilen hin und zurück die Stimmung und Energie selbst von Nella-Rose unterdrücken würden, war Marg verwirrt. Sie bereitete jedoch Essen zu, verstaute es in dem Korb und ging sogar so weit, den Schal ihrer Schwester fest unter ihr Kinn zu stecken. Dann sah sie zu, wie die schlanke, gerade Gestalt ging – immer noch verwirrt, aber zumindest für den Tag in Frieden.

Nella-Rose plante jedoch einen völlig ungewöhnlichen Angriff auf Truedale . Durch unausgesprochenes Einverständnis hatten er und sie vereinbart, dass ihre Treffen öffentlich stattfinden sollten. Jim White könnte jederzeit zurückkehren und keiner von ihnen wollte ihn zunächst in das verwirrende Drama ihres Lebens einbeziehen. Aus unterschiedlichen Gründen wussten sie, dass Jims kaltes Pflichtverständnis die heilige Sicherheit zerstören würde, die ihnen allen gehörte. Truedale wollte White nach seiner Rückkehr alles anvertrauen – er wollte sich bei der Rekonstruktion seines Lebens auf ihn verlassen; Aber er wusste, dass nichts für die Zukunft so verhängnisvoll sein konnte wie jeder gegenwärtige Konflikt mit den strengen Verhaltensvorstellungen des Sheriffs. Was Nella-Rose betrifft, hatte sie Grund, Whites Macht als Frauenhasserin und Aufrechterhaltung von Recht und Ordnung zu fürchten. Sie hat Jim einfach eliminiert und muss ihn dazu im Dunkeln lassen.

Am frühen Morgen hatte sie, wie jeden Tag, vom Hügel hinter dem Haus aus geschaut und nur eine dünne Rauchwolke von der Lichtung gesehen! Wenn White am Abend zuvor nicht zurückgekehrt wäre, bestand die Chance, dass er es noch einmal schaffen würde! Nella-Rose fragte sich oft, warum andere den verräterischen Rauch nicht bemerkten – ein Hinweis, der oft eine entscheidende Rolle in den Nachrichten über die Hügel spielte. Nur weil seine Gedanken auf den Hollow und Whites Abwesenheit gerichtet waren, war Truedale in seiner Privatsphäre sicher.

„Ich werde mich schnell ins Zentrum beeilen“, schloss Nella-Rose, nachdem sie Margs verstörtem Blick entkommen war, „dann verstecke ich die Sachen an der großen Straße und gehe zu seiner Hütte. Ich werde – ich werde ihn überraschen!“

Truedale hatte ihr am Tag zuvor in einem Moment der Vorsicht gesagt, dass er eine Zeit lang hart arbeiten müsse, um sich auf Whites Rückkehr vorzubereiten. Tatsache war, dass er in seiner Geschichte nun an dem Punkt angelangt war, an dem er sich nach Jim sehnte, so wie er sich vielleicht nach Sicherheit auf einer unruhigen See gesehnt hätte. Wenn Jim zurück und umfassend informiert wäre, wäre alles, was vor uns lag, sicher.

„Ich werde ihn überraschen!“ murmelte Nella-Rose, während die Grübchen in ihren Mundwinkeln voll zu sehen waren; „Der alte Jim White kann mich nicht fernhalten. Ich werde aufpassen – es ist nur für eine Minute; Ich werde bei Sonnenuntergang zurück sein; es wird nur darum gehen, ‚Wie-de?‘ zu sagen.“

Während sie weiterrannte, stritt sich etwas mit dem Mädchen – etwas völlig Neues und Unkontrolliertes. Bisher war in ihre Berechnungen kein Gesetz außer dem der Wildnis eingeflossen. So viel Glück und Leben wie möglich zu bekommen – so wenig Aufhebens wie möglich zu machen – das war ihr Code gewesen; Aber jetzt hielt Nella-Rose dieselbe Zurückhaltung zurück, die Marg vor einiger Zeit davon abgehalten hatte, nach Hollow zu gehen, als sie dachte, dass Burke Lawson mit Einbruch der Dunkelheit seinen

Aufenthaltsort preisgeben könnte! Der immer lauter werdende Streit war so eindringlich, dass er das Mädchen verärgerte. "Warum? Warum?" ihre Sehnsüchte und Wünsche weinten. "Weil! Weil!" war die strenge Antwort, und die *Frau* in Nella-Rose erregte und pochte und zitterte, während der mädchenhafte Geist um die Aufregung von Freude und Süße flehte, die die düsteren Abschnitte ihres engen Daseins strahlend und voller Bedeutung erscheinen ließ.

Sie ging beharrlich weiter. Die Grübchen verschwanden; Der Mund verfiel in die erbärmlichen, herabhängenden Falten, die nach und nach, wenn Nella-Rose nicht gerettet wurde, dauerhaft werden und sie als Bergfrau kennzeichnen würden – eine Frau, der Seelenvisionen verwehrt blieben.

KAPITEL VI

Die Weisheit hatte Nella-Rose's Torheit beinahe besiegt, als sie in Sichtweite von Calvin Merrivales Laden kam. Aber – wer weiß? – vielleicht war die Geschichte des Mädchens schon längst geschrieben und sie war nicht ganz frei. Wie dem auch sei, sie hielt inne, soweit sie das beurteilen konnte, ohne jeglichen Grund, nahm vorsichtig ein Dutzend Eier aus dem Korb und versteckte sie unter einigen Büschen am Straßenrand! Nachdem sie dies getan hatte, ging sie so munter und leichtfüßig vorwärts, dass man hätte meinen können, ihre Last sei erheblich erleichtert worden. Sie erschien plötzlich vor Calvin Merrivale wie eine erfrischende Erscheinung aus der Leere. Es war Mittag und Merrivale döste in einem Sessel neben dem rostigen Ofen, in dem bereits ein Feuer brannte, das gegen die Abendkälte vorbereitet worden war.

„Wie geht's, Herr Merrivale ?" Calvin sprang auf.

„Wenn nicht Kleine Nella-Rose. Wie geht es euch allen?"

„Richtig schlau. Ich habe dir drei Dutzend Eier und zehn Pfund Schweinefleisch mitgebracht." Nella-Rose hätte fast Po'k gesagt – nicht ganz! „Und Sie müssen sehr großzügig mit mir sein, wenn Sie – lassen Sie mich sehen! – ach ja, Pfeffer, Salz und Zucker abwägen."

„Ich werde noch ein bisschen mehr in die Waagschale legen, Nella-Rose, auf die Art und Weise , wie du Spaß hast . Aber das kann ich nicht erkennen" – er zählte die Eier – „ Sie sagten drei Dutzend Aigs ?"

„Drei Dutzend und zehn Pfund Schweinefleisch!" Das ist sehr fest.

Merrivale zählte noch einmal und dabei erinnerte sich Nella-Rose! Das Rot stieg ihr ins Gesicht – die Tränen traten in ihre beschämten Augen.

"Stoppen!" sagte sie leise und näherte sich dem alten Mann. "Ich habe vergessen. Ich habe ein Dutzend herausgenommen!"

Merrivale stand auf und sah sie an und kam ihm dann, wie er glaubte, verständnisvoll zu Hilfe.

„Wer ist das, Nella-Rose, wer ist das?"

Hierauf kam keine Antwort.

„ Du brauchst keine Angst haben, deinen Geist für mich zu öffnen, Nella-Rose. Den Überblick zu behalten ist eine große Hilfe dabei, ein umfassendes Wissen über die Dinge zu erlangen . Die Leute kommen hierher und scherzen ganz herzlich, ich höre zu , und zwischen Jim White, dem Sheriff und dem alten Merrivale gibt es objektiv gesehen nicht viel Auswahl sprechen '. Ich weiß , dass White plant , Burke Lawson von hinten zusammenzutreiben, während es Krieg gibt. Zu meiner Zeit war das noch nicht so, kleine Nella-Rose. Als wir eine Abrechnung hatten Als wir kamen , gingen wir plötzlich raus und erschossen unseren Mann. Aber diese heruntergekommenen Schurken wie Jed Martin und seinesgleichen fangen sie ein und schicken sie in die schlimmste Hölle. „Lass Nacht" – und hier beugte sich Merrivale zu Nella-Rose – „ wurde mein Hühnerstall völlig durchsucht und eine Tüte voller Eier hochgehoben. " Das bin ich nicht Ich mache keinen Schrei. Ich habe das Jahr des Fiebers nicht vergessen und – na ja, weißt du wer – hat sich Tag und Nacht um mich gekümmert , bis ich Gesichter sah und sie kannte ! Was ist mit einer Henne von zwei und einem Sack voll Hühnern los, wenn sie vor diesem Fieberanfall in einer Reihe stehen? Ich sage dir , Nella-Rose, wenn *du sagst* , dass es drei Dutzend Aigs sind , dann *sind es* drei Dutzend Aigs , dann werden wir entsprechend verhandeln ! "

Und nun bildeten sich langsam Grübchen in das erleichterte Gesicht.

„Ich werde Ihnen bald ein zusätzliches Dutzend bringen, Herr Merrivale ."

„Ich werde deswegen nicht meine Seele beugen, Nella-Rose . Aigs ist aigs , aber menschlicher Nater ist menschlicher Nater ; Das Behalten eines Ladens erweitert Ihre Sicht. Nun, pass auf, kleines Mädchen, und halte nicht zu viel für selbstverständlich. Wenn eine Waffe losgeht, hört man es; Aber wenn Stinktiere die Spur hinterlassen, bekommt man kein Zeichen, es sei denn, es ist ein Geruch!"

Nella-Rose nahm ihre Pakete entgegen, lächelte zum Dank und rannte weiter. Sie aß ihr Mittagessen neben den Büschen, wo die Eier versteckt lagen, und deponierte dann die Bündel, die Merrivale so großzügig gewogen hatte, im sicheren Unterschlupf, legte die Eier in den Korb, vollgepackt mit Herbstblättern, und bog in den Weg ein, der von der Hütte wegführte große Straße.

Durch die kahlen Bäume schimmerte der klare Himmel wie ein Schild aus blaugrauem Metall. Es war ein offener Himmel für den Sturm, der unkontrolliert vorbeizog. Allein die Stille und Stille waren Warnungen vor drohenden Unruhen. Die Natur lauschte und wartete auf den Beginn des Herbstes und den Einbruch des Frosts.

Vom Zentrum bis zur Lichtung von White waren es nur zwei Meilen, und der Nachmittag war jung, als Nella-Rose am Fuße des letzten Anstiegs innehielt und Luft und Mut schöpfte. Am Rande des Waldes befand sich ein Wirrwarr von Rhododendren, und plötzlich richteten sich die Augen des Mädchens darauf und ihr Herz klopfte wie wild. Dort kauerte etwas Lebendiges, obwohl niemand außer einem geschulten Sinn es hätte erkennen können! Sie warteten – das verborgene Wesen und das zitternde Mädchen! Dann leuchteten zwei neugierige, misstrauische Augen zwischen den toten

Blättern der Büsche auf; Als nächstes blickte ein dunkles, schmales Gesicht hervor – es war Burke Lawsons! Nella-Rose umklammerte ihren Korb fester – das war alles. Nach einem Moment sprach sie leise, aber deutlich:

"Ich bin allein. Du bist sicher. Wie lange bist du schon zurück?"

„ Morgen zwei Wochen!"

Nella-Rose begann. Das hatten sie die ganze Zeit gewusst, und während sie mit Marg gespielt hatte, konnte die Jagd jeden Moment todernst werden.

„ Mehr als zwei Wochen", wiederholte Lawson.

"Wo?" Die Stimme des Mädchens war hart und kalt.

„Im Holler. Miss Lois Ann hat geholfen – aber Herr! Man kann eine hilflose alte Frau nicht außer Haus und Heim verschlingen. Letzte Nacht-"

"Ja ja; Ich weiß. Und oh, Burke, Herr Merrivale hat das Fieber und Ihre Güte nicht vergessen. Er wird dich nicht aufgeben."

„Das wird er nicht brauchen. Bis auf das Essen bin ich in Sicherheit . Da ist ein altes Loch, hinter einer verlassenen Destille – ich kann sogar ein bisschen Feuer machen. Der Teufel selbst konnte mich nicht finden. Nach einer Weile gehe ich –"

"Wo? Wo, Burke?"

„Nella-Rose, würdest du mitkommen? Du hast mich zurückgebracht – ich musste kommen. Wenn Sie so wollen – oh! mein Schatz – Mädel –"

"Stoppen! Hör auf, Burke. Jemand könnte in der Nähe sein . Nein, nein; Ich konnte die Berge nicht verlassen – ich würde vor Sehnsucht sterben, das weißt du!"

„Wenn ich – sie alle herausfordern würde – könntest du mich mitnehmen, Nella-Rose? Ich würde meine Chancen mit dir nutzen! Tag und Nacht zerrst und zerrst du an meinem Herzen, Nella-Rose."

Angst und ein tieferes Verständnis trieben Nella-Rose auf den falschen Weg.

„Wenn du es wagst, dich zu outen – wenn alle dich draußen bleiben lassen – dann frag mich noch einmal, Burke Lawson. Ich werde mich nicht mit jemandem anfreunden, der es nicht wagt, seinen Kopf zu zeigen."

Ihr einziger Wunsch war, Lawson wegzuholen; sie muss frei sein!

„Nella-Rose, ich komme da raus."

"NEIN! NEIN!" Das Mädchen keuchte. „Sie sind nicht hinter dir her, um dich zu erschießen, Burke; Jed Martin ist dafür, dich ins Gefängnis zu stecken!"

„Guter Gott – der heimliche Feigling.“

„Und Jim White ist dabei, eine Truppe aufzubauen, er will – um Fairplay zu sehen. Warten Sie, bis Jim zurückkommt. dann gib dich selbst auf.“

„Und dann – dann, Nella-Rose?“

Das junge, scharfsinnige Gesicht zwischen den toten Blättern leuchtete in einem Licht, das Nella-Rose das Blut aus dem Herzen trieb.

„Sehen Sie“, sagte sie unzusammenhängend , „ ich habe“ (sie zählte sie ab), „ich habe ein Dutzend Eier; gib sie Miss Lois Ann!“

„Lass mich dich berühren, Nella-Rose! Lass mich einfach deine kleine Hand berühren.“

„Warte, bis Jim White zurückkommt!“

Dann, weil ein Kaninchen aus seinem Versteck huschte, sank Burke Lawson in seines, und Nella-Rose machte sich in rasender Eile auf den Weg und war verschwunden! Einen Moment später spähte Lawson wieder hinaus und versuchte zu entscheiden, in welche Richtung sie ging, aber sein Verstand war verwirrt – also lachte er sein unbeschwertes, furchtloses Lachen und steckte die Eier, die Nella-Rose zurückgelassen hatte, in seinen Hut. Dann kroch und kroch er weiter und kehrte zu dem Loch im Hollow zurück, wo er wusste, dass er so sicher war, als wäre er in seinem Grab.

Mit Distanz und Sicherheit auf ihrer Seite hielt Nella-Rose inne, um Luft zu holen. Sie hatte große Angst gehabt. Ihre schönen Pläne waren von einer unerwarteten Gefahr bedroht. Sie hatte nie gedacht, dass Burke Lawson eine Komplikation sein könnte. Sie lebte Tag für Tag, Stunde für Stunde. Jim White hatte sie als Bedrohung akzeptiert – aber Burke nie! Sie war nicht mehr das Mädchen, das Lawson gekannt hatte, aber wie konnte sie hoffen, ihm das klar zu machen? Ihr zartes, nach Liebe strebendes Wesen hatte in der Vergangenheit das Beste akzeptiert, was die Berge zu bieten hatten – und Burke war der Beste gewesen. Sie hatte mit ihm gespielt – Marg mit ihm geärgert – hatte die Aufregung genossen , aber *jetzt* ? Nun, die Blindheit war aus ihren Augen gerissen worden – die Fesseln von ihren Füßen. Niemand, nichts konnte sie von sich fernhalten! Sie darf nicht erneut betrogen und eingesperrt werden!

Ja, das war es – eingesperrt, gerade als sie gelernt hatte, ihre Flügel zu benutzen!

Nella-Rose stand im Gewirr des Unterholzes, ballte ihre kleinen Hände und blickte mit großen Augen zum Himmel.

„Mir kommt es vor“, keuchte sie – und in diesem Moment ließ sie sich von all ihrer ungezähmten Mystik beeinflussen – „ als würde ich im Dunkeln an den Gleisen entlangfahren und etwas kommt – so etwas wie dieser Zug vor langer Zeit!"

Dann schloss sie die Augen und ihr erhobenes Gesicht wurde weicher und zitterte. Hinter den herabhängenden Lidern sah sie – Truedale! Ganz lebhaft materialisierte er sich in ihrer aufgeregten Fantasie. Es war das erste Mal, dass sie ihm auf diese Weise Befehle erteilen konnte.

„Ich gehe zu ihm!" Die Worte waren eher wie ein leidenschaftliches Gebet als eine Bestätigung. „Ich werde folgen, so wie ich es schon vor langer Zeit getan habe!" Sie umklammerte den Korb und floh davon.

Und während dies geschah, arbeitete Truedale in seiner Kabine, wie er seit Jahren nicht mehr gearbeitet hatte. Er hatte alle seine Brücken und Außenposten niedergebrannt; er wartete auf White und seine Pläne waren abgeschlossen. Er hatte vor, alles seinem einzigen Freund anzuvertrauen – denn so schien Jim in der verschwommenen und trostlosen Gegenwart zu sein –, dann würde er Nella-Rose spontan heiraten; Irgendwo muss es einen Pfarrer geben! Danach? Nun, danach fasste Truedale sein Manuskript und machte sich wie ein Inspirierter an die Arbeit.

Lynda Kendall hätte das Stück in seiner jetzigen Form nie kennengelernt. Truedales Ideal bestand immer darin, eine freie Frau darzustellen – eine Superfrau; einer, der sich in die Freiheit von zerbrochenen Ketten entwickelt hatte. Er hatte nun eine Heldin frei, da sie nie versklavt worden war. Wenn jemand Größeres als er eine Seele in eine Statue gesteckt hätte, glaubte Truedale, dass er ein Kind der Natur erwecken und ihr seine eigene schöne Seele zeigen könnte. Er hatte vor einiger Zeit einen Wald von Galatea entworfen; und jetzt, als er im stillen Raum saß, nahm das Gerüst Form und Substanz an; es atmete und bewegte ihn göttlich. Es und er waren allein im Universum; sie sollten die Welt beginnen – er und –

In diesem Moment trat der Vorbote des bevorstehenden Wetterwechsels durch ein heruntergelassenes Fenster herein. Es war eine leichte Brise, die die Asche leichtfertig über den Kamin wirbelte und mehrere Blätter Papier durch den Raum wirbelte. Truedale sprang los, um seine Schätze zu bergen; Er fing vier oder fünf, aber einer entging seiner Aufmerksamkeit und schwebte auf die angelehnte Tür zu.

"Wütend!" „Das war knapp", rief er und begann, die Blätter auf dem Tisch zu sortieren und zu ordnen.

„Sechzig, einundsechzig, zweiundsechzig. Wo zum Teufel sind denn nun die dreiundsechzig?"

Eine leichte Berührung seines Arms ließ ihn aufspringen, jeder Nerv kribbelte.

"Hier ist es! Es schien, als wäre es mir entgegengekommen."

„Nella-Rose!"

Das Mädchen nickte und hielt ihm die Zeitung hin.

„ Du bist also gekommen? Warum haben Sie?"

Die Grübchen kamen ins Spiel und Truedale stand da und beobachtete sie, während viele Gefühle ihn quälten; aber nach und nach ließ seine Schwäche nach und er konnte ein äußerst strenges, aber freundliches Auftreten annehmen. Er hatte vor, das Kind in Ordnung zu bringen; er wollte *nur* das *Kind in ihr* sehen, bis White zurückkam; Er würde den gefährlich süßen Appell der Frau an seine Sinne ignorieren, bis er sie mit Sicherheit wieder an ihren Beziehungen zueinander teilhaben lassen konnte.

Doch gerade als er zu dieser klugen Schlussfolgerung gelangte, fielen ihm, wie schon oft zuvor, die faszinierende Farbe und Qualität von Nella-Roses Haaren auf. Es war sowohl dunkel als auch hell. Wenn Rauch mit Sonnenlicht gefüllt wäre , würde er so etwas wie die Masse mehr oder weniger gelöster Ranken sein, die den hübschen Kopf des Mädchens krönten. Die strenge Entschlossenheit begann angesichts der mädchenhaften Sanftheit und Kühnheit zu schmelzen, aber Truedale wehrte sich noch einmal; Er dachte an den treuen und wahren Brace Kendall! Und es sei Brace Kendall zu verdanken, dass Connings Kurs klug war.

„Sieh mal, Nella-Rose, du solltest nicht hierher kommen – allein!"

"Warum? Freust du dich nicht, mich zu sehen?"

"Natürlich. Aber warum bist du gekommen?" Das war riskant. Truedale erkannte es sofort.

„Nur um zu sagen : , How-de'! Du siehst auf jeden Fall skrupellos aus ."

Darüber lachte Truedale . Nella-Roses Fähigkeit, sein glücklicheres und fröhlicheres Wesen zum Vorschein zu bringen, war einer ihrer liebenswerten Reize.

„Du bist nicht nur deswegen gekommen, Nella-Rose!" Dies mit strenger Missbilligung.

„Nimm das Geizhalsgesicht ab – dann erzähle ich dir, warum ich gekommen bin."

"Sehr gut!" Truedale lächelte schwach. "Warum?"

„Ich habe großen Hunger. Ich – ich will eine Party."

Natürlich würde das niemals gehen. White oder einer der Blut-und-Donner-Räuber könnte auftauchen.

„Du musst gehen, Nella-Rose."

„Nicht" – hier setzte sie sich fest und öffnete ihren lächerlichen karierten Schal – „ nicht, bis du mir einen Bissen gibst." Nur ein mächtiger kleiner Bissen – ich verhungere!"

Daraufhin brüllte Truedale vor Lachen und ging eilig zu seinem Schrank. Das Mädchen muss essen und – *gehen* . Mechanisch machte er sich daran, Essen auf den Tisch zu stellen. Dann setzte er sich Nella-Rose gegenüber, während sie mit offenem Genuss die Reste seiner eigenen Mittagsmahlzeit aß. Er konnte nicht umhin, wie so oft zu bemerken, mit welcher Liebenswürdigkeit sie diese Aufgabe erledigte. Andere Frauen waren, wie sich Truedale erinnerte, nicht besonders anziehend, wenn es ums Essen ging; aber dieses Mädchen machte aus der Angelegenheit eine anmutige kleine Zeremonie. Sie stellte die kleinen Schüsseln geordnet vor sich auf; Sie setzte sich leichtfüßig auf die Stuhlkante und knabberte – es gab kein anderes Wort dafür –, wie es ein freches kleines Streifenhörnchen tun würde, an den Bissen, die sie anmutig zum Mund führte. Sie war wirklich hungrig und widmete sich ein paar Minuten lang der Sache.

Dann tat Nella-Rose plötzlich etwas, das den letzten Funken Selbstbeherrschung zerstörte, der mit dem treuen Kendall und seinem guten Beispiel verbunden war. Sie hob ein Stück Essen auf ihre Gabel und hielt es Truedale hin , während ihre schönen Augen wehmütig in seine blickten.

"Bitte! Ich fühle mich so nervig, alleine zu essen. Ich möchte teilen! Bitte spiel mit mir Party!"

Truedale versuchte zu sagen: „Ich habe vor einer Stunde zu Abend gegessen"; Stattdessen beugte er sich über seine verschränkten Arme und murmelte, als wäre er völlig unfreiwillig:

"I Ich liebe dich!"

Nella-Rose ließ die Gabel fallen und lehnte sich zurück. Ihre Lider fielen über die großen Augen – das Lächeln verschwand von ihren Lippen.

„Gehörst du zu irgendjemandem – sonst, Nella-Rose?"

„Nein – oh! NEIN." Das ist wie ein ängstlicher Schrei.

„Aber andere – irgendjemand muss es dir erzählt haben – von Liebe. Weißt du, was Liebe bedeutet?"

"Ja."

"Wie?"

Und jetzt sah sie ihn an. Ihre Augen waren dunkel, ihr Gesicht tödlich blass; Ihre Lippen waren so rot, dass sie in dem Weiß die einzige Spur von Farbe zu sein schienen .

"Wie soll ich wissen? Warum, weil – nichts anderes zählt. Es kommt mir so vor, als wäre ich mein ganzes Leben lang darauf eingegangen – und jetzt heißt es nur noch: „Hier bin ich, Nella-Rose – hier"!"

„Auch ich bin mein ganzes Leben lang damit beschäftigt, kleines Mädchen. Ich wusste es nicht – ich war getrieben. Ich habe rebelliert, weil ich es nicht wusste; aber nichts anderes *zählt* , wenn – die Liebe dich erwischt!"

"NEIN. Alles egal." Die Stimme des Mädchens war entrückt und verträumt. Truedale legte seine Hände über den Raum, der sie trennte, und ergriff ihre.

„Du wirst – mein sein, Nella-Rose?"

„Scheint so, als müsste ich es sein!"

"Ja. Nicht wahr? Verstehst du – du musst es verstehen, mein Lieber? Ich habe vor, den Rest meines Lebens hier in den Hügeln zu verbringen – deinen Hügeln. Du hast einmal gesagt, dass einer von den Hügeln ist oder nicht; Werden sie mich bleiben lassen?"

„Ja" – fast heftig – „ aber – aber deine Leute – da draußen – werden sie dich bleiben lassen?"

„Ich habe keine Leute, Nella-Rose. Ich bin einsam und arm – zumindest war ich es, bis ich dich gefunden habe! Die Hügel haben mir alles gegeben; Ich möchte ihnen im Gegenzug gute Dienste leisten. Ich will dich als meine Frau, Nella-Rose; wir werden uns ein Zuhause schaffen – irgendwo – es spielt keine Rolle; Es wird ein Zufluchtsort für unsere Liebe sein und …" Er hielt inne. Realität und Konventionen machten einen letzten vergeblichen Appell. „Ich möchte nicht, dass du jemals wieder aus meinen Augen gehst. Du gehörst mir und nichts könnte das ändern – aber" (und das kam schnell und verzweifelt) „Irgendwo muss es einen Pfarrer geben – gehen wir zu ihm!" Lassen Sie uns keinen weiteren kostbaren Tag verschwenden. Wenn er dich durch seine" – Truedale wollte „lächerlichen Jargon" sagen, aber er änderte es zu – „ seine Autorität zu meinem macht, kann dich niemand in der ganzen Welt Gottes von mir nehmen." Komm, komm *jetzt* , Schatz!"

Im nächsten Moment hätte er sie in seinen Armen gehalten, aber sie hielt ihn zurück.

„Ich habe große Angst vor dem alten Jim White!" Sie sagte.

Truedale lachte, aber die Worte brachten ihn zur Besinnung.

„Dann musst du gehen, Liebling, bis White zurückkommt. Nachdem ich es ihm erklärt habe, werde ich dich holen kommen, aber zuerst lass mich dich halten – also! und dich küssen – also! Deshalb musst du gehen, meine Liebe!"

Sie war in seinen Armen, ihr erhobenes Gesicht drückte sich an seins. Sie zitterte, klammerte sich aber für einen Moment an ihn, und zwei Tränen rollten über ihre Wangen – die ersten, die er jemals gesehen hatte, wie sie ihrer Kontrolle entkamen. Er küsste sie weg.

„Woran denkst du, Nella-Rose?"

"Denken? Ich denke nicht; Ich bin froh!"

"Mein Schatz!" Wieder Truedale presste seine Lippen auf ihre.

„Wir alle nennen Schatz – , Doney -Mädel'!"

Dann mein – mein Kumpel !"

„Und" – die Worte klangen gedämpft, denn Truedale hielt sie still – „ und immer werde ich jetzt dein Gesicht sehen." Es kam heute, als wäre es schon vor langer Zeit gekommen. Es wird immer kommen und mich glücklich machen."

Truedale hob sie von seiner Brust und hielt sie auf Armeslänge von sich. Er schaute ihr tief in die Augen und versuchte, ihre Unwissenheit und Kindlichkeit zu durchdringen, um die schwer fassbare Frau zu finden, die sich dem, was vor ihr lag, stellen und ihren Teil dazu beitragen konnte. Lange starrten sie einander an – dann zitterte das Licht in Nella-Roses Gesicht – ihr Mund senkte sich.

„Ich gehe jetzt", sagte sie, „bis Jim White zurückkommt."

„Warte – mein –"

Aber das Mädchen war seinem Griff entglitten; Sie war in das neblige, bedrohliche Grau verschwunden, das sie umgab, während die Liebe sie aus ihren Tiefen getragen hatte. Dann begann es zu regnen – schwere, warnende Tropfen. Auch der Wind erhob sich mürrisch wie ein aus dem Schlaf erwachtes Monster und sammelte langsam Kraft, um seiner Wut Luft zu machen.

In diesen immer dunkler werdenden Sturm flüchtete Nella-Rose unbemerkt. Sie war nicht sie selbst – nicht das Mädchen aus dem Wald, weise im Bergwissen; Sie war verzaubert und halb verrückt vor den verwirrenden Gefühlen, die ihr in einem Moment Angst machten und sie im nächsten dem Spirituellen näher brachten als je zuvor.

Kapitel VII

Allein in seiner Kabine spürte Truedale eine Art grundloses Entsetzen, das ihn verärgerte. Der Sturm konnte es nicht erklären – er hatte dort den Vorteil der Unwissenheit! Sicherlich konnte seine letzte halbe Stunde nicht für seine Empfindungen verantwortlich sein. Er rechtfertigte jede Minute davon mit Begriffen, die so alt waren wie die Wünsche der Menschen und seine Abneigung gegen Beschränkungen. „Unser Leben gehört uns!" murmelte er und machte sich daran, ein Feuer zu machen und die Lampe anzuzünden. „Sie werden sich alle meiner Sichtweise anschließen, wenn ich es wieder gut gemacht und sie zu ihnen zurückgebracht habe!"

Truedale verließ sich immer mehr auf Jim Whites Meinungen. In dieser unruhigen Stunde stand der Sheriff wie ein schroffer Wegweiser auf dem Weg. Ein unerschütterlicher Finger zeigte in die Vergangenheit; das andere – in die Zukunft.

"Also! Ich habe mich entschieden", dachte Truedale ; „Es ist der neue Weg und – Gott sei Dank!" Aber er hatte das Gefühl, dass die Zukunft durch Jims Gunst oder Missbilligung möglich oder unglücklich werden könnte .

Nachdem er beschlossen hatte, Whites Rat zu befolgen, betete Truedale im Geiste für seine Rückkehr, und zwar sofort. Tatsache war, dass Truedale unter Drogen stand und er gerade noch genug Verstand hatte, um es zu wissen! Er erkannte vage, dass die halbe Stunde mit Nella-Rose eine gefährliche Epoche in seinem Leben gewesen war. Er war in Sicherheit, Gott sei Dank! aber er wagte es im Moment nicht, sich selbst zu vertrauen, ohne einen stärkeren Willen, der ihn führte!

Während er sich damit beschäftigte, die Tiere zu füttern, sein eigenes Abendessen zuzubereiten und abzuräumen, wurde er ruhiger. Der Sturm wurde immer heftiger – und er war dankbar dafür! Er war einer möglichen Versuchung ausgeliefert; Es fiel ihm sogar leicht, an Kendall und Lynda zu denken, aber den Onkel verdrängte er völlig aus seinem Kopf. Zwischen ihm und dem alten William Truedale schien die Kluft unüberbrückbar geworden zu sein!

Und während Truedale in eine unsichere geistige Ruhe versank, drängte sich Nella-Rose in die Fänge des Sturms und lachte und plapperte wie eine verrückte und verlorene kleine Nymphe. Wind und Regen erheiterten sie immer, und die Wut der Elemente, die von Minute zu Minute stärker wurde, beunruhigte sie nicht, während die Erinnerung an ihr großartiges Erlebnis sie beherrschte. Sie schüttelte ihr Haar aus ihren großen, vagen Augen. Sie war sich nicht sicher, wohin sie die Nacht verbringen sollte – das spielte keine große Rolle; Morgen würde sie wieder nach Truedale gehen , oder er würde zu ihr kommen. Schließlich beschloss sie, in Devil-may-come Hollow Schutz bei der alten Lois Ann zu suchen, und wandte sich in diese Richtung .

Es war acht Uhr, und Truedale , der seine Bücher und Papiere vor sich auf dem Tisch hatte, erklärte: „Mir geht es jetzt ganz gut" und begann mit der Arbeit an dem Manuskript, das ihn zuvor beschäftigt hatte.

Im Laufe der Zeit konnte er sich das Stück vorstellen ; *er* saß im Publikum – er sah die wechselnden Szenen und den spannungsgeladenen Höhepunkt. Er begann sogar darüber zu spekulieren, welcher Stern für die Hauptrolle geeignet sein würde. Seine einzige Extravaganz waren in der Vergangenheit vergünstigte Plätze in den besten Theatern gewesen.

Plötzlich verschwand die Stimmung und plötzlich wurde Truedale klar, dass er müde war – todmüde. Der Schweiß stand ihm auf der Stirn – er schmerzte von der Anspannung der verkrampften Muskeln. Dann schaute er auf seine Uhr; es war elf Uhr! Die Stille draußen deutete auf ein düsteres Ende des Sturms hin. Ein entschlossenes Tropfen von Dächern und Bäumen war wie das Ticken einer riesigen Uhr, die abläuft, aber für einige Zeit gut. Das Feuer war erloschen, in der Asche war kein bisschen Rot zu sehen, aber der Raum war immer noch heiß. Truedale beschloss, ohne Bettzeug zu Bett zu gehen, und als er zu diesem Schluss gekommen war, stützte er den Kopf auf die verschränkten Arme und sank in einen tiefen Schlaf.

Plötzlich wachte er auf. Das Zimmer war kalt und dunkel! Die Lampe war ausgebrannt und der Sturm heulte erneut in seinem zweiten Angriff. Unterkühlt und besessen von einem beunruhigenden Gefühl der Gefahr wartete Truedale auf – er wusste nicht worauf! In diesem Moment drückte etwas gegen sein Bein und er senkte die Hand, weil er dachte, einer der Hunde würde in der Nähe kauern, aber ein geflüstertes „ Sch !" jeden Muskel anspannen.

„Nella-Rose?"

„Ja – aber, oh! Sei immer noch mächtig. Sie können jeden Moment hier sein."

"Sie? WHO?"

"Alle von ihnen. Jed Martin, mein Vater und die anderen – die Freunde von – von –"

„Wer, Nella-Rose?"

„Burke Lawson! Er ist zurück – und sie denken – oh! Sie denken, sie sind ihm auf der Spur – hier! Ich – ich versuchte wegzukommen, aber die Bäche schwollen an und die großen Bäume neigten sich und – und ich versteckte mich hinter einem Felsen und – ich hörte!

„Zuerst waren es Jed und Vater; Sie sagten, sie würden schießen – sie hatten es aufgegeben, Burke lebend zu fangen! Dann gingen sie stromaufwärts und die – die anderen kamen – die Freunde, und sie bedauerten, dass Burke hier war und sie vor Jed und – und da einige Morde auf ihrer Seite hierher kommen wollten. Ich – ich dachte, es hätte Spaß gemacht, als sie alle Burke lebend erwischen wollten, aber jetzt – oh! Kannst du das jetzt nicht sehen? – Sie werden schießen und es später herausfinden! Sie können jede Minute kommen! Ich habe das Licht gelöscht. Komm, wir müssen die Hütte leer verlassen – als wärst du gegangen – und uns verstecken!"

Das atemlose Flüstern hörte auf und Truedale sammelte angesichts dieser realen Gefahr seine Sinne.

„Aber du – du darfst nicht hier sein, Nella-Rose!"

Jeder Nerv war jetzt wachsam. „Das ist purer Wahnsinn. Großer Himmel! Was soll ich mit dir machen?"

Der Ernst der Lage überwältigte ihn.

" Sch !" Die Warnung wurde durch die Unruhe der Hunde draußen verursacht. Ihre scharfen Ohren spürten die Gefahr oder – das Kommen ihres Meisters! Beide Möglichkeiten waren gleichermaßen alarmierend.

"Oh! Du verstehst es nicht", flehte Nella-Rose an seinem Knie. „Wenn sie alle dich sehen, werden sie dich in dieser Minute töten lassen. Burke ist der einzige in ihren Gedanken – sie wissen nicht einmal, dass du lebst; Sie sind zu sehr mit Burke beschäftigt, und wenn sie mich sehen – warum – würden sie dich sowieso töten."

„Aber was kann ich mit dir machen?" Allein dieser Gedanke beeinflusste Truedale .

Dann stand Nella-Rose auf und stellte sich dicht neben ihn.

"Ich gehöre dir! Ich habe mich dir hingegeben. Du – du wolltest mich. Tut es dir leid?"

Der schlichte Stolz und die Würde gingen Truedale direkt ins Herz.

„Weil ich dich so sehr will, kleines Mädchen, muss ich dich retten."

Irgendwie schien Nella-Rose ihre Angst vor den herannahenden Räubern verloren zu haben; Sie sprach mit Bedacht und über einem Flüstern:

„Mich retten ? – Wovor?"

Es gab keine Worte, um ihr seine Bedeutung zu vermitteln. Truedale schämte sich fast, es im Kopf zu behalten. Sie gehörten so unweigerlich zueinander; Warum sollten sie fragen?

„Ich – ich werde nicht weggehen – noch einmal!“

„Mein Liebling, das musst du.“

"Wo?"

Das Wort brachte ihn zur Besinnung – wo eigentlich? Da der dunkle Wald voller bewaffneter Männer war, die bereit waren, auf jedes sich bewegende Ding in Menschengestalt zu schießen, konnte er sie nicht gehen lassen! Als dieser Schluss kam und alle Anker zerrissen waren, erfassten ihn die Gefahr und die Not der Stunde.

"Ja; du bist mein!" flüsterte er und zog sie zu sich. „Was ist heute Nacht wichtig außer unserer Sicherheit? Morgen; na ja, morgen –“

" Sch !"

Kein Ohr, außer einem, das mit den Geheimnissen der stillen Orte vertraut war, hätte ein Geräusch wahrnehmen können.

"Sie kommen! Ja, nicht die vielen – es ist Jed! Kommen! Während du geschlafen hast, habe ich eine Menge Dinge auf die Rhododendron-glatte Rückseite des Hauses getragen! Schauen Sie, schieben Sie den Stuhl um – lassen Sie die Tür offen, als wären Sie vor dem Sturm weggegangen.“

Schnell und stillschweigend setzte Nella-Rose Taten in Worte. Truedale beobachtete sie wie verzaubert. "Jetzt!" Sie nahm ihn bei der Hand und im nächsten Moment waren sie draußen auf den nassen, durchnässten Blättern; Im nächsten Moment kauerten sie dicht unter den Büschen, wo nicht einmal der heftige Regen eingedrungen war. Halbbewusst erkannte Truedale einige seiner Besitztümer in der Nähe – seine Kleidung, zwei oder drei Bücher und – ja – es war sein Manuskript! Die weiße Rolle war sicher! Wie sie gearbeitet haben muss, während er schlief.

Nur ein einziges Mal sprach sie, bis die Gefahr vorüber war. Sie schmiegte sich eng an seine Arme, ihren Kopf an seine Schulter und hauchte:

„Wenn sie alle schießen, werden wir zusammen sterben!“

Die Unwirklichkeit der Sache zermürbte nach und nach Truedales angespannte Nerven. Wenn etwas passieren würde, wollte er, dass es passierte! In einer weiteren halben Stunde wollte er der Farce ein Ende setzen, seine Sachen zurück in die Hütte bringen und Nella-Rose nach Hause bringen. Es war ein Albtraum – nicht weniger!

" Sch !" und dann hatte das Warten ein Ende. Zwei dunkle Gestalten stahlen mit gezückten Waffen aus dem Wald hinter Whites Hütte. Wo waren die Hunde? Warum sagten sie nichts ? – aber die Hunde wurden darauf trainiert, ebenso still zu sein wie die Männer. Sie alle waren Teil der geheimen

Gesetzlosigkeit der Hügel. Im trüben Licht beobachtete Truedale , wie die schattenhaften Gestalten Jims unverschlossene Hütte betraten und bald wieder herauskamen, offensichtlich überzeugt, dass die Beute nicht da war – nicht dort gewesen war! Dann machten sie sich heimlich wie die Indianer auf den Weg zur anderen Hütte – Truedales ehemaligem Unterschlupf. Sie hielten sich im Gebüsch und am Waldrand auf – sie waren wie kriechende Tiere, bis sie die Hütte erreichten; Dann traten sie aufrecht und nahe beieinander in die Tür. Das Versteck von Truedale und seinem Begleiter war so nahe, dass sie die Flüche der Jäger hören konnten, als ihnen bewusst wurde, dass ihre Beute entkommen war.

„Er war schon einmal hier!" Es war Jed Martin, der sprach.

„Ich schätze, er hat es verstanden", sagte Peter Greyson gedehnt, „er macht sich auf die Suche nach Jim White." Weiß ist es nicht mehr als fünfzehn Meilen zurück; Wir können ihn abschneiden, Jed, bevor er in Sicherheit kommt – das Stinktier!"

Dann verließen die beiden die Kabine und schritten mutig davon.

"Die Anderen!" flüsterte Truedale – „ werden sie kommen?"

"Warten!"

Es herrschte Aufregung – ein Trampeln –, aber offenbar sahen die Neuankömmlinge Martin und Greyson nicht. Es gab ein Knistern im Unterholz von Füßen, die nicht mehr das Gefühl hatten, Vorsicht walten zu lassen, dann folgte ein weiterer Moment der Stille, bevor die Sicherheit der beiden im Gebüsch gewährleistet war.

Zu guter Letzt Truedale wagte es zu sprechen.

„Nella-Rose!" Er blickte auf das Gesicht auf seiner Brust. Sie schlief – tief und erschöpft!

Truedale änderte seine Position. Er war verkrampft und schmerzte; Dennoch brach das gleichmäßige Atmen nicht ab. Er legte sie sanft hin und legte einen dicken Mantel um sie – einen, den sie zuvor aus der Hütte getragen hatte, um ihn zu retten. Er ging zum Haus und machte sich grimmig an die Arbeit. Zuerst zündete er ein Feuer an; Dann stellte er die Stühle auf und brachte etwas Ordnung in das Chaos. Er hatte vor keinem Menschen auf Gottes Erde mehr Angst; Sogar Jim White wurde zu den Unwesentlichen verbannt. Truedale war lediglich ein primitives Geschöpf, das sich um seine eigenen kümmerte! Es gab jetzt kein Zurück mehr – kein Warten auf Konventionen. Als er sich fertig gemacht hatte , wollte er sein eigenes zu ihr nach Hause bringen!

Die düstere, trübe Nacht mit ihren Wutausbrüchen und Phasen der Ruhe hatte sich offenbar in einen durchnässten, geschäftsmäßigen Regen verwandelt. Die Eingeborenen wussten, wie man ein solches Wetter einschätzt. Bei Tageslicht wären die Bäche reißende Flüsse, auf deren Strömungen Bäume und Tiere rücksichtslos ins Tiefland getragen würden. Straßen würden zerstört und Menschen würden Schutz suchen, wo immer sie ihn finden könnten.

Aber Truedale blieb von der Sorge verschont, die ihm dieses Wissen möglicherweise bereitet hätte. Er konzentrierte sich nun auf die Gegenwart und akzeptierte die Zustände, so wie sie waren, mit grimmigem Grinsen. Alle Kraft oder Neigung zum Kampf war vorbei; Das Erbe der Schwäche, das der alte William Truedale gefürchtet hatte und mit dem Conning selbst in seiner unfruchtbaren Jugend so sehr zu kämpfen hatte, setzte sich durch und bereitete sich darauf vor, bedingungslos anzunehmen, was die Gegenwart bot.

In diesem Moment glaubte Truedale , er sei der Schiedsrichter über sein eigenes Schicksal und das von Nella-Rose. Die Umstände hatten ihn zu dieser Position gezwungen und er war bereit, Verantwortung zu übernehmen. Es gab keine Alternative; er muss die Dinge so akzeptieren, wie sie waren, und sie später sichern. Für ihn spielten die Einzelheiten der Konvention keine Rolle. Er hatte sie immer verachtet. In seiner jugendlichen spirituellen Anarchie hatte er sie offen missachtet; Sie beanspruchten jetzt keinen Anspruch mehr auf seine Aufmerksamkeit, außer wenn es um Nella-Rose ging. Der Schein sprach gegen ihn und sie, aber nur Narren ließen sich davon einschüchtern. Er, Truedale , hatte das Gefühl, dass es keines Menschengesetzes bedurfte, um ihn auf dem Weg zu halten, den er gewählt hatte, damals, als er beschloss, die Vergangenheit aufzugeben und sein Vermögen in das Neue zu stürzen. Nie in seinem Leben war Conning Truedale aufrichtiger oder, wie er glaubte, weiser als in diesem Moment. Und in diesem Moment erschien Nella-Rose wie ein kleiner Geist im düsteren, grauen Morgengrauen und kam den regennassen Pfad entlang. Sie trug immer noch den dicken Mantel, den er ihr angezogen hatte, und ihr Blick war verträumt und vage.

Truedale ging auf sie zu und nahm sie in die Arme.

„Mein Liebling", flüsterte er, „kannst du jetzt sofort mit mir zum Pfarrer kommen?" Es muss jetzt sein, Schatz – jetzt!"

Sie sah ihn an wie ein Kind, das versucht, seine Stimmung zu verstehen.

"Oh!" Sie sagte plötzlich: „Ich habe es fast vergessen. Der Pfarrer ist zu einer Beerdigung in den Bergen gegangen; Er wird noch lange weg sein. Bill Trim, der alle Neuigkeiten überbringt, hat es mir heute erzählt."

„Wo ist er, Nella-Rose?" Etwas schien sich um Truedales Herz zu verengen.

„Wir alle wissen es nicht; Er hat es an seiner Tür hinterlassen."

„Wo ist noch eine Ministerin, Nella-Rose?"

"Da ist kein anderer."

„Das ist absurd – natürlich gibt es noch etwas anderes. Wir müssen sofort aufbrechen und ihn finden."

"Hören!" Das Gesicht auf Truedales Brust hob sich. "Du hörst das?"

"Ja. Was ist es?" Truedale war alarmiert.

„Es bedeutet, dass die kleinen Bäche Flüsse sind; es bedeutet, dass die Wege voller Steine und Bäume sind; es bedeutet" – die Worte versanken zu einem ehrfürchtigen Flüstern – „ es bedeutet, dass wir für das *kämpfen müssen* , was wir alle behalten wollen."

"Guter Gott! Nella-Rose, aber wohin kann ich dich bringen?"

„Es gibt keinen Ort – außer hier."

Es schien eine Stunde zu dauern, bis Truedale dieser neuen Phase entgegensah und zu seinem verzweifelten Schluss kam.

Hätte ihm damals irgendjemand gesagt, dass seine Entscheidung die Entscheidung der Schwäche oder des unvordenklichen Bösen sei, hätte er diesen Gedanken mit bitterster Verachtung verärgert. Ohne es zu wissen, wurde er vom Teufel in ihm versucht und fiel. Er konnte sich nur auf sich selbst verlassen, um sich von seinen falschen Impulsen zu erlösen, und sein bestes Selbst, unvorbereitet, wurde von dem überwältigenden Appell, den Nella-Rose an seine Vernunft richtete, unter Drogen gesetzt.

Stehend mit dem Mädchen im Arm; Er lauschte der drohenden Gefahr, die, wie ihm schließlich klar wurde, ihn und sie jeden Moment zerstören könnte; beraubt von allem – allem, was sie an den alten Idealen hätte festhalten können; Truedale sah nur einen Weg – und nahm ihn.

„Es gibt keinen Ort außer hier – niemand außer dir und mir!"

Die sanften Töne drangen zu dem unruhigen Ort, an dem Truedale allein zu stehen schien und seinen letzten, verlorenen Kampf führte.

„Dann, beim Himmel!" Er sagte: „Lasst es uns akzeptieren – du und ich!"

Er hatte seinen Rubikon überschritten.

Sie aßen fast feierlich; Sie lauschten diesem schrecklichen Brüllen, das immer deutlicher und bedrohlicher wurde. Nella-Rose war still und wachsam, aber Truedale war noch nie grausamer gewesen als damals, als ihm mit seinem umfassenderen Wissen der Schritt klar wurde, den er getan hatte. Ob es um Leben oder Tod ging , er hatte effektiv alles ausgelöscht, was zur Entstehung des Mannes beigetragen hatte, der er einst war. Welche Hoffnung er auch gehabt haben mochte, Lynda Kendall und Brace verständlich zu machen, wenn die Dinge so gelaufen wären, wie er es einmal geplant hatte, gab es jetzt keine Hoffnung mehr. Nein – er und Nella-Rose waren allein und hilflos in den von Gefahren heimgesuchten Hügeln. Er und sie!

Die Sonne bemühte sich, später hervorzukommen, aber das Rauschen und Tosen des entgegenkommenden Stroms schien sie einzuschüchtern. Eine Stunde lang kämpfte es, dann gab es auf. Doch während dieser Stunde führte Truedale Nella-Rose aus dem Haus. Schweigend machten sie sich auf den Weg zu einem kleinen Hügel, von dem aus sie einen weiten, trüben, bleiernen Himmel sehen konnten. Dort nahm Truedale die Hände des Mädchens und hob den Blick, während seine benommene Seele nach dem Gott suchte, den es geben mochte.

„In Deinen Augen", sagte er langsam und tief, „nehme ich diese Frau zur Frau. Segne uns; behüte uns; und" – nach einer Pause – „ handle mit mir um, wie ich mit ihr umgehe."

Dann richteten sich die ernsten Augen auf die verängstigten, die sein Gesicht suchten.

"Du bist mein!" Truedale sprach gebieterisch und mit einer Kraft, die ihn noch nie zuvor beeindruckt hatte.

"Ja." Das Wort war ein schwaches, ängstliches Flüstern.

„Mein Schatz, küss mich!"

Sie küsste ihn mit zitternden Lippen.

"Du liebst mich?"

"I Ich liebe dich."

„Du – vertraust du mir?"

„Ich – oh! Ja; Ja."

„Dann komm, mein Arschloch ! Auf Leben und Tod liegt es von nun an an dir und mir, kleine Frau!"

Wie ein Blitz verschwand seine Trübsinnigkeit. Er war fröhlich, verzweifelt und frei von allen hinderlichen Zweifeln. In einer solchen Stimmung verlor Nella-Rose jede Angst vor ihm und ging so selbstgefällig an seiner Seite, als hätte der einzige Pfarrer in ihrer schmutzigen kleinen Welt mit all seiner seltsamen Autorität sein heiliges „Amen" über sie gesagt.

KAPITEL VIII

Es gab fünf Tage lang heftigen Sturm. Truedale und Nella-Rose hatten darum gekämpft, Whites Viehbestand zu retten – sogar seine Hütte selbst; denn die Sintflut hatte diesen angegriffen, während sie die kleinere Hütte in der Nähe in Sicherheit ließ . Den ganzen Vormittag lang hatten sie daran gearbeitet, Trümmer einzusammeln und sie so zu platzieren, dass sie den Lauf eines reißenden Baches umkehrten, der das größere Haus bedrohte. Es war fast eine verlorene Hoffnung gewesen, aber als der Tag auf dem Wildbach nachließ, hielt die raue Barriere stand – sie hatten Erfolg! Das Tor und der Schlangenzaun wurden weggetragen, aber der Rest wurde gerettet!

In der anstrengenden Arbeit , in der gefährlichen Isolation verloren die gewöhnlichen Dinge des Lebens ihre Bedeutung. Als ihnen der Tod bevorstand, waren ihre Liebe und ihre Kameradschaft alles, was ihnen blieb, und keiner zählte die Kosten. Aber am sechsten Tag schien die Sonne, die Flut war vorüber, und mit der Sicherheit und der sicheren Ankunft von Jim White saßen sie einander in einer neuen und kraftvollen Stille gegenüber.

„Schatz, du musst gehen – für ein paar Stunden!"

Truedale beugte sich über den Tisch, der sie trennte, und nahm ihre gefalteten Hände in seine. Er hatte alle seine sozialen Brücken niedergebrannt, aber der Fortschritt der armen Nella-Rose im Leben war nicht über etwas so Wesentliches wie Brücken möglich gewesen. Sie war vorangekommen, indem sie primitive Hindernisse hinunter- und hinaufgeklettert war; Sie hatte das Gefühl, endlich in ihrem Land der Verheißung angekommen zu sein.

„Du wirst mich – wegschicken? Wo?"

„Nur bis White zurückkommt, kleines Mädchen. Sehen Sie, Liebes, Sie und ich sind ganz herrlich verrückt, aber andere sind dummerweise bei Verstand und wir müssen an sie denken."

Truedale redete über ihren Kopf hinweg, aber Nella-Rose akzeptierte dies bereits als eine Phase ihrer neuen Beziehungen. Ein Bergmann liebte seine Frau vielleicht immer noch, selbst wenn er sie schlug, und obwohl Nella-Rose die Vorstellung, sie sei eine Bergfrau, verachtet hätte, glaubte sie ernsthaft, dass Männer anders seien als Frauen, und damit war die Sache erledigt!

„Du rennst weiter, mein kleines Mädchen – der Himmel ist klar, die Sonne warm –, aber ich möchte, dass du mich um drei Uhr an der Stelle triffst, an der der Weg auf die Straße trifft. Ich werde da sein und auf dich warten."

„Aber warum? – warum?" Die blaugrauen Augen waren besorgt.

„Schatz, wir werden deinen Pfarrer finden, wenn wir von einem Ende der Hügel zum anderen reisen müssen!"

„Aber wir sind doch alle verheiratet!" Dies mit einem kleinen Keuchen. „Zurück auf dem Hügel, als du es Gott erzählt hast und gesagt hast, dass er es verstanden hat; dann waren wir alle verheiratet."

„Und so waren wir, meine Süße, kein Minister könnte dich mehr zu meinem machen, als du es bereits bist, sondern die anderen – dein Volk. Sollten sie versuchen, uns zu trennen, könnten sie Ärger verursachen, und der Pfarrer kann es niemandem ermöglichen, Sie meiner Liebe und Fürsorge zu entziehen."

Und in diesem Moment glaubte Truedale tatsächlich, was er sagte. In seinem Herzen war er immer ein Rebell gewesen – trotzig und machtlos. Er hatte in diesem Fall seine Theorien bewiesen; Aber er hatte nicht vor, offene Fragen offen zu lassen, die die Sicherheit anderer gefährden könnten – vor allem die Sicherheit dieses jungen Mädchens. Er würde nur seine ursprünglichen Pläne zu ihrer Sicherheit in die Tat umsetzen – nicht seine eigene. Nach den gerade vergangenen Tagen – Tagen der Angst, der Erleichterung und des Beweises seiner und ihrer Liebe – blieb kein Zweifel in Truedales Herzen; er war aus den Hügeln, jetzt und für immer!

„Niemand kann – *jetzt*!" Dies kam leidenschaftlich von Nella-Rose, während sie ihn beobachtete.

„Sie könnten Ärger machen, bis sie das herausfinden. Sie sind zu freizügig mit ihren Waffen. Es gibt viel zu erklären, kleines Mädchen ." Conning lächelte ihre Zweifel beiseite.

„Bis drei Uhr!" Nella-Rose schmollte: „Das ist wirklich eine lange Zeit. Aber ich werde einfach mitlaufen. Ich werde immer und ewig tun, was du sagst!" Seine Macht über sie war bereits absolut. Mit einer fröhlichen, eigensinnigen Geste streckte sie ihre Arme aus und Truedale drückte sie fester an sich.

„Nur bis drei, Schatz."

Nella-Rose zog sich zurück und drehte sich um, um ihren kleinen Schal und ihre Mütze vom Sofa am Feuer zu holen; Sie war gerade dabei, nach ihrem Korb zu greifen, als ein Schatten über den Boden fiel. Truedale und das Mädchen drehten sich um und konfrontierten – Jim White! Was er gesehen und gehört hatte – wer konnte es an seinem ausdruckslosen Gesicht und seiner ruhigen Stimme erkennen? Die Tür war in der Klinke gewesen und er war hereingekommen!

„Post und LKW und Kaninchen!" Erklärte er und warf seine Ladung auf den Tisch. Dann drehte er sich zu Truedale um , als würde er ihn zum ersten Mal bemerken.

„Wie-de?" er sagte. Schließlich wanderte sein Blick zu Nella-Rose und schien sich in ihre Seele zu brennen.

„ Gehen Sie vielleicht , oder – kommen Sie ?" er fragte.

„Ich – ich – gehe!" Angst und Bestürzung prägten die Stimme des Mädchens. Truedale ging auf sie zu. Die verdeckte Brutalität in Whites Worten schockierte und verärgerte ihn. Er verschwendete keinen Gedanken an die Sache, ärgerte sich aber über die Beleidigung.

"Warten!" befahl er, denn Nella-Rose war durch die offene Tür verschwunden. "Warten!"

Truedale sah, dass sie ihm für einen Moment entkommen war, wandte er sich an White und konfrontierte ihn mit klaren, wütenden Augen.

„Was hast du zu deiner eigenen Meinung zu sagen?" er forderte heftig.

Der Schock war für Jim gewaltig gewesen. Drei Wochen zuvor hatte er seinen Schützling sicher und allein gelassen; er war zurückgekommen und hatte festgestellt ... Aber der Schock ließ Jim White immer erstarren; Das war einer der Gründe für seinen Erfolg im Leben. Er war noch nie so unflexibel und tödlich selbstbeherrscht wie damals, als er den nächsten Schritt nicht erkennen konnte.

„Gott, aber ich bin müde!" Er sagte, nachdem er Truedale so lange angestarrt hatte , wie er wollte: „Ich gehe zu mir nach Hause, um mich zu übergeben. Scheint, als würde ich einen Monat lang schlafen, wenn ich einmal angefangen habe."

„Du gehst nicht, White, bis du erklärst, was du damit gemeint hast –"

Aber Truedale hat seinen Mann getäuscht. Nachdem Jim seine eigene Schlussfolgerung gezogen hatte, lachte er und ging zur Tür.

„Ich gehe, wenn ich verdammt froh bin, dass ich gehen kann !" „„ warf er spöttisch hervor: „Und ich gehe den gleichen Weg, junger Kerl. Im Sack ist Post für dich und – ein Telegramm. White blieb einen Moment an der Tür stehen, während Truedale den gelben Umschlag aus der Tüte nahm und ihn aufriss.

„Dein Onkel ist am 16. plötzlich gestorben. Komm sofort. Lebenswichtig. McPHERSON .

Für einen Moment vergaßen beide Männer, was sie weit auseinander getrieben hatte.

"Schlechte Nachrichten?" fragte der Sheriff.

Etwas geschah mit Truedale – er hatte das Gefühl, als würde die Wirkung eines Narkotikums ihre Wirkung verlieren; Die fieberhafte Unwirklichkeit machte der Empfindung Platz, aber das Gehirn registrierte sie dumpf.

„Welches Datum ist das?" fragte er benommen.

„Fünfundzwanzig", antwortete Jim, als er aus der Tür ging.

„Wann kann ich einen Zug vom Bahnhof bekommen?"

„Es gibt einen, der zwischen neun und zehn Uhr nachts überall hingeht."

„Das gibt mir Zeit zum Packen. Sehen Sie, White, obwohl es Sie nichts angeht, möchte ich ein oder zwei Dinge erklären – bevor ich gehe. Ich werde so schnell wie möglich zurück sein – in einer Woche oder spätestens in zehn Tagen. Wenn ich zurückkomme , habe ich vor, dort zu bleiben, wahrscheinlich für den Rest meines Lebens."

White hielt Truedale immer noch an dem kalten, stählernen Glanz seiner Augen fest, der dem abgestumpften Gehirn Klarheit verschaffte. Mit einer Macht, so unnachgiebig wie der Tod, zerstörte Jim den Schutzschirm, den Truedale gegen die heimeligen Regeln des Lebens aufgebaut hatte, und ließ seinen Gast nackt und entblößt zurück.

Der Schock des Telegramms – die Pause, die daraus entstand – hatte Truedale Zeit gegeben, die Bedeutung von Whites Haltung zu verstehen; Jetzt, da er es erkannte, wusste er, dass er bestimmte Fakten offenlegen musste – er konnte nicht bis zu seiner Rückkehr warten.

Plötzlich sprach Jim von außerhalb der Tür.

„ Das bin ich nicht Ich bin auf keinen Kritiker eingestellt. Ich arbeite nicht unbedingt als Waage oder Trimmer, und es ist mir völlig egal, was mich nichts angeht. Wenn ich mein Geschäft *sehe*, erledige ich es auf meine eigene Art!" – darin lag fast eine Warnung. „Ich bin todmüde bis ins kleinste Detail. Ich werde einen Happen essen und mich hinlegen. Vielleicht schlafe ich ein paar Tage; Verschiebe deine Erklärungen , bis du am Ende deiner Tage zurückkommst . Nimm die Stute und lass sie am Weg zurück; sie wird nach Hause kommen. Sagen Sie dem alten Doc McPherson, dass ich ihn gefragt habe .

Zu diesem Zeitpunkt hatte Jim aufgehört, sich den Weg zu Truedales Seele zu bahnen, und war auf dem Weg zu seiner eigenen Hütte.

„Sieht so aus, als hättest du mit dem Sturm zu kämpfen gehabt", bemerkte er. „Irgendein lebendes Ding getötet?"

"NEIN."

"Danke dir '!" Dann schritt White weiter, als wäre er entschlossen, kein weiteres Vertrauen zu teilen.

Einen Moment lang stand Truedale da und starrte seinem Gastgeber in ohnmächtiger Wut nach. War Jim White solch eine Lilie der Reinheit, dass er sich anmaßte, diese Haltung einzunehmen? War der Kodex der Hügel der der Roma-Zigeuner? Wie kann es ein Mann wagen, ohne Gerichtsverfahren über einen anderen zu urteilen und ihn zu verurteilen?

Die Wirkung des Narkotikums wirkte immer noch schleppend, nachdem Whites irritierende Präsenz entfernt worden war. Truedale zuckte mit den Schultern und wandte sich seinem Packen zu. Er konnte es kaum erwarten, zu Nella-Rose zu gelangen. Vor Einbruch der Dunkelheit würde sie vor der Welt ihm gehören; in zwei Wochen würde er zurück sein; Die Zukunft würde White beschämen und ihn zur Besinnung bringen. Jim hatte ein weiches Herz; er war gerecht, auf seine brutale Art. Wenn er verstand, wie die Dinge lagen, würde er sich wie der Narr fühlen, der er war – ein Narr, der bereit war, einen Mann ungehört zu verstoßen! Aber Truedale gab sich selbst die Schuld an dem Zögern, das so viel bedeutete. Das Telegramm – seine Angst, einen falschen Schritt zu machen – hatte den schweren Fehler verursacht, der jetzt nicht mehr korrigiert werden konnte.

Um zwei Uhr machte sich Truedale auf den Weg – auf Jims Stute! Es schien, als sei Whites Kabine gegen Zutritt gesperrt. Truedale wollte das nicht testen, aber es tat ihm weh wie ein Schlag. Es blieb jedoch nichts anderes übrig, als den Fehler, den er zugelassen hatte, so schnell wie möglich zu beheben. Kein Mensch auf der Welt konnte Nella-Rose mehr zu sich nehmen, als seine Liebe und sein guter Glaube sie geschaffen hatten, dennoch war er jetzt begierig darauf, alle altbewährten Schutzmaßnahmen in Anspruch zu nehmen, bevor er ging. Sobald er verheiratet war, würde er fast mit leichtem Herzen gehen. Er würde Kendall und Lynda alles anvertrauen – zumindest würde er seine Ehe schließen – und sie drängen, mit ihm in die Berge zurückzukehren, und danach würden White und alle anderen ein Erwachen erleben. Die so konzipierte Möglichkeit war wie eine Flut von Licht und süßer Luft an einem Ort, der dunkel und verwirrend, aber nicht böse war – nein, das nicht!

Als er sich von der Lichtung abwandte, blickte Truedale zurück zu seiner Hütte. Nella-Rose schien immer noch da zu sein. Sie würde immer ein Teil davon sein, so wie sie jetzt Teil seines Lebens war. Er würde versuchen, die Hütte zu kaufen – es wäre ein Sakrileg, wenn andere hineinkämen!

Also trieb er die Stute voran und hoffte, vor Nella-Rose an der Kreuzung zu sein.

Die frische Herbstluft duftete nach Kiefern und der Bedeutung des längst vergangenen Sommers. Es hatte eine physische und spirituelle Kraft.

Truedale plötzlich vom Weg ab und sah Nella-Rose auf einem Felsen sitzen – wartend! Sie trug einen groben, männlich wirkenden Mantel und eine grobe rote Kapuze bedeckte ihren hellen Kopf. Nella-Rose trug Winterkleidung. Sie hatte dieses Outfit fünf Jahre lang getragen und es sah so aus.

Nie wieder sah Truedale ein Gesicht voller so strahlender Freude und Vertrauen, als sich das Mädchen ihm zuwandte. Ihre Augen waren groß und erfüllt von einem Licht, das ihn erschreckte. Er sprang vom Pferd und nahm sie in die Arme.

"Was ist es?" fragte er und fürchtete eine immaterielle Gefahr.

„Der Minister wurde durch die Flut getötet!" Die Töne von Nella-Rose waren mitreißend. „Er war auf dem Weg durch Devil-may-come Hollow, als ihn ein gewaltiger Stein traf und – er ist tot!"

„Dann musst du mit mir kommen, Nella-Rose." Truedale verzog grimmig die Lippen; Es gab keine Zeit zu verlieren. Zwischen drei und neun Uhr könnten sie sicherlich einen Minister oder einen Friedensrichter finden. "Kommen!"

„Aber warum, Herr Mann?" Sie lachte ihn aus. "Wo?"

„Das spielt keine Rolle. Bei Bedarf nach New York. Hochspringen!" Er wandte sich dem Pferd zu und hielt das Mädchen fest.

„Ich gehe weg – hier? Ich beschäme dich schon einmal – sie alle?"

Nella-Rose blieb standhaft und warf den rauen Mantel zurück und zeigte ihr schäbiges, eingelaufenes Kleid.

„Ich ging nach Hause – sie waren alle weg. Ich habe meine warmen Sachen, aber ich habe ein weißes Kleid und eine rosa Schleife – ich werde sie morgen bekommen. Dann – aber warum müssen wir – weggehen?"

Zum ersten Mal kam ihr dieser Gedanke – sie war zuvor zu schnell herumgewirbelt worden, um ihn zu bemerken.

„Ich habe erfahren, dass mein Onkel tot ist. Ich muss sofort gehen, meine Liebe, und du – du musst mit mir kommen. Würden Sie zulassen, dass eine Kleinigkeit wie ein Kleid unsere Liebe und Ehre beeinträchtigt ?"

Über dem Schrecken der Eingeborenen, von ihren Liegeplätzen gezerrt zu werden, thronte das subtile Verständnis von Ehre , das Nella-Rose auf heimtückischen Wegen von einer Quelle zuteil geworden war, die sie für heilig hielt.

" Ehre ?" sie wiederholte leise; " Ehre ? Wenn ich dachte, ich müsste in Lumpen gehen, um sicherzugehen; wenn ich dachte, ich müsste – würde ich –"

Truedale sah seinen Fehler ein. Als er erkannte, dass er, wenn er ihr in der wenigen Zeit, die ihm noch blieb, klarmachen wollte, möglicherweise mehr verlieren würde, als er hoffen konnte, ließ er sie frei, während er eine Karte und einen Stift aus der Tasche zog. Er schrieb deutlich und genau seine Adresse und gab das Haus seines Onkels als sein Haus an.

„Nella-Rose", sagte er ruhig, „ich werde spätestens in zwei oder drei Wochen zurück sein, aber wenn Sie mich irgendwann brauchen, schicken Sie mir eine Nachricht – telegraphieren Sie vom Bahnhof – *Sie* stehen immer an erster Stelle!" Du bist klüger als ich, meine Süße; Unsere Ehre und Liebe gehören uns. Warte auf mich, mein Arschloch , und – vertrau mir."

Sie war wieder voller Freude – voller Süße. Er küsste sie, drehte sich um und kam dann zurück.

„Wohin wirst du gehen, mein Schatz?" er hat gefragt.

„Da sie es alle nicht wissen" – sie lag an seiner Brust, ihre Augen waren jetzt schwer vor Trauer über den Abschied – „ werde ich wohl nach Hause gehen – um zu warten."

Feierlich küsste Truedale sie und wandte sich niedergeschlagen ab. Noch einmal hielt er inne und blickte zurück. Sie stand klein und schäbig am Baum, doch die Spätnachmittagssonne verwandelte sie. In der düsteren Umgebung des Waldes leuchtete dieses schöne, kleine Gesicht wie ein leuchtender Stern, und so erinnerte sich Truedale an sie und nahm ihr Bild mit auf seinen einsamen Weg.

Nella-Rose beobachtete, wie er außer Sichtweite war, und dann drehte sie sich um und tat etwas, das einen vielleicht fragen ließe, ob ein weiser Gott oder ein grausamer Dämon unser Schicksal kontrolliert – sie rannte vom Hausweg weg und nahm den Pfad, der weit zurück zur Hütte führte der alten Lois Ann!

Es gab Sicherheit; es gab Mitgefühl und Verständnis. Die alte Frau konnte wunderbare Geschichten erzählen und so die Wartezeit verkürzen. Nella-Rose wollte sich ihr anvertrauen und sie bitten, sie zu verstecken, bis Truedale sie abholte. Es war eine plötzliche Inspiration und es brachte Erleichterung.

Und in dieser Nacht – es war nach Mitternacht und kalt wie das Land des Nordens – stand Burke Lawson Jed Martin gegenüber! Lawson kam aus seiner Nische hinter dem alten Destillierapparat hervor und Martin schnüffelte allein herum. Er hatte, wie ein hungriges Ding der Wildnis, die

Spur seines Feindes gefunden und wollte ihn ohne Hilfe erlegen, um Rache und Ruhm zu erlangen. Aber Burke tauchte so unerwartet und erschreckend unbekümmert in der Leere auf, dass Jeds Waffe eine Minute zu spät in Position kam. Lawson hatte die Nase vorn! Einen Moment lang waren sie beide sehr still, dann lachte Lawson und tat es so kühn, dass Jed zurückschreckte.

„Kommst du, um ein freundliches Gespräch zu führen, Martin?"

"So ähnlich!"

„Nun, komm rein, komm gleich rein!"

„Ich schätze, du und ich können unsere Streitigkeiten offen regeln ! " Jed stotterte. Es schien eine abscheuliche, einseitige Regelung zu sein.

„Wie du willst, Jed, wie du willst. Ich selbst neige dazu , mich zu öffnen. Ich hatte gerade beschlossen , rauszukommen ; Ich wollte zu Jim White gehen und ihm helfen, Gerechtigkeit zu üben, aber vielleicht können Sie und ich ihm die Mühe ersparen."

„ Willst du mich erschießen , Burke – wie einen – wie einen – Igel?"

"NEIN. Ich werde dir das antun , was du getan hättest –" Hier lachte Burke – er hatte großen Spaß .

„Was meinst du?"

„Nun, ich werde ihn in mein Quartier bringen und ihn an einen Stuhl fesseln. Du wirst es schaffen, rechtzeitig rauszukommen, aber es wird lange genug dauern, bis ich das tue, was ich vorhabe . Du niedergerissener Verräter! Du wolltest mich hinter Gitter bringen, nicht wahr ? Du wolltest zulassen, dass Fremde mir das Leben nehmen – du Stinktier! Nun, stattdessen, Jed, gehe ich auf meine Hochzeitsreise – ich und meine kleine Nella-Rose. Ich habe sie gesehen; Sie hat versprochen, mich zu haben, wenn ich aus meinem Versteck herauskomme . Ich komme jetzt raus! Nella-Rose und ich werden einen größeren Ort als Pine Cone Settlement finden. Vielleicht wirst du deine verdammte Haut bis zum Morgen loskriegen ; Aber dann werden sie und ich dort sein, wo ihr uns alle nicht erreichen könnt! Geh jetzt da rein, du grüne Eidechse; Dreh dich um und lege dich auf den Bauch wie das Krabbeltier , das du bist! Das ist es – los! der Weg öffnet sich."

Jed kroch durch die Büsche, Lawson verfolgte ihn mit gerichteter Waffe. „Nun, nehmen Sie Platz und machen Sie sich bereit Komm nach Hause!" Jed ging zum Stuhl und blickte seinen Peiniger mit einem grünweißen Gesicht an.

„ Ja Willst du mich hier verhungern lassen? " fragte er mit zitternder Stimme.

„Das hängt von deiner Fähigkeit ab, zu wackeln. Schau, ich fessele dich so!"
Lawson hatte sich auf Jed gestürzt und ihn fesseln lassen. „ Das bin ich nicht
Ich werde dir den Schlüssel umdrehen, so wie du es bei mir vorhattest ! Es
liegt an euch Wackelnde Kräfte, wenn du frei wirst. Je leerer dein Bauch ist,
desto mehr Platz hast du zum Wackeln. Gott segne dich ! Dein verdammter
Hund! Segne dich und verfluche dich ! Ich bin weg – mit dem Idioten !"

Und los ging es – er und sein grausames, aber fröhliches Lachen.

An dem höhlenartigen Ort brannte kein Feuer; Kein Licht außer dem
indirekten Mondlicht, das schräg durch die Öffnung fiel. Für Jed Martin ging
es um Tod oder Wackeln – also wackelte er!

In der Zwischenzeit machte sich Burke auf den Weg zu Jim White. Er hatte
vor, dort ein großes Spiel zu spielen – sich der Gnade von White zu
überlassen – an die Sympathie zu appellieren, von der er wusste, dass der
Sheriff ihn für ihn hegte – seine Liebe zu Nella-Rose zu bekennen – sein
Versprechen für zukünftige Erlösung abzugeben und dann ungeschoren
davonzukommen, das Mädchen zu beanspruchen, das erklärt hatte, er dürfe
sprechen, wenn er es wieder einmal wagen würde, aufrecht zwischen seinen
Kameraden zu gehen. Also plante Lawson und machte sich mutig an die
Umsetzung.

KAPITEL IX

In Washington telegrafierte Truedale an Brace Kendall. Je näher er den alten Schlupfwinkeln kam, desto mehr fühlte er sich wie ein Fremder, noch dazu wie ein blinder, tastender Mensch. Der Lärm der Stadt störte und verwirrte ihn; Die Menge irritierte ihn. Als er sich an die wenigen Wochen erinnerte, die zwischen der Gegenwart und den Tagen lagen, als er Teil dieses sogenannten Lebens war, hatte er das Gefühl, gestorben zu sein und gezwungen zu sein, auf die Erde zurückzukehren, um eine achtlos übersehene Angelegenheit zu erledigen. Er wollte das Versäumnis so schnell wie möglich beheben und in die Sicherheit und den Frieden der Berge zurückkehren. Wie anders wäre es mit festen Ideen, konkreter Arbeit und Nella-Rose!

Als er im Bahnhof von Washington auf seinen Zug wartete, stellte er zu seinem Erstaunen fest, dass er sich plötzlich zwischen Alt und Neu befand. Wenn er die Vergangenheit ablehnte, lehnte ihn die Zukunft ebenso streng ab. Er konnte seine Liebe und sein Verlangen nicht mit seiner Identität in Einklang bringen. Irgendwie schien der Mann, den er verlassen hatte, als er nach Süden gegangen war, nun bei seiner Rückkehr auf ihn gewartet zu haben, und während seine Pläne, so gut arrangiert, machbar schienen, kam ihm die tatsächliche Neuanpassung gruselig und unmöglich vor. Tatsache war, dass er aufgrund seiner Erfahrungen mit dem Leben in Pine Cone nun vor dem Kontakt mit der Außenwelt zurückschreckte, wie es einer seiner treuen Einheimischen vielleicht getan hätte. Es konnte im grellen Licht eines Stadttages genauso wenig überleben wie die kleine Nella-Rose. Diese Schlussfolgerung war für Truedale ein Trost. Er konnte seine jüngste Vergangenheit nicht in diese Umgebung locken, aber solange sie sicher und bereit war, ihn bei seiner Rückkehr willkommen zu heißen, konnte er zufrieden sein. Also verbannte er es mit einem resignierten Seufzer, wie er es vielleicht mit der Erinnerung an einen lieben, abwesenden Freund getan hätte, auf die Zeit, in der er es zu irgendeinem Zweck hervorrufen konnte.

Es war gut, dass er das tun konnte, denn mit dem Erscheinen von Brace Kendall auf der Bühne wurde jedes romantische Gefühl wie durch einen eisklaren Nordwind ausgeschlossen. Brace war am New Yorker Bahnhof – Brace mit der Rüstung der Vertrautheit und grenzenlosen Freundlichkeit. „Altes Top!" Er rief Truedale und schüttelte ihm so energisch die Hand, dass der letzte Gedankenrest, der an den fernen Bergen haftete, aus der Gegenwart befreit wurde.

„Nun, von all den Wundern! Naja, Con, ich wette, dass du bei hundertsechzig den Ausschlag gibst. Und schau dir deine Pfote an! Es ist gefühllos und tatsächlich geil! Und die Farbe, die du hast! Herr, Mann! du bist neu gemacht.

„Du sollst zum Haus deines Onkels kommen, Con. Es ist eher ein Schock, aber wir haben Sie so schnell wie möglich erreicht. In der Zwischenzeit sind wir den Anweisungen gefolgt. Das Testament wurde natürlich nicht verlesen, aber im Schreibtisch Ihres Onkels wurde ein Brief gefunden, der Lynda, Sie und mich dazu aufforderte – das ist eigentlich das einzige Wort, gleich nach der Beerdigung in das alte Haus zu kommen. Wir haben darauf gewartet, von dir zu hören, Con, aber da du nicht kommen konntest, mussten wir unser Bestes geben. Dr. McPherson übernahm die Leitung.“

„Ich war ziemlich tief im Wald begraben, Ken, und bei der Zustellung des Telegramms gab es ein großes Problem. Solche Dinge zählen nicht herunter, wo ich war. Aber ich bin froh über das alte Haus – froh, dass du und Lynda da sind.“

„Con!“ – und da wurde Brace ernst – „ Ich glaube, wir haben unseren Onkel ziemlich übertrieben.“ Seit seinem – seinem Weggang haben wir ihn, Lyn und ich, in einem neuen Licht gesehen. Er war ziemlich – nun ja, ziemlich sentimental! Aber seht – hier sind wir!“

„Das Haus sieht schon anders aus!“ Sagte Conning und lehnte sich aus dem Fahrerhausfenster.

„Ja, Lyn hatte viel zu tun, aber sie hat es in der kurzen Zeit geschafft, aus dem Ort ein Zuhause zu machen.“

Lynda Kendall hatte das Geräusch von Rädern in der ruhigen Straße gehört, hatte selbst die Tür zur Begrüßung geöffnet und stand nun mit ausgestreckten Händen in der Lichttafel. Wie eine Offenbarung schien Truedale das ganze Bild auf einmal zu erfassen. Hinter dem Mädchen lag die warme, helle Halle, die in seiner Kindheit immer so leer und trostlos gewesen war. Es war jetzt möbliert. Es sah schon so aus, als wäre es schon seit Jahren bewohnt. Auf dem Tisch standen Blumen in einem hohen Glas und auf dem breiten Kamin brannte ein Feuer. Und vor diesem Hintergrund stand die starke, feine Gestalt der jungen Herrin.

„Willkommen zu Hause, Con!“

Einen Moment lang traute Truedale seiner Stimme nicht. Er ergriff ihre Hände und hatte das Gefühl, als würde er aus einer Trance erwachen. Dann überkam ihn plötzlich ein tiefer Groll. Sie konnten es natürlich nicht verstehen, aber jedes Wort und jeder Ton der Aneignung schien eine Beleidigung der Realität zu sein, von der er wusste, dass sie existierte. Er gehörte nicht mehr zu ihnen, zu dem Leben, in das sie ihn hineinziehen wollten. Morgen würde er es erklären; Er wollte es unbedingt tun und die Zurückhaltung beenden, die in dem Moment entstand, als er Lyndas Hände berührte.

Lynda beobachtete das angespannte Gesicht, das ihr gegenüberstand, und glaubte, dass Conning unter Reue und Bedauern litt. Sie war voller Mitleid und Mitgefühl leuchtete in ihren Augen. Sie führte ihn in die Bibliothek und dort begrüßte ihn Vertrautheit – der Raum war unverändert. Lynda hatte alles respektiert; Es war wie immer, außer dass der lange, niedrige Stuhl leer war.

Bis zum Abendessen unterhielten sie sich leise an dem ruhigen Ort miteinander – redeten über gleichgültige Dinge und erkannten, dass sie an der Oberfläche bleiben mussten.

„Dieses Zimmer und sein Schlafzimmer, Con", erklärte Lynda, „sind dasselbe. Für den Rest? Nun, ich hoffe, es wird Ihnen gefallen."

Truedale hat es gefallen. Er stieß einen Freudenschrei aus, als sie später das Esszimmer betraten, das in der Vergangenheit noch nie eingerichtet worden war; Wie ein Großteil des Hauses war es eine traurige Hommage an die Leere und Enttäuschung gewesen, die William Truedales Leben überwältigt hatte. Jetzt strahlte es vor Schönheit und Fröhlichkeit.

„Es ist nicht nur ein Ort zum Essen", erklärte Lynda; „Ein Esszimmer sollte das Herzstück des Hauses sein, so wie die Bibliothek die Seele ist."

„Denken Sie daran, dem gerecht zu werden!" – Brace lachte – „ und dass es Ihren Appetit nicht beeinträchtigt!" Sie alle versuchten, fröhlich zu bleiben, bis sie es wagten, sich ohne Hemmungen an die jüngste Vergangenheit zu erinnern.

Eine solche Stunde kam, als sie sich noch einmal in der Bibliothek versammelten. Brace ergriff seine Pfeife in der Erwartung, seine Gefühle auszunutzen. Durch stillschweigendes Einverständnis wurde der niedrige Stuhl frei gelassen und durch einen Anflug von Einbildung schien es fast so, als ob der abwesende Herr auf seine Rechtfertigung wartete.

„Und jetzt", sagte Truedale heiser, „erzähl mir alles, Lynda."

„Er und ich saßen hier, genau wie wir alle jetzt sitzen, an jenem letzten Abend. Er hatte mir vergeben, dass ich weggeblieben war" (Lyndas Stimme zitterte), „und wir waren sehr glücklich und vertraulich. Ich erzählte ihm ein paar Dinge – ziemlich intime Dinge, und er, nun ja, er kam aus seiner Zurückhaltung und Schroffheit heraus, Con – er zeigte mir den wahren Mann, der er war! Ich nehme an, als er allein war – denn ich hatte ihn vernachlässigt –, hatte er Zeit zum Nachdenken und zum Bedauern über seine Fehler gehabt; er war sehr gerecht – auch sich selbst gegenüber. Con" – und hier musste Lynda innehalten und sich wieder beherrschen – „ er – er hat einst meine Mutter geliebt!" Er kaufte dieses Haus in der Hoffnung, dass sie kommen und es als seine Herrin schön machen würde. Als meine Mutter meinen Vater heiratete, spielte nichts eine Rolle – nichts vom Haus, meine ich. Bevor meine Mutter starb, sagte sie mir, ich solle freundlich zu Onkel William sein. Sie überließ ihn mir auf heilige Weise; ich zu ihm. Das war eines der Dinge, die ich ihm gestern Abend gesagt habe. Ich wünschte, ich hätte es ihm schon vor langer Zeit gesagt!" Die Worte waren leidenschaftlich und reuig. „Oh, es hätte seinen Schmerz und seine Einsamkeit vielleicht lindern können. Wann werden wir jemals lernen, das Richtige zu sagen, wenn es am nötigsten ist? Nun, nachdem ich es ihm gesagt hatte, wurde er ganz still. Es dauerte lange, bis er sprach – die Freude versank in mir, das sah ich, und sie vertrieb die Bitterkeit. Als er sprach, machte er mir klar, dass er sich bei diesem Thema nicht weiter trauen konnte, aber er versuchte – mir etwas über Sie zu erklären, Kontrahent. Armer Mann! Er erkannte, dass er als Führer versagt hatte; aber auf seine Weise hatte er sich bemüht , ein Wächter zu sein. Sie wissen, dass sich seine Krankheit entwickelte, kurz bevor Sie in sein Leben traten. Con, er hat all die Jahre nur für dich gelebt – nur um dir zur Seite zu stehen!"

Aus dem Schatten, in dem er saß, sprach Brace ungleichmäßig:

„Schade, dass du nicht rauchst, alter Mann!" Es war der einzige Vorschlag, den er in der angespannten Stille, die sie alle erfasste, zu machen hatte.

"Es ist alles in Ordnung!" sagte Truedale schwer. „Mach weiter, wann immer du kannst, Lynda."

„Erinnerst du dich an deinen Vater, Con?"

"Ja."

„Nun, dein Onkel befürchtete, dass zu viel Bequemlichkeit und Geld …"

„Ich – ich fange an zu verstehen."

„ Also ging er ins andere Extrem. Jeder Schritt deines erkämpften Weges bereitete ihm Freude – die einzige Freude, die er kannte. Aus seiner Distanziertheit und Einsamkeit heraus plante er – fast plante er – für Sie, aber er sagte es Ihnen nicht. Es wäre alles so anders gewesen – oh! so anders, wenn wir es alle gewusst hätten. Dann erzählte er mir ein wenig – von seinem Testament."

Niemand sah das plötzliche Purpurrot, das Lyndas weißes Gesicht und Hals färbte. „Da war er ganz fantastisch. Er traf bestimmte Vereinbarungen, die sofort wirksam werden sollten. Er hat dir dreitausend pro Jahr hinterlassen, Con, ohne irgendwelche Einschränkungen. Er hat mir das erzählt. Er hinterließ seinen Bediensteten und Angestellten großzügige Renten. Er hat mir dieses Haus hinterlassen – meiner Mutter zuliebe. Er bestand darauf, dass es endlich ein Zuhause sein sollte. Für die Einrichtung und den Unterhalt wird eine große Summe bereitgestellt – ich bin Treuhänder! Das

Schönste war vielleicht der Gedanke, der in seinen Worten zum Ausdruck kam: „Ich möchte, dass du die Arbeit deiner und meiner Mutter erledigst und gleichzeitig deinen eigenen berechtigten Wünschen nachgehst." Machen Sie dieses Haus zu einem Ort der Gastfreundschaft, des Friedens und der Freundlichkeit!' Ich werde mein Bestes geben, Con."

„Und er hat mich verlassen" – Brace fand Erleichterung über den einen Anflug von Humor , der sich zeigte – „ er hat mir tausend Dollar hinterlassen als Zeichen seiner Wertschätzung für meine Loyalität Ihnen gegenüber, als Sie sie am meisten brauchten."

Aber Truedale beachtete es kaum. Sein Blick war auf den leeren Stuhl gerichtet und da er es in der Vergangenheit nicht verstanden hatte, konnte er sich jetzt nicht ausdrücken. Er erlitt die Folter, die alle empfinden, wenn die Enthüllung zu spät klarstellt, was niemals hätte verborgen bleiben dürfen.

„Und dann" – Lyndas tiefe, gleichmäßige Stimme fuhr fort – „ schickte er mich weg und Thomas brachte ihn ins Bett." Er bat um Medikamente, die er offenbar immer bei Bedarf hatte; er hat zu viel genommen – und –"

„ Es war also Selbstmord!" Truedale brach verzweifelt ein. „Das habe ich befürchtet. Guter Gott!" Die Tragödie und die Einsamkeit beschäftigten seine Fantasie – er schien alles zu sehen, es war unerträglich!

„Betrug!" Lynda legte ihre feste Hand auf seinen Arm. „Ich habe gelernt, es anders zu nennen. Es hat mir geholfen; vielleicht hilft es dir. Er hatte erschöpft auf dieser Seite der Tür der Befreiung gewartet; er – er erzählte mir, dass er auf eine lange Reise gehen würde, über die er schon oft nachgedacht hatte – ich verstand es damals nicht! Ich glaube, die Reise war sehr kurz. Es gab kein Leid. Ich wünschte, du hättest den Frieden und die Majestät seines Gesichts sehen können! Er konnte nicht länger warten. Hier spielte nichts eine Rolle, und alles, wonach er sich sehnte, rief ihm laut zu. Er öffnete einfach selbst die Tür – und ging hinaus!"

Truedale legte die Hand auf seinen Arm. „Danke, Lynda. „Ich wusste nicht, wie freundlich du sein kannst", war alles, was er sagte.

Die Baumstämme fielen auseinander und erfüllten den Raum mit einem satten Glanz. Brace schüttelte die Asche aus seiner Pfeife auf dem Herd – er hatte jetzt das Gefühl, dass er sich selbst vertrauen konnte.

„Für die Zukunft", Lyndas ruhige Stimme überraschte die beiden Männer fast durch ihre Praktikabilität und Zweckmäßigkeit, „das ist Zuhause – im wahrsten Sinne des Wortes." Niemand soll hierherkommen und sich – ohne Freunde – fühlen. Das ist mein Vertrauen; Es soll so sein, wie *er* es sich gewünscht hat, und ich will auch mein eigenes Leben haben! Das Haus ist groß genug, damit wir alle unser Leben leben können und uns nicht gegenseitig stören. Ich beabsichtige, meine Privatangelegenheiten hierher in die Räume über dem Anbau zu bringen. Für Vorstellungsgespräche behalte ich das Büro in der Innenstadt. Und du, Con?"

Truedale sprang fast auf, dann sagte er, die Hände in den Taschen:

„Für mich scheint es nichts zu tun zu geben; Zumindest nicht, bis das Testament gelesen ist. Ich denke, ich werde zurückgehen – ich habe die Dinge offen gelassen; Es wird Zeit zum Nachdenken geben – später."

„Aber Con, es gibt etwas für dich zu tun. Sie werden es verstehen, wenn Sie morgens die Anwälte sehen. Es gibt eine Menge Geschäfte: viele Interessen Ihres Onkels, von denen er erwartete, dass Sie sie in seinem Namen vertreten – um dafür zu sorgen, dass sie gewahrt werden. Dr. McPherson hat mir etwas über das Testament erzählt – genug, um mir den Anfang zu erleichtern."

Truedale sah Lynda ausdruckslos an. „Sehr gut, danach werde ich zurückgehen", sagte er fast barsch. „Ich werde die Angelegenheiten irgendwie regeln. Ich bin kein Geschäftsmann, aber ich glaube, Onkel William hat sich kluge Assistenten ausgesucht."

„Was ist los mit dir, Con?" Brace beäugte seinen Freund kritisch; „Du siehst fit aus, wie ein Kerl nur sein kann. Das hat von uns allen eine Menge Selbstverleugnung und Glauben abverlangt, aber irgendwie war diese Pflicht das Größte, was man sich vorstellen konnte; Das sind wir ihm wohl schuldig. Du weißt, dass du im Moment nicht in Deckung rennen kannst, alter Mann. Das war ein harter Lauf, aber am nächsten Morgen wirst du es dir noch einmal überlegen und deine Rolle spielen." In Kendalls Stimme lag ein neuer Ton. Es war ein Ruf nach etwas, von dem er hoffte, dass es in seinem Freund steckte, das er aber nie ausprobiert hatte. Plötzlich hatte ich auch Angst vor der Veränderung, die in Truedale stattgefunden hatte . Es war nicht alles körperlich. Er hatte eine verblüffende Spur von Unwirklichkeit, die ihn fast zu einem Fremden machte.

„Ich wage zu behaupten, dass du Recht hast, Ken." Truedale ging durch den Raum und zurück. „Ich gestehe, dass ich darüber zerrissen bin. Ich habe meinen Teil nie getan – das sehe ich jetzt – und natürlich werde ich mich bemühen, das zu tun, was ich tun sollte. Meinem Körper geht es gut, aber meine Nerven zittern immer noch vor Schock. Morgen wird sich das Ganze in Ordnung bringen. Ihr und Lynda wart – nun ja – ich kann nicht ausdrücken, was ich fühle." Er stoppte. Es war spät, und zum ersten Mal schien ihm klar zu werden, dass das alte Zuhause nicht mehr ihm in dem Sinne gehörte, wie es einmal gewesen war. Lynda verstand das Zögern des Augenblicks und lächelte leicht.

„Con, es gibt noch etwas anderes im Haus, das so geblieben ist, wie es war. Unter dem Dachdach gehört der kleine Raum, der dir gehörte, immer noch dir. Ich habe selbst dafür gesorgt, dass kein Buch oder Bild verschoben wurde. Es stehen Ihnen noch andere Räume zur Verfügung, die Sie mit uns teilen können, aber dieser Raum gehört immer Ihnen."

Truedale stand vor Lynda und streckte auf die ganz alte Art die Hände aus. Seine Augen waren trübe und er sagte heiser: „Das ist so ungefähr das Größte, was du bisher getan hast, Lyn. Danke schön. Gute Nacht."

An der Tür zögerte er – er hatte das Gefühl, er müsse sprechen, aber seine eigenen Angelegenheiten in die angespannten und neuen Bedingungen, die ihn umgaben, einzubeziehen, schien unmöglich. Morgen würde er alles erklären. Es war diese Langsamkeit bei der Entscheidungsfindung, die Truedales Interesse am meisten zunichte machte. Während er es bedauerte, schien er unfähig zu sein, es zu überwinden.

Allein in dem kleinen Zimmer ließ er sich später gehen. Er vergrub seinen müden Kopf auf seinen verschränkten Armen und gab sich den Wellen der Erinnerung hin, die ihn zu verschlingen drohten. Alles war wie immer, das bewies ein Blick. Als er sich von seinem Onkel getrennt hatte, hatte er nur Gegenstände mitgenommen, die zu seinen reiferen Jahren gehörten. Die Bilder an den Wänden – die wenigen schäbigen Bücher, die in seine einsame und missverstandene Kindheit gelangt waren – blieben erhalten. Da war die verschlossene Kiste, die, Conning wusste genau, die erbärmlichen, aber heiligen Versuche der Selbstdarstellung enthielt. Der Schlüssel war weg, aber er erinnerte sich an jeden Zettel, der in der alten, verbeulten Blechdose versteckt lag. Dann ging er zum Dachfenster und öffnete es weit. Er beugte sich hinaus und versuchte, den Weg zurück nach Pine Cone zu finden – in die Zukunft, die frei von all diesen verkrampfenden Erinnerungen und schmerzhaften Einschränkungen sein sollte –, aber der Weg war zu unübersichtlich; er war völlig verloren!

„Das liegt daran, dass sie es nicht wissen", dachte er. „Ab morgen wird alles wieder gut."

Dann überlegte er, dass die dreitausend Dollar, die Lynda erwähnt hatte, ihm und Nella-Rose jedes Hindernis aus dem Weg räumen würden. Er brauchte keinen Kampf mehr – er konnte ihr und seiner Arbeit seine Zeit und Fürsorge widmen. An den Rest des Nachlasses seines Onkels dachte er nicht , das spielte keine Rolle. Für Lynda war gesorgt, und er auch. Und dann spekulierte Truedale zum ersten Mal seit vielen Tagen darüber, Nella-Rose von ihren Hügeln wegzubringen. Er beharrte eher darauf, bis er sich damit abgefunden hatte, dass er sich an sie erinnerte, wie er sie zuletzt gesehen hatte – indem er sich vehement und leidenschaftlich an sie klammerte.

„Nein, ich habe meine Wahl getroffen", rief er schließlich aus; „Die Rückkehr hat mich im Moment verunsichert, aber ihr Volk soll mein Volk sein."

Unten summte Lynda leise ein altes Lied – „ The Song of Tomorrow" hieß es. Es fesselte und fesselte Truedales Fantasie. Er versuchte, sich an die Zeilen zu erinnern, aber nur das Thema war klar. Es war das ewige Lied von morgen, immer die eine Melodie, abgestimmt auf wechselnde Ideale.

Es handelte sich um dieselbe Idee wie die Philosophie über die „Interpretation" der bereits geschriebenen Geschichte durch jeden Mann, über die Conning so oft nachgedacht hatte.

Zu dieser Zeit glaubte Truedale , dass er das Prinzip der Vorherbestimmung, oder wie auch immer man es nennen wollte, fest akzeptierte. Man folgte dem Weg, auf den man seine Füße gelegt hatte. In gewissen Grenzen mag man verweilen und umherwandern, aber immer muss jeder auf den ihm bestimmten Weg zurückkehren!

Eine ferne Kirchenuhr schlug eins; Das Haus war endlich still – totenstill. Zwei ertönten, aber Truedale dachte weiter.

Endlich gelang es ihm, die verwirrenden Umstände zu beseitigen, die wie ein verdrehter Strang in den Jahren zwischen seiner Abreise aus dem Haus seines Onkels und dieser Nacht seiner Rückkehr zu liegen schienen. Er versuchte, sich selbst zu verstehen und den Mann einzuschätzen, der er war. Er tat dies in keinem egoistischen Sinne, sondern streng und bewusst, weil er spürte, dass die Zukunft es verlangte. Er muss anderen gegenüber Rechenschaft ablegen, aber zuerst muss er sich selbst gegenüber Rechenschaft ablegen.

Er erinnerte sich an seine Kindheitstage, als das Misstrauen und die offensichtliche Abneigung seines Onkels ihm gegenüber ihn auf sich selbst getrieben hatten, was fast auch Selbstachtung mit sich brachte. Er erlebte die kargen Jahre noch einmal, als er sich nach Liebe und Kameradschaft sehnte und Trost in einem kalten Stolz fand, der ihn durch die Schule und aufs College begleitete, mit dem Ruf, hart zu arbeiten, unnachgiebig zu arbeiten und unsoziale Gewohnheiten zu haben.

Wie verzweifelt einsam er gewesen war – wie grausam unterschätzt worden war –, aber er hatte keinen Aufschrei gemacht. Er hatte seine Jahre ohne Klagen verbracht und nicht einmal seine Erfolge und Erfolge geäußert. Durch lange Übung in Selbstbeherrschung lag seine Stärke in bewusster Berechnung – nicht in gleichgültigem Handeln. Er verbarg seine privaten Ambitionen und Hoffnungen vor allen außer den Kendalls . Er lernte, um sich aus dem Griff seines Onkels zu befreien. Er wollte jeden Cent zurückzahlen, den er geliehen hatte – um sich durch eine Position, die das Nötigste zum Leben deckte, Zeit und Gelegenheit zu sichern, das Talent zu entwickeln, von dem er insgeheim glaubte, es sei seins. Er war bereit, zu verhungern und seinen Glauben zu beweisen, sobald er seinen Verpflichtungen gegenüber dem alten William Truedale enthoben war. Und dann – sein Zusammenbruch war gekommen!

Durch den Verlust seiner Gesundheit verloren, inmitten einer Umgebung, die all das Gefährlichste in seiner Natur ansprach – in dem Glauben, dass seine früheren Ambitionen besiegt seien – erwachten alte Sehnsüchte nach Liebe, Verständnis und Selbstoffenbarung und besiegten das schwache Geschöpf, das er war. Aber sie hatten das Beste in ihm angesprochen – nicht das Böseste – Gott sei Dank! Und nun? Truedale hob den Kopf und sah sich in dem dunklen Raum um, als wollte er den Jungen finden, der er einmal gewesen war, und ihn beruhigen.

„Es gibt keine Entschuldigung mehr für das Zögern und die verdammte Schwäche, über den nächsten Schritt nachzudenken", dachte Truedale . „Ich habe meinen eigenen Weg gewählt – die einfachen und besten Dinge, die das Leben zu bieten hat. Kein Mensch in Gottes Welt hat das Recht, meine Taten in Frage zu stellen. Wenn sie es nicht verstehen können, ist es noch schlimmer."

Truedale in der Vergangenheit gestützt hatten, von ihm ab, als er sich den Anforderungen des Morgens stellte. Er sollte nie wieder dem Mangel an Selbstvertrauen erliegen, den er in seiner trostlosen Jugend entwickelt hatte; körperlich und geistig erwachte er zum Handeln, nachdem ihm Forderungen auferlegt wurden.

KAPITEL X

Am nächsten Tag hörte Truedale die Testamentsverlesung. Direkt danach fühlte er sich wie ein Mann im Treibsand. Jeder Gedanke und jede Bewegung schien ihn nur noch tiefer zu versenken, bis ihm ein Entkommen unmöglich erschien.

Für einen Moment war er ein wenig überrascht gewesen, dass der Großteil des großen Vermögens seines Onkels an Dr. McPherson gegangen war – einen bereits reichen und wohlhabenden Mann; dann begann er zu verstehen. Obwohl McPherson frei gelassen wurde, zu handeln, was er wollte, gab es offensichtlich eine Vereinbarung zwischen ihm und William Truedale über die Durchführung bestimmter Angelegenheiten, und was noch verblüffender und peinlicher war, war, dass Conning hoffnungslos in diese verwickelt war. Offenbar sollte er unter Aufsicht als Vertreter seines Onkels anerkannt werden und zwar nicht als sein direkter Erbe, aber sicherlich als sein respektierter Neffe.

Truedale war verwirrt. Sofern er die Wünsche seines Onkels nicht missachtete, blieb ihm keine andere Möglichkeit, als zu folgen – wie er geführt wurde. Er war mit der Verteilung des Vermögens keineswegs unzufrieden, sondern vielmehr erleichtert zu wissen, dass er nur für einen kleinen Teil davon verantwortlich war; sollte er sich aber andererseits weigern, an den von McPherson skizzierten Plänen mitzuarbeiten , wusste er, dass er kläglich missverstanden werden würde.

Verwirrt und unbehaglich suchte er später am Tag McPherson auf, und dieser freundliche und warmherzige Mann, der stets hinter einem so strengen Äußeren zurückblieb, dass ihn nur wenige verstanden, begrüßte ihn fast liebevoll.

„Ich habe Ihnen sechs Monate verordnet, Truedale ", rief er aus und betrachtete aufmerksam das Ergebnis seiner Verschreibung, „und Sie haben es in ein paar Wochen geschafft. Du bist eine großartige Werbung für Pine Cone. Und weiß! Ist er nicht Gottes eigener Mann?"

„Ich hatte ihn nicht so gesehen" – Conning erinnerte sich an seine letzte Erinnerung an den Sheriff – „ aber er hat Ihnen wahrscheinlich eine andere Seite gezeigt." Er hegt eine echte Ehrfurcht vor dir und ich kann mir vorstellen, dass er mich als eine Pflicht akzeptiert hat, die du ihm auferlegt hast."

„Unsinn, Junge! seine Gesundheitsberichte waren Lobreden – er war dein Freund.

„Aber ist er nicht ein Freibeuter mit all seinen anderen Reizen? Seine Verachtung für die Regierung, wie wir armen Menschen es kennen, ist erhaben; und doch ist er der sicherste Mann, den ich kenne. Das Gesetz, sagte er mir oft, sei wie eine Lüge; nützlich nur für Schurken – niedergerissene Schurken, wie er sie nannte.

„Ich sage Ihnen, es braucht einen Mann Gottes, um in diesen Hügeln für Gerechtigkeit zu sorgen! White ist so einfach und direkt wie ein Kind und so weise, wie ein Richter sein sollte. Ich würde nicht ein paar Leute, die ich kenne, zu White schicken, sie könnten seine Sicht trüben; aber ich könnte ihn dir anvertrauen."

Schweigend betrachtete Truedale dieses Bild von White; Dann, während McPherson weiter redete, verwirklichte sich der tote Onkel so völlig anders als die dumme Einschätzung, die er von ihm gehabt hatte, dass ihn ein Gefühl der Scham überkam. Lynda hatte Truedale etwas die Augen geöffnet, aber Lyndas Liebe und Mitgefühl färbten unbewusst das Bild, das sie zeichnete. Hier war ein hartnäckiger Geschäftsmann, ein Mann, der William Truedale sein ganzes Leben lang nahegestanden hatte und der sich jetzt, gegenüber seinem eigenen Neffen, als weitsichtiger, weiser, sogar geduldiger und barmherziger Freund erwies.

Truedale hatte sich noch nie so klein und bescheiden gefühlt. Noch nie waren ihm seine frühere Gleichgültigkeit und sein falscher Stolz so verabscheuungswürdig und egoistisch vorgekommen – seine Rückkehr zu dem stillen Vertrauen, das in ihm geruht hatte, so erbärmlich beschämend.

Er muss jetzt seinen Teil tragen! Es gab keinen anderen Weg als das! Wenn er jemals seine eigene Selbstachtung zurückgewinnen oder hoffen wollte, die der anderen zu erlangen, muss er unter Ausschluss privater Neigungen so weit aufsteigen, wie es in ihm den an ihn gestellten Anforderungen entspricht.

„Dein Onkel", sagte McPherson, „so wie er an Händen und Füßen gefesselt war, sah er während seiner Krankheitsjahre weit und breit aus. Ich dachte, ich wüsste es, dachte, ich verstand ihn; aber seit seinem Tod habe ich fast das Gefühl, dass er inspiriert war. Es ist verdammt schade, dass unsere Dummheit und Gefühllosigkeit uns daran hindert, im Leben zu erkennen, was wir im Tod schnell genug wahrnehmen – wenn es zu spät ist! Truedales Vertrauen in mich, obwohl ich ihm so wenig gegeben habe, ist sowohl schmeichelhaft als auch rührend. Er wusste, dass er mir vertrauen konnte – und dieses Wissen ist das Beste, was er mir hinterlassen hat. Aber ich erwarte von dir, dass du deinen Teil dazu beiträgst, Junge, und damit vieles rechtfertigst, was sonst möglicherweise in Frage gestellt würde. Zunächst einmal soll, wie Sie gerade gehört haben, sofort mit dem Sanatorium für Fälle wie den Ihres Onkels begonnen werden. Jetzt gibt es einen Streifen Land, den wir, wenn er unserem Zweck nützt, mit großem Vorteil sofort und gegen

Bargeld in Besitz nehmen können. Wir werden diese Woche hinlaufen, um es uns anzusehen, und dann werden wir besser wissen, wo wir stehen."

„Das würde mir gefallen", Truedale schnell gefärbt , „um für ein paar Tage nach Pine Cone zurückzukehren. Ich könnte sofort anfangen. Sehen Sie, ich bin ziemlich plötzlich gegangen und habe ..."

Aber McPherson lachte und wedelte mit der Hand in einer weiten Geste, die manchmal Hoffnung und Angst, unbedeutende Angelegenheiten und sogar den Tod selbst beseitigte.

"Oh! Jim wird nichts manipulieren. Sicherlich sind Ihre Fallen dort sicher genug. Solche Dinge können warten, dieser Landhandel jedoch nicht. Außerdem gibt es Männer zu sehen: Architekten, Bauarbeiter usw. Die Wünsche Ihres Onkels waren am deutlichsten. Sie erinnern sich, dass mit dem Bau innerhalb von drei Monaten nach seinem Tod begonnen werden sollte. Er hatte die ganze Zeit, die er hatte, nur für sich selbst übrig, und er hat nur sehr wenig für andere gelassen."

Wieder beseitigte das große Lachen und die große Geste Pine Cone und die tragischen Affären der kleinen Nella-Rose. Sofern er nicht bereit war, seine privaten Gründe offenzulegen, musste Truedale wohl noch ein paar Tage warten. Und er hatte sicherlich nicht die Absicht, sich McPherson anzuvertrauen.

„Sehr gut, Doktor", sagte er nach einer kurzen Pause, „machen Sie mich an die Arbeit. Ich möchte, dass Sie das wissen, soweit ich kann – zu spät, wie Sie sagen –, um zumindest meinem Onkel meine guten Absichten zu beweisen."

„So redet man!" McPherson stand auf und klopfte Conning auf die Schulter. „Ich habe dem alten Truedale immer gesagt , dass er uns allen vielleicht das Leben erleichtert hätte, wenn er dich mehr ins Vertrauen gezogen hätte; aber er war schüchtern, Junge, schüchtern. In vielerlei Hinsicht war er wie eine Frau – eine verletzte und sensible Frau."

„Wenn ich es nur gewusst hätte – nur eingebildet"; Conning ging auf die Tür zu; „Nun, zumindest bin ich jetzt im Amt, Dr. McPherson."

Truedale ein oder zwei Stunden lang ratlos und verstört durch die Straßen der Stadt. Er wurde ohne seinen eigenen Willen absorbiert. Durch eine subtile Kraft wurde er davon überzeugt, dass er Teil eines Plans war, der größer und stärker war als seine eigenen Wünsche und Neigungen. Sofern er nicht bereit war, die Rolle eines Feiglings zu spielen, musste er seine Gedanken und Ideen an die Regeln und Vorschriften des Spiels des Lebens und der Menschen anpassen. Mit diesem Wissen waren andere und schädlichere Überzeugungen beteiligt. In seinem Trotz und seinem

Egoismus hatte er die Dinge auf verzweifelte Weise durcheinander gebracht. Im kalten, klaren Licht konventioneller Beziehungen wirkten die letzten Wochen, ohne den Glamour seiner romantischen Liebe und seiner angeblichen Missachtung gesellschaftlicher Beschränkungen, überraschend bedeutsam. Im Moment konnte sich Truedale nicht vorstellen, wie er jemals in der Lage gewesen war, sich so lächerlich zu machen! Diese Erkenntnis beeinträchtigte nicht einen Moment lang seine Liebe und Loyalität gegenüber Nella-Rose; Aber die Tatsache, dass ihn die Leidenschaft aus seinen Verankerungen gerissen hatte, versetzte ihn in einen Zustand der Verachtung für die Torheit, die er begangen hatte. Und, dachte er, wenn er jetzt, nach ein paar Tagen, so über seine Taten nachdenken könnte, wie könnte er dann annehmen, dass andere sie mit Toleranz und Mitgefühl betrachten würden?

NEIN; er muss die unvermeidlichen Ergebnisse seines Handelns akzeptieren. Seine Liebe, seine ernsthafte Absicht, eines Tages sein eigenes Leben auf seine eigene Weise zu führen, würden ihn mehr kosten, als er, geblendet von Selbstsucht und Leidenschaft in den Bergen, angenommen hatte.

Nun, er war bereit, bis zum Äußersten zu zahlen, auch wenn es ihm den größten Kummer bereitete. So wie er bereit war, die Bürde auf sich zu nehmen, die der Glaube seines Onkels an ihn mit sich brachte, so war er nun, da er die Dinge klar sah, bereit, auf die liebsten und engsten Bindungen seines alten Lebens zu verzichten.

Er fragte sich, wie er jemals davon geträumt hätte, dass er mit seinem erstaunlichen Geständnis zu Lynda und Brace gehen und erwarten könnte, dass sie im ersten Moment des Schocks ihre Herzen öffnen und ihn verstehen würden. Er lachte jetzt fast, als er sich die Absurdität vorstellte. Und in diesem Moment richtete er sich scharf auf und kam zu seiner Schlussfolgerung.

Er konnte sich niemandem als sentimentaler Esel entblößen; er muss die Dinge so schnell wie möglich arrangieren, um nach Süden zurückzukehren; Kurz bevor er anfing, erzählte er Lynda und Brace von seiner Zuneigung zu Nella-Rose. Sie würden sicherlich verstehen, warum er angesichts des Stresses und der Anspannung der jüngsten Ereignisse nicht schon früher mit seinen überraschenden Neuigkeiten eingegriffen hatte. Er würde weder um Mitgefühl noch um Mitgefühl bitten oder es erwarten . Er muss davon ausgehen, dass sie ihn nicht verstehen konnten. Truedale war sich dessen bewusst , dass dies die härteste Belastung seines Lebens werden würde , aber es war die Strafe, die er zahlen musste.

Dann würde er gehen – zu seiner Frau! Er würde sie privat sichern, durch alle notwendigen Konventionen, die er so wütend verschmäht hatte – er würde sie zu seinem Volk bringen und ihrer Süße und ihrem zärtlichen

Charme überlassen, das zu gewinnen, was er in seiner Blindheit so gut wie verloren hatte.

In dieser Stimmung kehrte er zum Haus seines Onkels zurück und schrieb einen langen Brief an Nella-Rose. Er formulierte es einfach, wie bei einem kleinen Kind. Er erinnerte sie an die alte Geschichte, die sie ihm einmal erzählt hatte, von ihrem Glauben, dass sie eines Tages etwas ganz Großes vollbringen würde.

„Und jetzt hast du deine Chance!" er flehte. „Ich kann nicht in deinen Hügeln leben, Liebes, obwohl du und ich oft zu ihnen zurückkehren und in dem kleinen Blockhaus glücklich sein werden. Aber Sie müssen mit mir kommen – Ihr Mann. Komm die große Straße entlang und lass dich von mir führen, und du musst mir vertrauen und oh! mein Schatz , durch deine gesegnete Süße und Kraft musst du für mich – für uns beide – gewinnen, was ich allein niemals gewinnen kann."

Da war mehr, viel mehr von Liebe und Sehnsucht, von zärtlicher Loyalität und leidenschaftlicher Beruhigung, und nachdem er seinen Brief beendet hatte, versiegelte er ihn, adressierte ihn und steckte ihn in einen Umschlag mit einer kurzen Erklärung an Jim White über die Zustellung usw., er schickte es mit einem Gefühl der Erleichterung ab, wie er es an so vielen anstrengenden Tagen nicht erlebt hatte.

Er bereitete sich auf eine Zeit des geduldigen Wartens vor. Er wusste, mit welcher Nachlässigkeit die Post in den Hügeln betrachtet wurde, und der Winter hatte Pine Cone bereits fest im Griff, da war er sich sicher. Während er wartete, stürzte er sich eifrig in die tägliche Arbeit und sah mit Freude, wie alles scheinbar reibungslos ablief. Als Nella-Rose antwortete, sah es so aus, als gäbe es keinen Grund, sie in den Norden zu verzögern.

Aber diese Hoffnung und Vision konnten Truedales wachsende Trauer über die Rolle, die er unweigerlich übernehmen musste, als Lynda und Brace die Wahrheit erfuhren, nicht völlig vertreiben. Je näher die Zeit rückte, desto schwieriger wurde es, davon zu erzählen. Noch nie waren sie ihm teurer oder heiliger vorgekommen als jetzt, als ihm klar wurde, welchen Schmerz er ihnen zufügen musste. Es gab Momente, in denen er das Gefühl hatte, dass er Lyndas Blicke – diese freundlichen, vertrauensvollen Blicke – nicht ertragen konnte. Würde sie in den kommenden Jahren jemals in der Lage sein, zu vergeben und zu vergessen? Und Brace – wie konnte diese offene, direkte Art das Fieber des Wahnsinns begreifen , das im Namen der Liebe das Selbstvertrauen und den Glauben seines Lebens verraten hatte? Nun ja, es lag viel in der Obhut des kleinen Mädchens aus den Bergen, dessen Faszination und Lieblichkeit einen mächtigen Anklang finden würden. An Nella-Rose's Macht hegte Truedale keinen Zweifel.

Dann kam Whites niederschmetternder Brief am Ende eines anstrengenden Tages, an dem Conning mit den Kendalls zu Abend essen sollte .

An diesem Nachmittag hatte er die unmittelbaren Geschäftsabwicklungen abgeschlossen, mit McPherson eine einwöchige Abwesenheit vereinbart und wollte am Abend Brace und Lynda den Grund seiner Reise erklären. Er würde morgen nach Süden aufbrechen, ob nun ein Brief kam oder nicht. Er hatte sich für die entscheidende Stunde mit seinen Freunden gewappnet; hatte sich in seiner Fantasie bereits von den Beziehungen verabschiedet, die sie in den letzten Jahren eng verbunden hatten. Da er in der Lage war, diesen hohen Preis für seine Liebe zu zahlen, glaubte er, dass kein weiterer Beweis nötig sein würde, um selbst Lynda von ihrer Intensität zu überzeugen.

Sie aßen fröhlich und allein, und als sie anschließend den Flur zur Bibliothek durchquerten, fragte Lynda beiläufig:

„Hast du die Briefe für dich bekommen, Con? Das Dienstmädchen legte sie auf den Ständer neben der Tür."

Dann ging sie weiter in den hellen Raum mit dem langen, leeren Stuhl und sang „To-morrow's Song" in ihrem süßen Alt, der eine bessere Ausbildung verdient hätte.

Es gab drei Briefe – einen von einem Mann, dessen Sohn Truedale vor seinem Weggang Nachhilfe gegeben hatte, einen vom Architekten des neuen Krankenhauses und einen umfangreichen von Dr. McPherson. Truedale trug sie alle in die Bibliothek, wo Brace gemütlich schnaufend vor dem Feuer saß; und Lynda, die vor sich auf einem niedrigen Tisch einige Entwürfe für Innendekoration ausgebreitet hatte, immer noch summend, wiegte sich sanft in einem sehr femininen Schaukelstuhl hin und her . Conning stellte sich Kendall gegenüber auf einen Stuhl und riss den Umschlag seines verstorbenen Gönners auf.

„Ich sage dir, Brace", sagte er, „wenn mir jemand vor sechs Wochen gesagt hätte, dass mir ein mögliches Angebot, Nachhilfe zu geben, jemals gleichgültig sein würde, hätte ich ihn ausgelacht." Aber so ist es. Ich muss den zahlenden Herrn Smith aus Zeitmangel ablehnen."

Lynda lachte fröhlich. „Und wenn vor sechs Wochen jemand zu mir in mein oberstes Regal gekommen wäre, wo ich meinen Beruf ausübte, und mir dies dargelegt hätte" – sie wedelte mit der Hand durch den Raum – „ hätte ich den Hausmeister gerufen, um eine … unsichere Person. Hey-ho!" Und dann war der braune Kopf über das Problem einer Bestellung gebeugt, die an diesem Tag eingegangen war.

"Oh! Ich sage, Lyn!" Truedale wandte sich von seinem zweiten Brief ab. „Morgan schlägt vor, dass *Sie* sich um die Dekoration und Einrichtung des

Krankenhauses kümmern. Ich habe ihm gesagt, er solle sich seinen Mann aussuchen, und wenn ich nichts dagegen habe, bevorzugt er Sie. Einspruch? Guter Gott, ich habe nie an dich gedacht. Irgendwie habe ich gedacht, dass eine solche Arbeit für Sie nicht in Frage kommt, aber ich bin begeistert."

"Prächtig!" Lynda blickte strahlend auf. „Wie werde ich mich an diesen weiten, sauberen Räumen erfreuen! Wie ich Onkel William in jedem Zimmer sehen werde! Danke ihm, Con, und sag ihm, dass ich akzeptiere – zu seinen Bedingungen!"

Dann öffnete Truedale den dritten Umschlag und ein beiliegender Brief fiel heraus, mit dem Poststempel von Junction near Pine Cone!

Truedales Stuhl befand sich eine kleine elektrische Leselampe ; Er schaltete das Licht ein und während sein Gesicht im Schatten lag, waren die Worte vor ihm erleuchtet.

„Sir – Herr Truedale ." Der Sheriff war offensichtlich zutiefst ratlos darüber gewesen, ob die Aufgabe, die er übernommen hatte, richtig begonnen hatte.

„Ich schicke das dem alten Doc McPherson, da ich keinen besseren Weg kenne."

(In Jims Brief fehlten nahezu Interpunktion, seine Worte gingen fast ununterbrochen weiter und machten dem Leser einige Schwierigkeiten, ihm zu folgen.)

Ihr Brief an einen bestimmten jungen Menschen ist angekommen und wurde vernichtet, weil ich unter den gegenwärtigen Umständen darüber nachgedacht habe, dass einige Leute, die nichts über Sie wissen, es jetzt besser nicht hören sollten. Ich habe den Brief zu Lone Dome gebracht, als du ihn mir geschickt hast, um ihn Nella-Rose zu geben, wie du gesagt hast, aber sie war nicht da. Pete war da und Marg – sie ist Nella-Roses Schwester und bereitet sich darauf vor, diesen heruntergekommenen Schurken Jed Martin zu heiraten, was meiner Meinung nach die beste Strafe ist, die man ihm auferlegen kann. Pete war für ihn richtig nüchtern und herausgeputzt, aufgrund der Tatsachen, zu denen ich jetzt komme, und wenn Pete nüchtern ist, gibt es keinen vernünftigeren Fluch, als dass er weder ein Gentleman ist . Nun ja, ich fragte ganz natürlich nach Nella-Rose, und Marg verzog den Mund, obwohl sie genau wusste, woher ich wusste, dass Jed die zweite Wahl für sie war – aber Pete erzählte mir, dass Nella-Rose Burke Lawson geheiratet hatte und in sicherere Gegenden geflohen war Und als ich den Schock überwunden hatte, war ich auf jeden Fall dankbar dafür, dass Sheriff nicht alles ist, was man sein könnte, wenn die eigenen Vorstellungen von Gerechtigkeit und Sympathie in Konflikt geraten. Ich habe keine weiteren Fragen gestellt. Peter war nüchtern – er lügt nur, wenn er betrunken ist und keine Lust hat, Marg zu wecken. Ich bin einfach weggekommen und habe den Brief verbrannt, den du geschickt hast. Aber ich habe seit dem Eintreffen Ihres Briefes ein wenig über meine eigene Zählung nachgedacht, und ich glaube, ich habe die Sache anhand von Indizienbeweisen klar studiert, über die ich im Grunde am liebsten weitermachen muss. Ich habe dir an dem Tag, als ich dich und Nella-Rose begegnete, auf jeden Fall eine schlimme Beleidigung angetan. Ich habe nicht verraten, dass sie bei mir war, und das werde ich auch nie tun, aber kein Wunder, dass das arme Kind furchtbar verärgert war, als ich hereinkam. Sie war zu mir gekommen, also habe ich studiert und dich gefunden – einen völlig Fremden ! Wie du das arme kleine Ding jemals beruhigt hast, weiß ich nicht – sie ist so wild wie ein Floh –, aber obendrein habe ich euch beide verprügelt und beschimpft, und natürlich konnte sie vor euch nicht über Burke sprechen Dafür war sie ganz klar gekommen, und ich habe keinem von euch ein Standbein gelassen, auf dem sie stehen konnte. Ich war ziemlich deprimiert, das kann ich Ihnen sagen und bitte um Verzeihung, bescheidener, junger Kerl, und wenn ich Nella-Rose jemals einen Gefallen tun kann, indem ich Burke freilasse, egal was er tut – dann werde ich es tun! Aber es ist unwahrscheinlich, dass er sich eine Zeit lang so benehmen wird. Nella-Rose konnte ihn immer zähmen und er ist ihr schon seit ihrer Kindheit auf der Spur. Ich bin froh, dass sie die Dinge selbst in die Hand genommen haben und gegangen sind. Sie hat nicht die richtige schwarze Bedeutung gespürt, die ich an dem Tag, als sie rannte, in meinem Herzen hatte – aber du hast es gespürt, und ich schäme mich auf jeden Fall für die Rolle, die ich gespielt habe.

Wenn Sie über etwas hinwegsehen können, was kein Mensch bei einem anderen zu übersehen hat, sind Sie hier jederzeit herzlich willkommen.

JIM WHITE

Sheriff.

Truedale las diese erstaunliche Inszenierung immer wieder, bis er anfing, sich durch das Gewirr der Wörter zu kämpfen und eine Bedeutung zu erkennen – falsch, natürlich lächerlich falsch, aber dennoch als Erklärung und Entschuldigung gedacht. Dann fiel das Unwesentliche weg und eine nackte Tatsache blieb übrig! Truedale sank in seinen Stuhl zurück, schaltete das elektrische Licht aus und schloss die Augen.

„Müde, alter Mann?" fragte Kendall von der anderen Seite des Kamins.

"Ja. Todmüde."

„Sie werden leichter reisen, wenn Sie den Gang beherrschen."

"Zweifellos."

„Machen Sie ein kleines Nickerchen", schlug Lynda vor.

„Danke, Lyn, das werde ich." Dann versuchte Truedale , sicher vor
Eindringlingen, aus dem Labyrinth herauszukommen, in das er geworfen
worden war. Langsam erholte er sich von der Wirkung des heftigen Schlags
und gelangte bald an den Punkt, an dem er das Gefühl hatte, es sei alles eine
grausame Lüge oder ein dummer Scherz gewesen. Dort hielt er inne. Jim war
nicht der Typ, der über so etwas lügt oder Witze macht. Es war ein Fehler –
sicherlich ein Fehler. Er würde sofort nach Pine Cone gehen und alles in
Ordnung bringen. Nella-Rose konnte nicht alleine handeln. Tradition und
Ausbildung haben dazu beigetragen, sie für diese Krise ungeeignet zu
machen; aber dass sie von seiner Liebe und seinem Glauben in die Arme
eines anderen Mannes gegangen war, war unglaublich. NEIN; sie war in
Sicherheit, wahrscheinlich versteckt; sie würde ihm schreiben. Sie hatte die
Adresse – sie war eifrig und schnell, auch wenn sie der Gesetzlosigkeit ihrer
Bergwelt hilflos gegenüberstand. Truedale sah die Notwendigkeit der
Vorsicht nicht für sich selbst, sondern für Nella-Rose. Er konnte nicht ohne
Hilfe nach ihr suchen. Offensichtlich hatte es nach seiner Abreise wilde
Machenschaften gegeben; Niemand außer White und Nella-Rose wusste von
seiner tatsächlichen Existenz – er musste White zu seiner Unterstützung
heranziehen, aber vor allem musste er damit rechnen, dass Nella-Rose ihren
Aufenthaltsort bekannt geben würde. Er zweifelte keinen Moment an ihr und
schenkte den Schlussfolgerungen, die White gezogen hatte, keinen Glauben.
Wie wenig Jim es wirklich wusste! Morgen würde Nella-Rose eine Nachricht
erhalten; Irgendwie würde sie es schaffen, zum Bahnhof zu gelangen und zu
telegrafieren, sobald sie sicher vor Verfolgung war. Aber danach konnte das
Mädchen nicht mehr in den Bergen zurückgelassen werden; er musste sie,
sobald er sie gefunden hatte, wegbringen; Bring sie in sein Leben – in sein
und ihr Zuhause!

Kalter Schweiß brach auf Truedales Körper aus, als er sich erbarmungslos in
dem stillen Raum festschlug, wo seine beiden Freunde, von denen einer
glaubte, er schliefe, auf sein Erwachen warteten.

Nun, er war endlich wach, Gott sei Dank! Der einzige Unterschied zwischen
ihm und einem Geschöpf, wie es gute Männer und Frauen verabscheuen,
bestand darin, dass er die vergangenen Fehler und Ungerechtigkeiten, soweit
es in ihm steckte, wiedergutmachen wollte. Sein ganzes zukünftiges Leben
sollte seinen Zweck beweisen. Und dann, wie ein süßer Duft oder eine
spirituelle Berührung, flehte seine Liebe für ihn. Er war schwach, aber nicht
bösartig gewesen. Das uneingeschränkte Leben hatte seinen Verstand
getrübt, und seine Sinne hatten ihm etwas vorgetäuscht, aber die Liebe war
unbefleckt – und es *war* Liebe. Das Mädchen aus den Bergen war jetzt
dasselbe wie immer. Sie würde ihn und seine Leute akzeptieren und er würde
ihr Leben so gestalten, dass sie es nicht bereuen würde, wenn das Heimweh
nach den Bergen vorbei wäre.

Dann hielt eine weitere Phase Truedales Gedanken fest. An jenem Tag, als Nella-Rose sein Volk und den Kodex seines Volkes im wahrsten Sinne des Wortes akzeptierte – wie würde er in ihren Augen dastehen? Ein Stöhnen entfuhr ihm, dann noch eines, und er zuckte nervös zusammen.

„Con, was ist das – ein böser Traum?" Lynda berührte seinen Arm, um ihn zu erregen.

„Ja – ein wirklich schlimmes!"

" Erzähl es mir. Sagen Sie es, solange es noch frisch in Ihrem Kopf ist. Man sagt, sobald man einen Traum in Worte gefasst hat, ist seine Wirkung für immer verloren."

Truedale richtete seinen dunklen, traurigen Blick auf Lynda.

„Ich – ich wünschte, ich könnte es sagen ", sagte er mit einer Ernsthaftigkeit, die sie zum Lachen brachte, „aber es war die Art, die sich den Worten entzieht. Der schleichende, fressende Eindruck – eine Art Albtraum. Guter Gott! wie die Nerven mit dir spielen."

Brace Kendall sagte nichts. Von seinem Platz aus hatte er Truedale beobachtet , denn der Feuerschein hatte die Wahrheit verraten. Truedale hatte nicht geschlafen: Truedale war über seinen letzten Brief schrecklich verärgert!

Und in diesem Moment beugte sich Conning vor und warf seine gesamte Kettenrüstung auf die brennenden Baumstämme!

KAPITEL XI

Für Truedale kam es nicht in Frage , die weitere Entwicklung ruhig abzuwarten . Er zwang sich jedoch dazu, so vernünftig wie möglich zu handeln. Er war zuversichtlich, dass Nella-Rose, die sicher versteckt war und es wahrscheinlich auf ihre eigene elfenhafte Art genoss, spätestens in ein paar Tagen mit ihm kommunizieren würde, nachdem sich die Dinge laut White nach dem Gesetzlosen Lawson einigermaßen in Ordnung gebracht hatten entfernte sich vom Tatort.

Für Nella-Rose wäre es zu jeder Zeit eine große Herausforderung, zum Bahnhof und zum Telegraphen zu gelangen, und aller Wahrscheinlichkeit nach hatte der Winter bereits Einzug in die Berge gehalten. Einen Brief zu schreiben und zu verschicken könnte sogar noch schwieriger sein. So argumentierte Truedale ; Also wartete er fieberhaft, aber er war nicht untätig. Er mietete eine bezaubernde kleine Suite hoch oben in einem neuen Apartmenthaus und bat Lynda, sie sofort in Ordnung zu bringen. Irgendwie glaubte er, dass Lynda in den kommenden Jahren, wenn sie es verstanden hatte, froh sein würde, dass er sie darum gebeten hatte.

„Aber warum so eilig, Con?" sie stellte natürlich Fragen; „Wenn die Leute so krampfhaft werden, muss ich mir einen Partner suchen. Aus finanzieller Sicht mag es in Ordnung sein, aber es ist der Ruin der Kunst."

„Aber das ist ein Sonderfall, Lyn."

„Das sind alles Sonderfälle."

„Aber das ist ein – willkommen."

"Für wen?"

„Na ja, für mich! Du siehst, ich hatte nie ein richtiges Zuhause, Lyn. Es ist einer der Luxusgüter, von denen ich immer geträumt habe."

„Ich hatte gedacht", Lyndas klare Augen verdunkelten sich, „dass das Haus deines Onkels endlich dein Zuhause sein würde." Es ist groß genug für uns alle – wir müssen nicht gegeneinander antreten."

„Behalte mein Zimmer unter dem Dach, Lyn." Truedale sah sie sehnsüchtig an und sie – missverstanden! „Dazu werde ich noch oft kommen – zu dir und Brace –, aber gönne mir in dieser meiner Vorstellung Gefallen."

Also tat sie ihm gut – sie arbeitete früh und spät – und steckte mehr Herzblut hinein, als er jemals ahnen konnte, denn sie – das arme Mädchen – glaubte, dass er es ihr eines Tages und dann anbieten würde – wenn er davon erfuhr Geld – wie märchenhaft wäre das alles! Und Lynda hatte in ihrem Leben so wenige Märchen erlebt.

Und während sie entwarf und Conning zusah und Vorschläge machte, sprachen sie über seine lange vernachlässigte Arbeit.

„Du wirst bald Zeit haben, Con, dir deine besten Gedanken zu machen. Hast du in deiner Abwesenheit viel gemacht?"

„Ja, Lyn, ein tolles Angebot!" Truedale saß am winzigen Kamin in seinem winzigen Wohnzimmer. Er und Lynda hatten gefordert und es gelang ihnen schließlich, einen offenen Platz für echte Baumstämme zu erhalten; Er verachtete, sehr zum Erstaunen des Besitzers, eine Asbestmatte oder ein Gasmonstrosität. „Ich habe wirklich Blut in die Sache gesteckt."

„Und wann kann ich etwas davon hören? Ich kann es kaum erwarten, zu unseren ausgetretenen Pfaden zurückzukehren."

Truedale hob den Blick, aber er blickte über Lynda hinaus; er sah Nella-Rose in dem Nest, das er für sie vorbereitete.

„Bald, Lyn. Bald. Und wenn Sie das tun, werden Sie ausgerechnet Sie verstehen, mitfühlen und zustimmen."

„Danke, Con, danke. Natürlich werde ich das tun, aber es ist gut, dass Sie es wissen! Mal sehen, welches Farbschema sollen wir im Wohnzimmer einführen?"

„Könnten wir nicht eine Art Blaugrau haben; eine eher rauchige Tönung mit Sonnenschein darin?"

„Mein Gott, Con! Und es ist auch ein Nordzimmer."

„Na, wie wäre es dann mit einem nebligen, weißlichen …"

"Schlechter und schlechter. Con, in einem nördlichen Raum muss es Wärme und echte Farbe geben ."

"Es wird sein. Aber gib an, wofür du dich entscheidest, Lyn, es wird bestimmt gut werden."

„Angenommen, wir machen es dann goldbraun oder – matte, sanfte Rottöne?"

Truedale erinnerte sich an den schäbigen kleinen Schal, den Nella-Rose getragen hatte, bevor sie ihre Winterverkleidung anzog.

„Mach es sanft und mattrot, Lyn – aber nicht *zu* matt."

Truedale hatte nicht länger vor, sein Geheimnis preiszugeben, bevor er in den Süden aufbrach. Obwohl er es in seinem ängstlichen Herzen nicht zugeben wollte, erkannte er, dass er seine Zukunft auf dem Ausgang seiner Reise ausrichten musste. Sobald er Nella-Rose in die Hände bekam, würde er schnell und hoffnungsvoll handeln, aber – jetzt musste er sicher sein, bevor er einen Fehltritt machte. Der Himmel wusste, dass es genug Fehler gegeben hatte; er darf nicht länger den Narren spielen.

Und als der kleine vergoldete Käfig dann fertig war, hatte Truedale seine große und verzweifelte Idee. Seit Jim Whites Brief waren zwei Wochen vergangen, und von Nella-Rose war weder ein Telegramm noch eine Nachricht gekommen. Weder Liebe noch Vorsicht konnten länger warten. Truedale beschloss, nach Pine Cone zu gehen. Nicht als zurückgekehrter Reisender , schon gar nicht – zunächst – nach White, sondern nach Lone Dome, und dort sammelte er, indem er sich als zufälliger Wanderer ausgab, so viel Wahrheit wie möglich, schätzte deren Wert ein und stützte sich darauf seinen zukünftigen Kurs einschlagen. Aller Wahrscheinlichkeit nach, dachte er – und er war jetzt fast fröhlich, da er dabei war, die Sache selbst in die Hand zu nehmen –, würde er die wahren Fakten herausfinden und noch vor einer Woche wieder bei seiner Beute sein. Es ging lediglich darum, die Wahrheit herauszufinden und vor Ort zu sein.

Nella-Roses Familie könnte Jim White aus eigenen Gründen getäuscht haben. Wenn sie zu diesem Zeitpunkt nicht wüssten, wo sich Nella-Rose aufhält, würden sie sicherlich , wie andere auch, den Verdacht der Hügel äußern; aber inzwischen würden sie sie entweder bei sich haben oder sicher wissen, wo sie war. Trotz all seiner Entschlossenheit, dies zu glauben, hatte Truedale Momente widerwärtiger Zweifel. Die einfache Aussage in Whites Brief brannte sich mit der Zeit tief in seine Seele ein.

Aber was auch immer kam – was auch immer es zu wissen gab – er hatte vor, sofort zum Hauptquartier zu gehen. Auch er würde bleiben, bis Peter Greyson nüchtern genug war, um Fakten darzulegen. Er erinnerte sich deutlich an Jims Einschätzung von Greyson und seine Doppelnatur, die so weitgehend von der Wirkung des Bergwhiskys abhing.

Es war Ende November, als Truedale aufbrach. Niemand hatte Einwände dagegen, dass er jetzt ging. Die Dinge liefen reibungslos, und wenn er überhaupt gehen musste, um irgendwelche losen Enden zu klären, sollte er besser sofort gehen.

Für Lynda schien die Reise einfach genug zu sein. Truedale hatte unter anderem sein Manuskript und seine Bücher zurückgelassen. Natürlich würde er sie nicht dem nachlässigen Umgang eines anderen anvertrauen.

In Washington kaufte Truedale eine grobe Wanderausrüstung und setzte seine Reise mit echter Abenteuerfreude fort. Jetzt, da er sich dem Schauplatz seines vergangenen Erlebnisses näherte , konnte er die Verzögerung besser verstehen. Die Dinge bewegten sich so langsam zwischen den Hügeln und natürlich war Nella-Rose, vertrauensvoll und liebevoll, Teil des trägen Lebens. Wie würde sie ihre kleinen, weißen Zähne zeigen, wenn sie ihm lächelnd in seinen Armen alles erzählte! Es würde nicht lange dauern, bis sie die anstrengende Zeit der Abwesenheit und Whites falsche Vorstellung vergessen würde.

Truedale ging in bewussten Etappen vor. Er wollte alles zusammentragen, was er konnte, als Grundlage, auf der er aufbauen konnte. Am ersten Tag, nachdem er den Zug am Bahnhof verlassen hatte – und er war genau wie auf seiner vorherigen Fahrt gegen die Schienen gestoßen –, ging er zum Zentrum und traf dort auf Merrivale .

„Nun, Fremder", fragte der alte Mann, „ whar Du goin ', wenn nicht Fragen Sie zu viel?"

Und Truedale erklärte ausführlich. Er stapfte aus purer Freude durch die Berge; hatte von der Gastfreundschaft gehört, die er erwarten konnte, und wollte sie testen.

Merrivale war zufrieden, aber vorsichtig. Er war selbst voller Fragen, rannte aber jedes Mal in Deckung, wenn sein Besucher eine davon wagte. Truedale lernte bald seine Lektion und nahm das Angebot auf, ohne offen mehr zu beanspruchen. Er blieb über Nacht bei Merrivale und kaufte am nächsten Morgen Vorräte im Laden ein.

Er hatte viel gehört, aber wenig Sinnvolles. Er trug ein ziemlich klares Bild von Burke Lawson mit sich, der dank Merrivales großer Gunst heldenhaft wirkte. Der Sturm, die Suche, Lawsons Flucht und die angebliche Entführung von Nella-Rose waren die Hauptgesprächsthemen. Merrivale kicherte darüber entzückt.

Am Nachmittag des zweiten Tages erreichte Truedale Lone Dome und traf auf Peter, nüchtern und überraschend respektabel, der sich auf der Westseite des Hauses sonnte.

Der erste Blick auf die stattliche alte Gestalt, die wie ein Baum mit toter Fäulnis dem Verfall preisgegeben war, erschreckte und erstaunte Truedale , und er dankte dem Himmel, dass der Herr von Lone Dome er selbst war und man sich daher auf ihn verlassen konnte; Niemand konnte Peter in seinem gegenwärtigen Zustand der List oder Täuschung verdächtigen.

Greyson begrüßte den Fremden herzlich. In Wahrheit war er verzweifelt verlassen und am Rande der Erträglichkeit. Noch eine Stunde, und er hätte sich den Mächten widersetzt, die kürzlich die Kontrolle über ihn übernommen hatten, und sich auf den Weg zum Destillierapparat in den tiefen Wäldern gemacht; aber die Ankunft von Truedale rettete ihn davor und lenkte seine tragischen Gedanken ab.

Tatsache war, dass Marg und Jed weggegangen waren, um zu heiraten. Aufgrund des Todes des nahegelegenen Pfarrers im Spätsturm mussten sie eine beträchtliche Strecke zurücklegen, um ein Leben nach Margs strengen Vorstellungen von Anstand zu beginnen. Bevor sie ging, hatte sie ihrem Vater eingeschärft, dass er in ihrer Abwesenheit einen klaren Kopf bewahren müsse.

„Vielleicht sind wir alle schon seit Tagen weg, Vater", hatte sie gesagt, „und wenn du betrunken bist, kommst du bestimmt auch an schäbigen Orten vorbei. Du könntest erfrieren oder verhungern. Agin , ein lauerndes Tier, das nach Nahrung jagt, könnte dich beißen , weil du deine Sinne hast ."

Etwas davon erklärte Greyson seinem Gast, während er das Abendessen anrichtete und sich für den Mangel an Aufputschmitteln entschuldigte.

„Da es sich um ihre Hochzeitsreise handelt , lasse ich Marg ihren Willen und den Kopf frei, ohne sich um mich sorgen zu müssen. Aber Frauen verstehen es nicht, Gott segne sie ! Was ist ein Tropfen in deinem eigenen Zuhause? Aber als sie losging, verschüttete Marg jeden Krug auf dem Holzstapel. Wenn ich die Flammen draußen funkeln sehe , weiß ich den Grund!"

Greyson kicherte und ging mit gleichmäßigen, fast würdevollen Schritten vom Tisch zur Speisekammer.

„Das ist in Ordnung", beeilte sich Truedale zu sagen, „ich bin eher geneigt, Ihrer Tochter zuzustimmen; und –" er hob die Zubereitung, die Peter entwickelt hatte – „ dieser Tee –"

„Kaffee, Sir."

"Verzeihung! Dieser Kaffee geht genau auf den Punkt."

Sie aßen und wurden vertraulich. Truedale drängte sich heran, blieb aber in Deckung, und gewann das Vertrauen des einsamen, gebrochenen Mannes, und am späten Abend befand sich die schreckliche Wahrheit, wie Truedale gezwungenermaßen glauben musste, in seiner Obhut.

Eine Stunde lang hatte Greyson genickt und geschlafen; dann, entschuldigend, mitreißend. Truedale schlug einmal vor, zu Bett zu gehen, aber aus irgendeinem unerklärlichen Grund schreckte Peter davor zurück, seinen Gast zu verlassen. Dann fragte Truedale , ein großes Risiko eingehend, lässig:

„Haben Sie außer dieser Tochter, die auf ihrer Hochzeitsreise ist, noch andere Kinder? Es ist ziemlich schwierig, einen in Ruhe zu lassen und sich selbst zu verändern."

Greyson war wachsam. Er teilte nicht nur die Zurückhaltung des Bergbewohners bei Fragen, sondern kam auch sofort auf die Idee, dass der Fremde Gerüchte gehört hatte und er in Waffen war, um seine eigenen zu verteidigen. Seine Vorfahren, die vor langer Zeit die zurückgetretene

Großtante beschützt hatten, waren nicht eifriger als Peter jetzt, die Ehre des kleinen Mädchens zu schützen und zu bewahren, das durch ihre jüngsten Taten – und Greyson hatten nur noch Jeds Worte und das Berggespräch übrig durch – hatte in ihm alles geweckt, was gut genug war, um zu leiden. Und Greyson litt, wie nur ein Mann leiden kann, der in einer seltenen Zeit der Nüchternheit die von ihm verursachten Wracks betrachtet.

Normalerweise log Peter, wie White wirklich annahm, nur, wenn er betrunken war; Aber der Sheriff konnte die Launen des Blutes nicht einschätzen, und so sammelte der Vater von Nella-Rose auf Truedales Frage mit der aus einer Zeit des Wohlstands geerbten Geste seine Kräfte und log! Wie ein Gentleman gelogen, hätte er gesagt. Obwohl Greyson gebrochen und schäbig war, wirkte er in diesem Moment so einfach und direkt, dass sein Zuhörer, der sich an die Einschätzung des Sheriffs hielt, kaum Zweifel an dem hatte, was er hörte. Als er das schwache und gequälte Gesicht betrachtete, glaubte er, dass Greyson das Beste aus einer traurigen Angelegenheit machte; Aber dass er aus ganzem Stoff das Gewand webte, das die Vergangenheit bedecken musste, ahnte Truedale in seinem eigenen Elend nie. Während er zuhörte, starb etwas in ihm, um nie wieder zu leben.

"Jawohl. Ich habe noch eine Tochter – kleine Nella-Rose."

Truedale beschattete sein Gesicht mit der Hand, behielt aber Greysons verzerrtes Gesicht im Auge.

„Lil' Nella-Rose. Ich muss an ihre Jugend und ihre Lebenslust denken, sonst würde ich Nella-Rose hart treffen. Vielleicht haben Sie auf Ihrer Reise etwas von Nella-Rose gehört?" Diese Frage wurde nervös – forschend – gestellt.

„Ich habe – ich habe diesen Namen gehört", wagte Truedale . „Es ist ein Name, der irgendwie hängen bleibt, und als Schriftsteller und Mann interessiert mich alles."

Dann gab Greyson einen Bericht über die Fallenepisode, der so genau mit Whites Version übereinstimmte, dass er eine feste Struktur festlegte, auf der alles, was folgen sollte, aufgebaut werden konnte.

„Und es gibt nichts , was die Zärtlichkeit und Loyalität einer Frau gegenüber einem Mann steigern kann", fuhr Greyson fort, „wie in eine schwierige Lage zu geraten, und Burke Lawson war in einer wirklich schlimmen Lage."

„Jetzt fange ich an, alles zu sehen. Nella-Rose ging zu Merrivale und er sagte ihr, Burke sei zurückgekommen. Merrivale hat mir das erzählt. Natürlich ärgerte sie sich darüber und sie folgte ihm, um ihn zu warnen. Denken Sie an das kleine Mädchen, das durch den ganzen Sturm die Hügel entlang verfolgte, um – den Mann zu retten, mit dem sie gespielt und den sie missachtet hatte, den sie aber liebte, ohne es zu wissen! Nella-Rose war so.

Sie zündete die Dinge an und nahm ihren Spaß mit – aber in den großen Rollen kam sie immer stark heraus."

Truedale änderte seine Position.

„Ich glaube, ich ermüde dich mit meinen Sorgen?" Greyson entschuldigte sich.

„Nein, nein. Mach weiter. Das interessiert mich sehr."

„Nun, Sir, Burke Lawson und Jed Martin trafen in der Nacht des großen Sturms im tiefen Wald aufeinander, und Burke und Jed hatten Worte und eine Szene. Jed hat das gestanden. Es ging um Leben und Tod, und ich gebe niemandem die Schuld und eines muss ich Burke danken: Er hätte vielleicht anders gehandelt und den Namen einer Dame verunstaltet, Sir! Er erzählte Jed, wie er Nella-Rose gesehen hatte und wie sie ihn als Feigling verachtet hatte, aber wie sie ihre Worte zurücknehmen würde, wenn er es wagen würde, herauszukommen und seinen Kopf zu zeigen. Und er dachte, dass er sofort rauskommen würde, was er auch tat, und er und Nella-Rose fuhren nach Cataract Falls, wo die Lawsons mütterlicherseits herkamen."

„Aber – woher wissen Sie, dass Ihre Tochter ihr Wort gehalten hat? Dieser Lawson war möglicherweise gezwungen, mit sich selbst davonzukommen – allein." Truedale wurde mutiger. Er sah, dass Greyson, der von seinen Problemen absorbiert war, weniger auf der Hut war. Aber Greyson war aufmerksam.

„Er hat den Klatsch gehört", dachte der alte Mann, „er hallt durch die Hügel. Nun, ein Hund, der einen Knochen holen kann, kann einen tragen!" Nachdem er zu diesem Schluss gekommen war, vollbrachte Peter seinen Meisterstreich.

„Ich habe von ihr gehört", flüsterte er halb.

„Von ihr gehört?" keuchte Truedale , und selbst dann schien sich Greyson der Haltung des Fremden nicht bewusst zu sein. „Wie – haben Sie von ihr gehört?"

„Sie schrieb und schickte den Brief lange von – von Bill Trim, einem Schwachkopf – aber vertrauenswürdig. Nella-Rose ging mit Lawson – sie war froh, dass sie es musste. Er überfiel sie im Wald und hielt ihr Wort. Sie sagte, wie sie wollte – nach Hause kommen, aber Lawson erklärte, wie eine Stunde sein Leben bedeuten könnte – und stellte es der kleinen Nella-Rose vor! Er – er schwor, dass er sich erschießen würde, wenn sie nicht mitkam – und es sah Burke ähnlich, das zu tun. Er war schon immer wahnsinnig wütend auf Nella-Rose und es gibt nichts, was er nicht tun würde, wenn er davon abgehalten würde. Sie – sie musste gehen – oder zusehen, wie Lawson sich umbrachte; Also ging sie – bat mich aber um Verzeihung, weil ich die große

Unruhe verursacht hatte. Lawson heiratete sie am ersten Rastplatz auf der anderen Seite des Bergrückens. Er ist meiner kleinen Nella-Rose nicht würdig – aber wir alle müssen das Beste daraus machen. Im Frühling kommt sie zurück, und dann – ich werde ihr verzeihen – meine kleine Nella-Rose!"

Aufgrund der Intensität seiner Gefühle zitterte Greyson und die schwachen Tränen liefen über sein faltiges Gesicht. Truedale nutzte den angespannten Moment und fragte verzweifelt:

„Würden Sie mir diesen Brief zeigen, Mr. Greyson?"

Die Bitte war so direkt und scheinbar so natürlich für das unbedachte Leiden des alten Mannes, dass sie Oberflächlichkeiten in den Vordergrund drängte und Greyson lediglich in seiner Entschlossenheit bestärkte, Nella-Roses Ruf um jeden Preis zu retten. Er ignorierte die ungerechtfertigte Neugier und war sich der Notwendigkeit einer schnellen Verteidigung bewusst und sagte:

„Ich kann nicht. Ich wünschte Gott, ich könnte und dann könnte ich jede Zunge aufhalten, die es wagt, den Namen meiner Kleinen zu verraten ."

„Warum kannst du mir den Brief nicht zeigen?" Truedale überragte den alten Mann. Durch eine unbekannte Macht hatte er die Situation unter Kontrolle gebracht. „Ich habe einen Grund, das zu fragen, Mr. Greyson."

„Marg hat es verbrannt! Es war nur Marg oder die kleine Nella-Rose für Lawson, und Nella-Rose hat ihn bekommen! Als Marg das sicher wusste, gab es keinen Schritt, zu dem sie – nicht ging! Das ist mein Zuhause, Sir; Ich bin alt – Marg ist ein gutes Mädchen und der Ärger ist jetzt vorbei; Sie und Jed machen es mir bequem, aber wir alle erwähnen Nella-Rose nicht. Es erleichtert mir jedoch, für die kleine Nella-Rose die Wahrheit zu sagen. Ich weiß, wie die Zungen wedeln, und ich muss still sitzen – seit Marg und Jed miteinander angefangen haben – liegt meine Zukunft „lange vor ihnen". Ich bin ein alter Mann und mächtig abhängig; Es war eine Zeit, in der –" Greyson erhob sich unsicher und schwankte zum Kamin.

„Gawd a'mighty !" Er rief verzweifelt: „Wie ich will – Whisky!"

Truedale sah die Wildheit in den Augen des alten Mannes – sah das Zittern und Zucken der ausgestreckten Hände und fürchtete, was die Folge von Ärger und erzwungener Nüchternheit sein könnte. Er zog eine große Flasche aus seiner Tasche und bot sie an.

"Hier!" Er sagte: „Nimm einen Schluck davon und reiß dich zusammen."

Greyson ergriff mit einem Schrei den Schnaps und trank jeden Tropfen aus, bevor Truedale ihn unter Kontrolle bringen konnte.

„Gott segne dich !" jammerte Greyson und ließ sich in seinen Stuhl zurücksinken. „Segne und – und behalte dich !"

Truedale wagte es nicht, das Haus zu verlassen, obwohl seine Seele vor dem Anblick, der sich ihm bot, zurückschreckte. Er wartete eine Stunde und beobachtete die Wirkung des Stimulans. Greyson wurde mit der Zeit sanfter – im Frieden mit der Welt; er lächelte töricht und kam sich rührselig bekannt vor. Schließlich kam Truedale erneut auf ihn zu. Er beugte sich über ihn und schüttelte ihn heftig.

„Hast du mir – die Wahrheit – über – Nella-Rose gesagt?" flüsterte er dem schlaffen, trübäugigen Wesen zu.

"Jawohl!" stöhnte Peter, „Das hätte ich tun sollen!"

Und Truedale hat nicht darüber nachgedacht, dass Greyson gelogen hat, als er betrunken war!

Truedale erinnerte sich nie genau daran, wie er die Stunden zwischen dem Verlassen von Greyson's und dem Klopfen an der Tür von White's Hütte verbracht hatte; Aber es war heller Tag und beißend kalt, als Jim die Tür aufriss und den Fremden ansah, ohne zu ahnen, dass er ihn jemals zuvor gesehen hatte. Dann streckte er verwundert die Hand aus und murmelte:

„Gott!" und zog Truedale herein. Das Frühstück wurde auf dem Tisch ausgebreitet; Die Hunde lagen vor dem lodernden Feuer.

"Essen!" befahl Jim, „und halte deinen Mund offen, außer um Essen hineinzuwerfen."

Conning versuchte das Kunststück, zeigte aber eine erbärmliche Leistung.

„Kommen Sie, um zu bleiben?"

Whites Neugier verriet ihn und das Mitgefühl in seinen Augen erfüllte Truedale mit dem wahnsinnigen Wunsch, diesen „Mann Gottes" ins Vertrauen zu ziehen.

„Nein, Jim. Ich bin gekommen, um zu packen und zurück zu meiner Arbeit zu gehen!"

"Meine Güte! Es kann keine große Aufgabe sein, wenn man es schaffen kann – es sieht aus wie das, was man tut!"

„Ich bin schon seit Tagen unterwegs, alter Mann! Habe die Sache eher übertrieben. Ich bin nicht so schlecht, wie ich aussehe."

"Froh das zu hören!" lakonisch.

„Ich werde es heute Abend ertragen, Jim, wenn du mich aufnimmst." Truedale bemühte sich zu lächeln.

„ Beweisen Sie , dass es kein unangenehmes Gefühl gibt?"

„Das gab es nie, White. Ich habe verstanden."

"Shake!"

Irgendwie haben sie den Tag überstanden. Die Kruste bildete sich über Truedales Leiden; er hatte nicht mehr den Wunsch, es auch nur Weiß durchbrechen zu lassen. Einmal, am Nachmittag, sprach der Sheriff von Nella-Rose, und ohne mit der Wimper zu zucken hörte Truedale zu.

„Dieses Mädchen wird Burke in kürzester Zeit aus der Hand fressen lassen . Lawson ist im Kern ganz in Ordnung, er brauchte nur jemanden ter stabilisieren Sie ihn. Als ich sicher war, dass er das Mädchen geheiratet hatte, fühlte ich mich ganz beruhigt.“

„Und du – hast du dafür gesorgt, Jim? Es gab keinen Zweifel? Ich – ich erinnere mich an das hübsche kleine Ding; es wäre verdammt gewesen, ihr wehzutun.“

„Ich habe dem alten Pete, ihrem Vater, die wichtigsten Fakten herausgeklaut . Es wurde viel geredet in den Bergen, aber ich war froh , die Fakten zu erfahren und denen den Mund zu halten, die es ernst meinen Zischen wie alles verbrennende Skorpione! Nella-Rose hatte an ihren Vater geschrieben , aber Marg, die Schwester, zerriss den Brief vor Wut , weil Nella -Rose den Mann erwischt hatte, für den sie sich entschieden hatte . Erinnerst du dich zufällig daran , was ich dir einmal über diese beiden Mädels und die kleine weiße Henne erzählt habe?“

Truedale nickte.

„Dasselbe alte Schauspiel!“ Jim fuhr fort. „Aber als Greyson in dem Brief herausgab, was für ein Krieg es war – da er wusste , dass Burke mag, was ich tue –, habe ich es deutlich genug studiert. Nella-Rose war sich sicher vor Blut und Donner, wie auch immer man es ausdrücken wollte – also nutzte sie ihr Glück bei Burke. In den Bergen gibt es nicht viel Auswahl an Frauen, und Burke ist ein schamloser , feuriger Kerl, und er hat sich nie auf eine andere Frau als Nella-Rose festgelegt.“

In dieser Nacht ging Truedale in seine alte Hütte. Er machte ein Feuer auf dem Herd, stellte die Couch davor, und dann begann der Kampf – der erbitterte, unerbittliche Kampf. Darin entkam Nella-Rose. Wie ein Teil des Nebels, den die Sonne verbrennt, so wurde sie gereinigt – verzehrt vom Feuer von Truedales Reue und Scham. Keinen Augenblick ließ er zu, dass das Mädchen einen Schatten der Schuld trug – damit war er für immer fertig! –, aber er stellte sich vor den Richterstuhl seiner eigenen Seele und fällte das Urteil über sich selbst in Worten, für die sich strenge Moral entwickelt hat eigenen Schutz. Aber aus dem Untergang und der Ruine entriss Truedale eine heilige Wahrheit, von der er wusste, dass er daran festhalten musste – oder völlig untergehen musste. Er konnte von niemandem in der Welt Gottes erwarten, dass er es verstand; es musste immer in seiner eigenen Seele verborgen sein, aber diese Ehe zwischen ihm und Nella-Rose in der grauen Morgendämmerung nach dem Sturm war ihm heilig und bindend gewesen. Von nun an musste er das kleine Bergmädchen als eine liebe, tote Frau betrachten – eine, deren kindliche Sanftheit Teil einer Zeit war, in der er lachen und spielen gelernt hatte und die schweren Jahre vergessen hatte, die bis zu seiner Vernichtung gedauert hatten. nicht sein Aufbau.

KAPITEL XII

Truedale reiste mit seinen Büchern, seinem unvollendeten Stück und seinem heimlichen Kummer an den Ort seines neuen Lebens zurück. Seine Bücher und Papiere waren der Vorwand für seine Reise; Im Übrigen ahnte niemand etwas, und – so dachte Truedale – konnte auch niemand davon erfahren. Dieser Teil seiner Lebensgeschichte war erledigt; Es war zwar ungeschickt und unwissend interpretiert worden, aber die Lektion, die er durch Misserfolge gelernt hatte, hatte sich tief in sein Herz eingegraben.

In dem kleinen Zimmer unter dem Dachdach ordnete er seine privaten Arbeiten an. Er hatte vor, wenn er jemals wieder Zeit hätte, dort weiterzumachen, wo er aufgehört hatte, als seine Gesundheit unterbrochen wurde.

Im Nebenraum über William Truedales Schlafzimmer setzte Lynda ihre Entwürfe und ihr Studium fort; Ihr Büro in der Innenstadt war für Vorstellungsgespräche und externe Geschäfte reserviert. Ihre Heimwerkstatt hatte die weibliche Note, die der anderen fehlte. Da waren ihr Teetisch am Kamin, Arbeitstaschen aus zierlicher Seide und Blumen in Glasvasen. Der Hund und die Katzen waren in dem angenehmen Zimmer willkommen und schliefen ruhig oder wälzten sich, während die Frauchen arbeitete.

Aber Truedale behielt, obwohl er viel in seinem alten Zuhause lebte, immer noch seine Fünf-Zimmer-Wohnung. Er kaufte einen guten, dienstbaren Hund, der ein Junggesellenleben jedem anderen vorzog und lange Abendspaziergänge und unregelmäßiges Füttern liebte. In den Fenstern wuchsen Pflanzen – und diese pflegte Conning gewissenhaft.

Als das erste Leid und das Gefühl der Erniedrigung vorüber waren, entdeckte Truedale , dass das Leben in seiner kleinen Wohnung nicht nur möglich, sondern auch seine Erlösung war. Die gesamte spirituelle Essenz, die in ihm verblieben war, überlebte am besten in diesen Räumen. Als die Zeit verging und Nella-Rose als Realität zurücktrat, blieb ihre Erinnerung unverbittert . Truedale gab ihr nie die Schuld, obwohl er manchmal versuchte, sie aus der Position eines Außenseiters zu betrachten. NEIN; immer entzog sie sich der materiellen Schätzung.

„Nicht mehr als halb echt", so hatte White sie dargestellt, und als solche wurde sie nach und nach zu Truedale .

Er stürzte sich ins Geschäft, wie viele andere vor ihm, um die Lücken in seinem Leben zu schließen; und er stellte, wie andere auch, fest, dass der Geschmack der Macht – die Entdeckung, dass er die an ihn gestellten Anforderungen erfüllen und erfüllen konnte – ihn aus den Tiefen trug und ihm schließlich einen Platz in der Welt der Männer sicherte, die er schätzte und bemühte sich, sich seiner würdig zu erweisen. Er ging klugerweise langsam vor und befolgte den Rat von Männern wie McPherson und dem alten Anwalt seines Onkels. Er wuchs mit der Zeit heran und genoss die Position des Vertrauens, während sich seine Pflichten vervielfachten, und er fragte sich oft, wie er jemals das gemeinsame Schicksal seiner Kameraden verachten konnte. Er hat seine persönlichen Vorlieben bewusst und aus freien Stücken zurückgestellt – Zeit genug für das Lesen und Schreiben, wenn er seine geistigen Muskeln gestärkt hatte, dachte er. Lynda bedauerte dies, aber Truedale erklärte:

„Sehen Sie, Lyn, als ich anfing, das Ding auszuarbeiten – das Stück, wissen Sie –, hatte ich keine Ahnung, wie ich mit den Werkzeugen umgehen sollte; Wie viele Narren mit einem Anflug von Talent dachte ich, dass ich ohne Vorbereitung zurechtkomme. Ich habe es besser gelernt. Man kann den Menschen nichts vermitteln, wenn man nicht etwas vom Leben versteht – die Sprache spricht. Ich lerne, und wenn ich das Gefühl habe, dass ich nicht *anders kann,* als zu schreiben, dann schreibe ich.“

"Gut!" Lynda verstand seinen Standpunkt; „Und jetzt lasst uns durch die Theater schlendern – sehen wir uns die Maschinen in betriebsbereitem Zustand an. Wir werden herausfinden, was die Leute wollen und *warum* .“

Also gingen sie ins Theater und lasen Theaterstücke. Brace schaffte den gesunden dritten Platz, und ihr Leben verlief zu einem ruhigen, heiteren Vergnügen, das zwar bezaubernd war, Lynda aber manchmal – nicht oft, aber gelegentlich – zum Nachdenken brachte. Für Con würde es nicht genügen, in ein Tempo zu verfallen, das sein Bestes zunichte machen könnte.

Aber dieser Gedanke ließ die Wangen des Mädchens tiefrot färben.

Und dann passierte etwas. Es war so subtil, dass Lynda Kendall am allerwenigsten die wahre Bedeutung erkannte.

Einmal, in den frühen Tagen ihrer gesicherten Selbstständigkeit, hatte William Truedale zu ihr gesagt:

„Du schenkst deinem Schneider zu viel Aufmerksamkeit und deiner Schneiderin zu wenig.“

Lynda hatte ihre Freundin lachend als frivol bezeichnet und ihre Garderobe verteidigt.

„Man kann sich fürs Geschäft nicht schick machen, Onkel William.“

„Ist das Geschäft Ihr ganzes Leben lang, Lynda? Wenn ja, sollten Sie es besser reformieren. Wenn Frauen ihr Leben nach dem Vorbild der Männer gestalten wollen, müssen sie den ganzen Weg gehen. Ein vernünftiger Mann erkennt die Notwendigkeit, manchmal die Bürotür zu schließen und seinen Anzug anzuziehen.“

„Nun, aber Onkel William, was ist mit diesem perfekt gefertigten Anzug los? Wenn ich nicht im Dienst bin, ziehe ich immer eine frische Bluse an. Ich hasse es, mich ständig zu verändern.“

„Wenn du eine Mutter hättest, Lynda, würde sie dir zeigen, was ich meine. Von einem alten Pilz wie mir kann man nicht erwarten, dass er sich von einem so aktuellen Humbug wie Ihnen Respekt verschafft!“

Sie hatten darüber gelacht, und Lynda hatte ein- oder zweimal ein Hauskleid angezogen, um ihrer kritischen Freundin zu gefallen, war aber schließlich wieder in Anzüge und Blusen geschlüpft.

Plötzlich verließ sie eines Tages – es stand kurz vor den Ferien – mittags ihr Arbeitszimmer und ging fast beschämt „einkaufen“. Als ihr das Fieber ins Blut stieg , wurde sie rücksichtslos, und um fünf Uhr hatte sie zartere und exquisitere Pracht gekauft und nach Hause bestellt, als sie jemals in ihrem ganzen Leben besessen hatte.

„Es ist skandalös!“ Sie murmelte in ihr fröhliches, junges Herz: „Eine schreckliche Verschwendung von gutem Geld, aber zum ersten Mal sehe ich, wie Frauen verrückt nach Kleidung werden können.“

Sie verbrachte die anderthalb Stunden vor dem Abendessen damit, eine Kunstschneiderin ausfindig zu machen und sich in ihre Hände zu begeben.

Das Ergebnis war verblüffend und aufregend zugleich. Das erste Kleid, das nach Hause kam, war ein mattes, goldbraunes Samtkleid, das so weich und anschmiegsam und individuell war, dass es seine Trägerin ziemlich in Aufregung versetzte. Sie „tat“ und öffnete ihr Haar und stellte dabei fest, dass, wenn sie die „Seiten“ lockerte, die Tendenz bestand, sich zu kräuseln, und der Effekt ausgesprochen bezaubernd war – natürlich mit dem seltsamen Kleid! Dann nahm sie all ihren Mut zusammen, ging in die Bibliothek hinunter und dankte dem Himmel, als sie den Raum leer vorfand. Es wäre einfacher, die Bühne zu besetzen, als zu spät aufzutreten, wenn das Publikum schon in Position war. Also setzte sich Lynda hin, versuchte zu lesen, war aber so nervös, dass ihre Augen leuchteten und ihre Wangen rosig wurden.

Brace und Conning kamen zusammen herein. "Schau mal wer da ist!" war Kendalls brüderlicher Gruß. „Mensch! Con, sieh dir unsere Freundin an!“ Er hielt seine Schwester auf Distanz und kommentierte ihre „Punkte“.

„Ich wusste nicht, dass du Locken hast, Lyn.“

„Ich selbst habe es erst heute Nachmittag getan. „Sehen Sie", sie zitterte ein wenig, „jetzt, wo ich nicht mehr mit der U-Bahn zur Arbeit fahren muss, gibt es keinen Grund mehr, solche Dinge auszuschließen" (sie berührte das hübsche Kleid), „und wenn man sich erst einmal gehen lässt, Du weißt nicht, wo du landen wirst. Zu diesen Rüschen passen Locken; Auch Hausschuhe – schau!"

Dann blickte sie zu Conning auf.

„Glaubst du, ich bin sehr – frivol?" Sie fragte.

„Ich wusste nie" – er sah sie ernst an – „ wie gut du aussiehst, Lyn." Tragen Sie dieses Kleid morgens, mittags und abends; es ist atemberaubend."

„Ich freue mich, dass es euch beiden gefällt. Ich fühle mich darin ein wenig ungewöhnlich – aber ich werde mich beruhigen. Ich war ein wenig primitiv in meiner Kleidung."

Wie das Gewand des Riesen schienen Lynda Kendalls Kleidungsstücke sie zu verwandeln und ihr die ihnen eigentümlichen Eigenschaften zu verleihen. So allmählich, dass es kein Wunder war, entwickelte sie die gesegnete Gabe des Charmes, die ihr Leben und das anderer wie der Glanz eines verborgenen Feuers färbte .

All dies beeinträchtigte ihr Geschäft nicht. Sobald sie ihre Arbeitskleidung anzog, war sie die fähige Lynda der Vergangenheit. Vielleicht war in ihren Entwürfen etwas mehr Sentimentalität zu erkennen – eine umfassendere Konzeption; aber das war natürlich, denn sie hatte Glück gehabt – und ein köstliches Erfolgsgefühl. Sie begann sich wie eine Frau über ihre Macht zu freuen. Sie hörte mit echter Freude von John Morrells Heirat mit einem jungen Mädchen aus dem Westen. Ihr Himmel klärte sich von allem Bedauern.

„Morrell war heute im Büro", sagte Brace eines Abends zu seiner Schwester, „es kam mir etwas dreist vor, dass er sein Glück und all diese Art von Fäulnis so stark betonte."

"Befestigen!"

„Nun, für einen anderen mag es vielleicht in Ordnung sein, aber für mich klang es irgendwie verstimmt. Er sagt, dass sie zu der Sorte gehört, die sich mit Leib und Seele der Liebe hingegeben hat; Ich wette, sie ist eine Idiotin."

Lynda sah sofort ernst aus.

„Das hoffe ich nicht", sagte sie nachdenklich, „und auf lange Sicht wird sie mit John glücklicher sein, wenn sie einige Vorbehalte hat. Das habe ich kein einziges Mal gedacht; Ich mache jetzt."

„Aber – du, Lyn? Sie hatten Vorbehalte zum Verbrennen.“

„Ich hatte – zu viele. Da begann der Fehler.“

„Du – bereust es nicht?“

Lynda kam näher an ihn heran.

„Brace, ich bereue nichts. Ich lerne, dass jeder Schritt zum nächsten führt – wenn man nicht stolpert. Wenn Sie das tun, müssen Sie sich wieder aufrappeln und zurückgehen. Wenn John von mir gelernt hat, habe auch ich von ihm gelernt. Ich werde versuchen, seine Frau zu lieben.“

„Ich wette, sie ist irgendwie eine Mischung aus Cowboy und Idiot. John protestierte zu sehr gegen ihren Charme. Sie hat eine Schwester – für mich klingt das ein bisschen so, als hätte Morrell sie beide geheiratet. Nach einer Weile wird sie bei ihnen wohnen . Wenn ich mich verliebe, dann in ein Waisenkind aus einer Anstalt.“

Lynda lachte und umarmte ihren Bruder. Dann sagte sie:

„Unser Kreis erweitert sich und übrigens, Brace, ich werde anfangen, ein wenig zu unterhalten.“

„Guter Gott, Lyn!“

"Oh! bescheiden – bis ich meine steifen kleinen Flügel benutzen kann. Ab und zu ein Abendessen und gelegentlich ein Mittagessen, wenn ich genug nette Frauen kenne, um einen anständigen Auftritt abzugeben. Kleidung und Frauen sind schwierig, wenn man sie spät im Leben adoptiert. Aber oh! Brace, es ist großartig – mein gesegnetes Zuhause! Der Abschied von meiner geliebten Arbeit zu etwas noch Besserem.“

Im Winter schlägt der Puls einer Stadt schneller. Die ganze Vitalität wohlgenährter Männer und Frauen ist in vollem Umfang vorhanden, während diejenigen, die unter dem Normalwert liegen, durch die Notwendigkeit des Kampfes ums Dasein auf ein höheres Niveau gebracht werden. Nicht so in den tiefen, fernen Bergregionen. Dort verstecken sich die Bewohner vor den Elementen und ziehen sich in sich selbst zurück. Wochenlang verlässt kein Mensch den Schutz und die relative Bequemlichkeit der tristen Hütten. Familien, die so eng zusammengedrängt und von der Freiheit des Offenen ausgeschlossen sind, leiden geistig und seelisch, wie es sich jemand aus den größeren Kreisen der Menschen kaum vorstellen kann.

Truedale abwandte , sah sie sich dem Winter und den eingeschlossenen Schrecken der Kälte und Einsamkeit gegenüber. In zwei Wochen würde der letzte Rest des Herbstes vorbei sein, und das Mädchen konnte sich nicht vorstellen, mit Marg und ihrem Vater eingesperrt zu werden, während sie darauf wartete, dass die Liebe zu ihr zurückkehrte. Sie blieb auf dem nassen, grünen Weg stehen und dachte nach. Sie hatte Truedale gesagt , dass sie nach Hause gehen würde, aber was spielte das für eine Rolle. Sie würde zu Miss Lois Ann gehen. Sie würde es wissen, wenn Truedale zurückkam; sie könnte zu ihm gehen. In der Zwischenzeit würde kein Mensch sie in dieser Hütte weit hinten im Hollow belästigen oder befragen. Und Lois Ann verbrachte die langen Stunden mit Geschichten und Liedern. Es schien ihr, als gäbe es nur eines zu tun – und Nella-Rose tat es! Sie floh zu der Frau, deren Namen Truedale kaum gehört hatte.

Sie brauchte gut drei Stunden, um die Strecke bis zum Hollow zurückzulegen, und es war schon ziemlich dunkel, als sie an die Tür der kleinen Hütte klopfte. Allem Anschein nach war der Ort verlassen; aber nach dem zweiten Klopfen wurde ein Fensterladen rechts von der Tür aufgestoßen und eine lange, schlanke Hand erschien, die eine brennende Kerze hielt, während eine tiefe, satte Stimme rief:

"WHO?"

„ Jes ' Nella-Rose!"

Die Hand zog sich zurück, der Fensterladen wurde geschlossen, und eine Minute später wurde die Tür weit aufgerissen und das Mädchen in das warme, gemütliche Zimmer hineingezogen. Das Abendessen, von besserer Art, als die meisten Bergfrauen es kannten, wurde auf einem sauberen Tisch ausgebreitet, und in der Freude und Sicherheit dehnte sich Nella-Rose aus und beschloss, die alte Frau sofort ins Vertrauen zu ziehen und sich so bis Truedale gegenwärtigen Trost zu sichern kam zurück, um sie zu holen.

Diese Lois Ann, in deren eingefallenen Augen ewige Jugend brannte und glühte, war in den Bergen ein Mysterium und wurde nie in Frage gestellt. Vor langer Zeit war sie gekommen, hatte um keinen Gefallen gebeten und sich darauf festgelegt, so gut es ging zu leben. Es gab nur einen sicheren Zugang zu ihrem Zufluchtsort. Das war – Ärger! Sobald das Unglück einen ereilte, vergaß man den Sex, aber zu anderen Zeiten war man sich darüber im Klaren, dass Miss Lois Ann wenig Vorliebe oder Mitgefühl für Männer hegte, während sie andererseits mit der ewigen Kraft der Mutterschaft über Frauen und Kindern grübelte.

Es wurde aus gutem Grund vermutet, dass viele Flüchtlinge aus der Justiz durch Miss Lois Anns Haustür gingen und über andere Ausgänge entkamen. Polizeibeamte hatten ihre Beute mehr als einmal zu der trostlosen Hütte ausfindig gemacht und Zutritt zur Durchsuchung verlangt. Dies erfolgte immer umgehend, es wurde jedoch noch nie ein Täter auf dem Gelände gefunden! White verstand und bewunderte die alte Frau; Er hielt die Justiz immer, wenn möglich, außerhalb ihres Zuständigkeitsbereichs auf, aber da er ein Bergmann war, hatte Jim seine Vermutungen, die er nie äußerte.

„Also, Schatz, was kommt denn in dieser schwarzen Nacht auf mich zu?“ sagte Lois Ann zu Nella-Rose, nachdem das Abendessen abgeräumt, das Feuer wieder angezündet worden war und die beiden „mit vier Füßen auf dem Kotflügel“ zufrieden waren. "Problem?" Die wundervollen Augen suchten das glückliche, junge Gesicht und beim ersten Blick wusste Nella-Rose, dass sie gezwungen war, sich anzuvertrauen! Es gab keine Wahl. Sie spürte, wie die Macht sie umgab, es fiel ihr nicht so leicht, wie sie geglaubt hatte, es zu erklären. Sie kämpfte um Zeit.

„Erzählen Sie mir eine richtige, schöne Geschichte, Miss Lois Ann“, flehte sie, „und natürlich ist es kein Ärger, der mich hierher geführt hat! Problem! Huh!“

"Was dann?" Und nun sank Nella-Rose auf den Herdstein und legte ihren Kopf auf den Schoß der alten Frau. Es war einfacher zu sprechen, wenn sie den suchenden Blicken entgehen konnte. Sie schloss ihre Tür und versuchte, Truedale in den dunklen Raum und zu ihrer Unterstützung zu rufen – aber er kam nicht.

„ Dann ist es also Ärger?“

„Nein, nein! es ist – oh! Es ist die – Freude, Miss Lois Ann.“

"Ha! Ha! Und Sie haben herausgefunden, dass der junge Schlingel zurück ist – dieser Lawson?“ Lois Ann verspürte für einen Moment Erleichterung.

„Es – es ist nicht Burke“, kamen die Worte langsam. „Ja, ich weiß, dass er zurück ist – ist er hier?“ Das ist erschreckend.

„Nein – aber das war er. Vielleicht kommt er wieder. Sein Schlund ist immer leer, aber ich sage das für den Schurken: Er gibt auf lange Sicht mehr, als er nimmt. Aber wenn es nicht Lawson ist, wer dann? Nicht diese Schlange im Gras, Jed?“ Liebe und Ärger waren für Lois Ann gleichbedeutend, als man jung und hübsch und ein Narr war.

„Jed? Jed in der Tat!“

„Kind, raus damit!“

„Ich – ich werde es Ihnen sagen, Miss Lois Ann.“

Dann fiel die knotige alte Hand wie ein verwelktes Blatt auf das weiche Haar – das Frauenherz war bereit, eine weitere Last zu tragen. Die geschlossenen Lippen brachten kein Wort hervor, während die erstaunliche Geschichte mit sanftem Ton immer weiter erzählte. Bestürzung, ja sogar Zweifel an der geistigen Gesundheit des Mädchens waren im scharfen Verstand der alten Frau zu finden, aber nach und nach stellte sich heraus, dass das Geständnis wahr war, und als die Tatsache erkannt würde, dass ein Fremder – und *zwar* ein solcher –, in den Hügeln versteckt worden war Das, was das Mädchen erzählte, geschah – der starke, klare Verstand des Zuhörers interpretierte die Wahrheit anhand des Wissens, das er in einem langen, harten Leben erworben hatte.

„Und so, Miss Lois Ann, es ist, als hätte er mir den Himmel geöffnet; und ich möchte mich hier verstecken, bis er kommt, um mich mit in den Himmel zu nehmen. Und niemand sonst darf es wissen."

Krächzen aus Nella-Roses Babygesicht gerissen – hatte in ihrem abergläubischen Herzen gespürt, dass das Kind auf geheimnisvolle Weise dazu bestimmt war, weit und weit zu sehen; Und jetzt, mit dem Schmerz, den sie nur mit Mühe verbergen konnte, wusste sie, dass ihr die Aufgabe übertragen wurde, den Schleier von der Seele des Mädchens zu ihren Füßen zu ziehen, damit sie tatsächlich weit und breit in das Reich der leidenden Frauen blicken konnte.

Für einen Moment zögerte die Frau, sie würde den Becher wegnehmen, wenn sie könnte, wie alle Menschen, die es verstehen.

„Du – lügst du mich an?" fragte sie leise, und oh, aber sie hätte viel dafür gegeben, das schelmischen, zustimmenden Lachen des Mädchens zu hören. Stattdessen sah sie, wie Nella-Roses Augen todernst wurden.

„Das ist keine Lüge, Miss Lois Ann; Es ist eine wirklich schöne Wahrheit."

„Und du bist tage- und nächtelang mit diesem Mann allein geblieben?"

Die schlanke Hand ergriff nun mit unerbittlicher Kraft das herabhängende Gesicht und hielt es fest, während der Feuerschein voll darauf spielte, während die scharfen alten Augen sich bis in die Seele von Nella-Rose bohrten.

„Aber er – er ist mein Mann! Sie vergessen das – Heiraten auf dem Hügel, Miss Lois Ann!"

Die Stimme wurde etwas angehoben und die Farbe verließ die zitternden Lippen.

"Dein Mann!" Und ein bitteres Lachen ertönte wild.

„Halten Sie an, Miss Lois Ann! Du sollst mich nicht so ansehen!"

Die Sicht war trübe – Nella-Rose zitterte.

„Du sollst mich nicht so ansehen; Gott würde es nicht tun – warum solltest du das tun?"

„Gott!" – die brüchige Stimme sprach das Wort bitter aus. "Gott! Was kümmert Gott um Frauen? Es sind die Männer, für die Gott die Dinge geschaffen hat, und wir alle müssen sie abwehren – Männer und Gott sind gegen uns Frauen!"

„Nein, nein! Lass mich frei. Ich war so glücklich, bis – Oh! Miss Lois Ann, Sie sollen mir mein Glück nicht nehmen."

„ Da bist du genau richtig, yo ' po' lil ' chile ."

Die Augen hatten alles gesehen, was sie sehen mussten, und die Hand ließ das hübsche, zitternde Gesicht fallen.

„Wir werden warten – oh! sicherlich werden wir alle eine Woche warten; zwei Wochen; dann drei. Und wir alle werden uns in der Nähe verstecken und sehen, was wir alle sehen werden!" Ein hartes, mitleiderregendes Lachen hallte durch den Raum. „Und jetzt ins Bett! Nimm den Schrank aus meiner Kammer zurück. Niemand kann dich dort erreichen, Chile . Schlafen und träumen und – vergessen."

Und in dieser Nacht beschloss Burke Lawson nach einem einstündigen Kampf, unter seinesgleichen hervorzutreten und seinen Platz einzunehmen. Nella-Rose hatte sich für ihn entschieden. Er war es leid, sich zu verstecken, er hatte es satt, sein Spiel zu spielen. Ein Blick auf das Gesicht, das er seit seiner Kindheit geliebt hatte, hatte das Blatt gewendet. Noch nie war Lawson so lange von seinem Leitstern entfernt gewesen. Und sie hatte gesagt, dass er noch einmal fragen könnte, wenn er es wagte – und so kam er aus seiner Höhle heraus. Als er draußen war, holte er tief Luft, wandte sein hübsches Gesicht dem Himmel zu und *spürte* das Gebet, das ein anderer hätte aussprechen können.

Er dachte an Nella-Rose, erinnerte sich an ihre Abenteuerlust, ihren großartigen Mut und ihren Geist. Nichts konnte sie so sicher gewinnen wie der Vorschlag, den er machen wollte. Sie zu bitten, in Pine Cone zu bleiben und sich bei ihm als ihrem Hinterwäldler niederzulassen, würde eine kleine Versuchung darstellen, aber sie auf neue und größere Felder mitzunehmen – das war eine andere Sache! Und sie würden gehen – er und sie. Irgendwie würde er sich irgendwo ein Pferd besorgen. Mit Nella-Rose im Rücken würde er nie aufhören, bis ein Pfarrer erreicht war, und warum ihnen danach die Welt gehörte, aus der sie wählen konnten.

Und an diesem Punkt von Lawsons glühender, religiöser Verfassung war Jed Martin aufgetaucht und hatte es zur Pflicht gemacht, mit ihm umfassend und eindeutig umzugehen.

Nachdem er dem unterworfenen Martin seine unmittelbare Zukunft anvertraut hatte – nachdem er ihn gezwungen hatte, mit der Pistole in

Deckung zu gehen –, kroch Burke mit seinem großen, gesunden Lachen wieder aus der Höhle. Dann erhob er sich zu seiner vollen Größe und schritt mit dem leichtesten und reinsten Herzen, das er seit vielen Tagen getragen hatte, über den durchnässten Pfad zu Whites Hütte. Doch das Schicksal hatte einen hässlichen Trick mit ihm auf Lager. Er war auf halbem Weg zu White, als er Schritte hörte. Die Gewohnheit war stark. Er kletterte sofort auf einen Baum. In diesem Moment kam der Mond heraus und enthüllte den Anhänger. „Blakes Kumpel", murmelte Lawson und als der große Hund seinen Platz unter dem Baum einnahm, verstand er die Sache. Blake war sein schlimmster Feind; Er hatte eine Rechnung über die Finanzmänner und eine Gefängnisstrafe zu begleichen, für die Lawson verantwortlich war. Während die allgemeine Jagd im Gange war, war Blake eingestiegen, in der Absicht, die Dinge in Ordnung zu bringen, ohne sich zu sehr in den Vordergrund zu rücken.

„ Du höllisches Tier!" murmelte Lawson, „in einer Minute wirst du heulen, du Unmensch." Ich hasse es, dich zu erschießen – du bist das, was du bist – , aber los geht's."

Danach war White's eine Zeit lang unmöglich und Nella-Rose musste warten. Wahrscheinlich in einem Tag oder so – so überlegte Burke schnell – er könnte zurückstürmen, White dazu bringen, ihm zu helfen, und seine Beute ergattern, aber im Moment war es umso besser, je früher er die Sicherheit jenseits des Bergrückens erreichte. Einen Hund zu erschießen war keine leichte Sache.

Lawson erreichte die Sicherheit, allerdings mit einem gebrochenen Bein; Denn als er flussabwärts ging, hatte er Unglück erlitten, und als er während dieses langen, harten Winters nicht in der Lage war, für sich selbst zu sorgen, wurde er von einem rechtzeitigen Freund sicher versteckt und von einem Arzt betreut, der an den Unfallort geschmuggelt und gut bezahlt wurde seine Hilfe und sein Schweigen.

Und in Lois Anns Hütte wartete Nella-Rose, zunächst mit heiterer Hoffnung, dann mit kläglicher Sehnsucht. Sie und die alte Frau erwähnten nie das Gespräch vom ersten Abend, aber das Mädchen war sich sicher, dass sie beobachtet und beschützt wurde, und sie spürte den Zweifel und die Verachtung in der Haltung von Lois Ann.

„Ich werde – ich werde nach meinem Mann schicken", entschied sie schließlich am Ende der zweiten Woche verzweifelt. Aber sie wagte es nicht, eine Fahrt zum entfernten Bahnhof zu wagen, um ein Telegramm abzuschicken. Also wartete sie auf eine Chance, einen Brief zu verschicken, den sie sorgfältig und mühsam geschrieben hatte.

„Ich bin bei Miss Lois Ann in Devil-may-come Hollow. Ich vertraue und liebe Sie, aber Miss Lois Ann – glauben Sie nicht! Also bitte, Herr Mann, kommen Sie und sagen Sie es ihr und dann gehen Sie zurück und ich werde warten – ganz ehrlich

Eure Nella-Rose.“

Dann strich sie den Namen durch und kritzelte „Dein liebes Mädchen.“

Es war früh in der dritten Woche, als Bill Trim an einem kalten, bitterkalten Novembermorgen pfeifend den Weg entlang kam. Er überbrachte Lois Ann eine Menge „dankbarer Geschenke“ von Männern und Frauen, denen sie in Zeiten der Not zur Seite gestanden hatte und die praktisch immer an sie dachten, wenn der Winter „einbrach“.

Bill war ein Schwachkopf, aber stark wie ein Ochse; und wenn er einmal mit einer Aufgabe betraut war, bewältigte er sie auf eine Art und Weise, die ihm eine sichere Stellung in der Gemeinschaft verschafft hatte. Er beförderte Post in die entlegensten Bezirke – wenn es welche zu transportieren gab. Er „schleppte“ schwere Lasten, sammelte Gerüchte und verbreitete sie großzügig. Er war unpersönlich, unwissend und ungebildet, aber er tat sein Bestes und kriechte vor jedem, der ihm auch nur die geringste Zuneigung entgegenbrachte. Er hatte schreckliche Angst vor Lois Ann, ohne dass er dafür einen Grund angeben konnte; er hatte Angst vor ihren Augen – ihren dünnen, klauenartigen Händen. Als er nun die Bündel ablieferte, die er für sie hatte, nahm er das Essen an, das sie ihm gab, und lief dann davon, um es in aller Ruhe zu verzehren, fern der Reichweite der Blicke, vor denen er sich fürchtete.

Und da suchte Nella-Rose ihn auf und setzte sich mit einem erlesenen Bissen, den sie sich von ihrer feineren Kost aufgehoben hatte, neben ihn.

„Trim“, flüsterte sie, als er anfangen wollte, „hier ist ein Brief – Miss Lois Ann möchte, dass Sie ihn abschicken.“

Die hellen Augen blickten sehnsüchtig in das trübe, hoffnungslose Gesicht.

„Ich – hasse den alten Mann!“ vertraute Bill an.

„Aber hassen Sie mich nicht, Bill?“

"NEIN."

„Nun, dann tun Sie es für mich, aber erzählen Sie niemandem, dass Sie mich gesehen haben. Sehen Sie, Bill, ich habe einen ganzen Dollar – ich habe ihn durch Beerenpflücken verdient. Bezahlen Sie den Brief und behalten Sie den Rest. Und wenn Sie Marg jemals sehen und sie nach mir fragt – und ob Sie mich gesehen haben – sagen Sie ihr“ (und hier leuchteten Nella-Roses weiße

Zähne in dem schelmischen Lächeln), „sagen Sie ihr, dass Sie mich mit mir durch die Hollow gehen sahen." Burke Lawson!"

Der langweilige Kerl schüttelte sich vor törichtem Lachen. „Das sollte ich tun !" sagte er und steckte dann den Brief und den Dollarschein in die Brust seines Hemdes. „Und jetzt, kleines Mädchen , lass mich deine Hand berühren", flehte er, „auf diese – äh – Art." Und wie ein armer, zerschlissener, geschundener Ritter drückte er seine Lippen auf die kleine, braune Hand der einzigen Person, die immer freundlich zu ihm gewesen war.

Bei Sonnenuntergang blieb Bill stehen, um zu Abend zu essen und seinen steifen Körper zu wärmen. Er versuchte, ein Feuer zu machen, aber das Holz war nass, und in seiner Verzweiflung holte er schließlich die Papiere aus seinem dünnen Mantel, die ihn vor der Kälte geschützt hatten, und benutzte sie, um die Tannenzapfen anzuzünden. Er ruhte und feierte und ging später seines Weges. Auf dem Postamt suchte er in seinen Lumpen nach dem Brief und dem Geld. Dann wurde sein Gesicht weiß wie Asche:

„Gawd a'mighty !" er wimmerte.

"Was ist falsch?" Merrivale kam hinter der Theke hervor.

„Ich habe meinen Brustschutz verbrannt. Ohne die Papiere werde ich erfrieren." Dann erklärte Bill den Brandherd, erinnerte sich jedoch an Lois Ann und verheimlichte weitere Informationen.

„Hier, du Narr", sagte Merrivale nicht unfreundlich, „nimm alle Papiere, die du willst." Und nimm auch diesen alten Mantel. Und schau, Junge, hast du auf deiner Wanderung Greysons kleines Mädchen gesehen?"

Bill sah schlau aus, kam näher und flüsterte:

„Sie – und er, ich säe sie , zurück in den Stöcken! Sie – und er!" Dann lachte er sein törichtes Lachen.

„Das habe ich mir auch gedacht!" Merrivale nickte, mit dem Ärger, den ein guter Mann manchmal kennt, in seinen Augen; aber sein Glaube an Burke kommt ihm zu Hilfe. „Du meinst – Lawson?" er hat gefragt.

Bill nickte törichterweise.

„Dann halte deinen Mund!" warnte Merrivale . „Wenn ich dich reden höre, werde ich dir die Haut streicheln , so lange ich aufpasse."

KAPITEL XIII

Ein Monat, dann zwei vergingen in der verlassenen Hütte im Hollow. Winter umklammerte Pine Cone Settlement und hielt es in tödlichem Griff. Alte Menschen starben und kleine Kinder wurden geboren. Lois Ann kam, wenn es körperlich möglich war, zu den Häusern der Leidenden und linderte die Frauen, während sie die Männer beschimpfte, weil sie arme Seelen zu solch schrecklichen Orten brachten. Aber Nella-Rose versteckte sich immer und schreckte vor ihrem Anblick zurück. Jetzt besteht kein Grund, sie zu warnen. Ein neuer und schrecklicher Ausdruck war in ihre Augen getreten, und als Lois Ann diese schleichende Angst sah , wusste sie, dass ihre Stunde gekommen war. Um Nella-Rose zu retten, glaubte sie, müsse sie jede Illusion verdrängen, und mit scharfer und bedächtiger Kraft drückte sie den Apfel des Wissens über das Leben zwischen ihre mädchenhaften Lippen. Die bittere Wahrheit fraß sich schließlich in die Seele des Mädchens und nach und nach wuchs und verzehrte der Hass, den sie sich nie vorgestellt hatte.

„Sie wird nicht sterben", dachte die alte Frau, die sie Tag für Tag beobachtete.

Und Nella-Rose starb nicht, zumindest nicht äußerlich, aber in ihr, wie in Truedale , verblasste und schrumpfte der feine, erste Glanz reinen Glaubens und der Leidenschaft, unberührt von der Interpretation der Welt, für immer.

Der lange Winter verbarg das Geheimnis in der trostlosen Hütte. Die Straßen und Wege waren gesperrt; Niemand kam herbei, um Schutz oder Beistand zu suchen .

Als es Frühling wurde, fürchtete sich Nella-Rose vor jedem Lebewesen außer der treuen Seele, die über sie wachte. Sie rannte und zitterte beim geringsten Geräusch; Sie war weiß und hatte hohle Augen, aber ihr Hass war stärker und heftiger als je zuvor.

Der Frühsommer kam – die schönste Zeit des Jahres. Die Hitze wurde durch sanfte Schauer gebrochen; Die Blumen blühten wild, und im Juli geschah in Lois Anns Hütte das weltberühmte Wunder: Nella-Roses Kind wurde geboren! Mit seinem Kommen schien die Vergangenheit ausgelöscht zu sein; Der Hass wich ehrfürchtiger Ehrfurcht und Zärtlichkeit. In der jungen Mutter erhob sich die Frau zur Oberhand und sie erlaubte ihrem Geist nicht, einen schädlichen Gedanken zu hegen.

In den Stunden ihrer Mühe, in denen Lois Ann verzweifelt und verängstigt angefleht, gedroht und befohlen hatte, den Namen des Vaters ihres Kindes zu nennen, stöhnte sie nur und schloss ihre Lippen nur noch fester. Aber als sie ihr Baby ansah, lächelte sie strahlend und flüsterte dem geduldigen alten Geschöpf neben ihr zu:

„Miss Lois Ann, dieses kleine Kind hat keinen Vater. Es ist mein Baby und Gott hat es geschickt. Ich werde sie Ann nennen – denn du warst wirklich gut zu mir – das hast du wirklich getan."

Es war also „ lil ' Ann", und da die seltsame Zurückhaltung und die missverstandene Fröhlichkeit bestehen blieben, ging Lois Ann am Ende ihrer Weisheit, weil sie glaubte, dass Tod oder Wahnsinn drohten, heimlich zum Haus der Greysons, um zu beichten und Hilfe zu holen.

Peter war mit Jed unterwegs. Die beiden hingen jetzt wie Kletten zusammen. Was Martin an Entspannung auch immer erhoffen konnte, lag in Greyson; Alles, was Peter an materiellem Komfort bieten konnte, musste durch Jed erreicht werden, und so arbeiteten sie auf langsame, primitive Art und Weise und genossen gemeinsam ein wenig Vergnügen. Nachdem Marg ihr Ziel erreicht hatte, war sie zufrieden und konnte zum ersten Mal in ihrem Leben gut mit ihr auskommen. Und in dieses vergleichende Eden kam Lois Ann mit Worten, die den Frieden und die Ruhe zerstörten.

In Margs privaten Gedanken hatte sie nie daran gezweifelt, dass ihre Schwester oft mit Burke Lawson in the Hollow gewesen war. Als er verschwand, glaubte sie, dass Nella-Rose bei ihm war, aber sie hatte die Geschichte ihres Vaters über sie unterstützt und ausgeschmückt, weil sie ihre eigene Selbstachtung stärkte und die Spuren des degenerierten Paares mit einem Schild verbarg, den sie in keiner Weise verdienten. sondern die ihre Verteidiger in eine wahrhaft christliche Haltung versetzen.

Marg war allein in der Hütte, als Lois Ann eintrat. Sie blickte errötet und eifrig auf.

„How-de", sagte sie freundlich. „Setzen Sie sich und essen Sie etwas."

„Ich habe keine Zeit", erwiderte die alte Frau keuchend. „Nella-Rose ist bei mir genau richtig."

Der warme, sonnige Raum empfand Marg als stickig.

„Was ist los?" sagte sie halb leise.

„Sie hat ein – kleines Baby."

Die Farbe aus Margs Gesicht verblasste und wurde pastös und schwer.

„Burke – thar?"

„Er war den ganzen Winter nicht da. Ich habe Nella-Rose und ihre Scham versteckt, aber ich traue mich nicht länger. Ich schätze, sie geht weg."

"Sterben?"

"Vielleicht; oder –" und hier tippte Lois Ann mit der Hand an den Kopf.

„Und er – er ist gegangen und hat sie verlassen?" stöhnte Marg – „ der Teufel!"

Lois Ann beobachtete, wie die schreckliche Wut in der jüngeren Frau aufstieg, und plötzlich wurde ihr klar, wie sinnlos es wäre, die wilde Geschichte auszusprechen, an der Nella-Rose festhielt. Also nickte sie nur.

„Ich komme mit", beschloss Marg sofort, „und verraten Sie Vater und Jed nichts – dieses Mal würden sie bestimmt einiges anrichten!"

Gemeinsam machten sich die beiden auf den Weg zum Hollow und fanden Nella-Rose im ruhigen Raum, mit ihrem Baby, das sich an ihre zarte Brust schmiegte. Der Ausdruck auf ihrem Gesicht könnte den Vorwürfen auf Margs Lippen durchaus Einhalt gebieten – sie taumelte fast zurück, als ihre tiefen, wahren Augen sich trafen. Die ganze unterdrückte Schwesterlichkeit kam für einen Moment an die Oberfläche, als sie zitternd in dem alten, mit Chintz bedeckten Schaukelstuhl auf die beiden zuging.

"Sehen! mein Baby, Marg. Sie ist die kleine Ann."

„Ann – was?" flüsterte Marg.

„Nur Lil ' Ann für – Miss Lois Ann."

„Nella-Rose" (und jetzt fiel Marg neben ihrer Schwester auf die Knie), „Sag mir, wo er ist. Sag es mir und so sicher Gott lebt, ich werde ihn zurückbringen! Ich werde ihn dazu bringen, dich zu besitzen, und – und das Baby oder er wird – er wird –"

Und dann lachte Nella-Rose das Lachen, das Lois Ann in den Wahnsinn trieb.

„Schicken Sie Marg weg, Miss Lois Ann", Nella-Rose wandte sich an ihre einzige Freundin, „sie macht mich so – so müde und – ich will niemanden außer Ihnen."

Marg stand auf, alle Zärtlichkeit und jedes Mitgefühl waren verschwunden.

„Du bist …", begann sie, aber Lois Ann stand zwischen ihr und Nella-Rose.

"Gehen!" befahl sie mit schrecklicher Verachtung. "Gehen! Du bist nicht in der Lage, sie zu berühren. Gehen! Sterbend oder verrückt – das Mädchen gehört mir und nicht denen , die Vipernblut in ihren Adern haben. Gehen!" Und Marg ging mit dem Klang von Nella-Roses Gesang zu ihrem Kind, das in ihren Ohren klingelte.

Danach ereigneten sich im tiefen Wald dramatische Ereignisse. Marg bewahrte das Geheimnis der Hollow-Hütte in ihrem brodelnden Herzen. Sie hatte Angst, weil sie befürchtete, ihr Vater oder Jed könnten Nella-Rose entdecken. Aber manchmal verspürte sie ein seltsames Verlangen, ihre

Schwester zu sehen und das wunderbare Ding zu berühren, das auf der schuldbewussten Mutterbrust lag.

Sollte Nella-Rose trotz ihrer Schande für immer den Ruhm haben, während sie, Marg, trotz aller Rechte der Weiblichkeit keine Hoffnung auf Mutterschaft haben konnte?

Aus dem einen oder anderen Grund schlich sich Marg oft in den Wald, so nah wie möglich am Hollow. Sie hoffte auf Neuigkeiten, aber es kam keine; und es war Ende August, als sie an einem sonnigen Mittag Burke Lawson zur Rede stellte!

Lawsons Gesicht war seltsam und schrecklich anzusehen. Marg zog sich voller Angst von ihm zurück. Sie konnte es nicht wissen, aber Burke hatte an diesem Tag ein schreckliches Erlebnis gehabt und er war auf dem Weg zur Rache, und jeder, der sich ihm in den Weg stellte, musste leiden. Endlich aus seiner Gefangenschaft befreit, war er über die Bergkette direkt zu Jim White gereist. Und der Sheriff, bereit für den Rekruten, begrüßte ihn gnadenlos und sprach ihn für schuldig, bis er sein Gegenteil bewies.

„Was hast du mit Nella-Rose gemacht?" fragte er und stand mit langsamem Feuer in seinen tiefen Augen vor Burke.

Lawson hätte niemals der Mann sein können, der er war, wenn er nicht in der Lage gewesen wäre, seinen eigenen Rat zu halten und Angriffe abzuwehren.

„Warum glauben Sie, dass ich etwas mit ihr gemacht habe?" er hat gefragt.

„Nichts davon, Burke Lawson", warnte Jim. „Ich war dein Freund, aber ich schwöre, ich werde dich den Hunden hinterherwerfen , genauso wenig Gefühl , wie ich es tun würde, wenn du ein Stück totes Fleisch wärst – wenn du es wärst hat diesem kleinen Mädchen geschadet."

„Nun, ich habe ihr nichts getan, Jim. Und jetzt legen wir uns hin und besprechen es. Ich möchte – sie nach Hause bringen; Ich möchte ein anständiges Leben führen Yo' -alles. Jim, schieß nicht, bis du schießt , und stell sicher, dass du schießt ."

So zur Vernunft gebracht, setzte sich Jim hin, teilte sein Essen mit seinem wiedereingestellten Freund und erzählte ihm den Klatsch der Berge. Lawson aß, weil er fast verhungert war und wusste, dass ihm schwere Arbeit bevorstand; Er hörte zu, weil er jede mögliche Führung brauchte, und er schützte den Namen und Ruf von Nella-Rose mit dem großartigen Mut, der sein junges Herz und seinen jungen Verstand erfüllte. Und dann machte er sich mit diesen Worten auf die Suche:

„So wie Gawd A'mighty mich hört, Jim White, werde ich diese kleine Nella-Rose nach Hause holen und von nun an wie ein Mann leben. Wische meine Sünden ab , Jim; Mach einen Platz für mich, alter Mann, und ich werde es nie beschämen – oder Gott vernichtet mich!"

White ergriff die starke junge Hand und spürte, wie seine Augen trüb wurden.

„ Dein Platz ist hier, Burke", sagte er, und dann machte sich Lawson auf den Weg.

Eine halbe Stunde später traf er auf Marg. Burke hatte eine ziemlich klare Vorstellung davon, was geschehen war. Da er nichts von Truedale gehört hatte , kannte er ihn so wenig, als ob Truedale nie existiert hätte. Jed war also der einzige Mann, der für schuldig befunden wurde. Jed hatte Nella-Rose aus Leidenschaft und Rache Unrecht getan und danach, wie der Schleicher und Feigling, der er war, versucht, seine eigene Sicherheit zu gewährleisten, indem er Marg heiratete. Aber was hatten sie mit Nella-Rose gemacht? Laut White war sie in der Nacht verschwunden, in der Jed in der Höhle gefesselt worden war. Nun, Jed muss gestehen und bezahlen! – zahlen bis zum Äußersten. Aber zwischen ihm und Jed Marg stand jetzt!

"Du!" rief Marg. "Du! Was meinst du damit, für uns alle dreist zu sein?"

"Geh mir aus dem Weg!" befahl Burke: „Wo ist Jed?"

„Was geht dich das an?"

„Das wirst du noch früh genug erfahren. Lass mich vorbei."

Aber Marg blieb standhaft und Lawson wartete. Der Ausdruck in seinen Augen beeindruckte Marg, aber seine Anwesenheit machte sie wütend.

„Was habt ihr alle mit Nella-Rose gemacht?" fragte Lawson.

„Du solltest es besser herausfinden! Du hast es lange genug verlassen."

„ Was ist sie, sage ich? Und ich sage dir jetzt, Marg – jeder, der diesem kleinen Mädchen Unrecht getan hat, wird mir Rechenschaft ablegen. Was ist sie?"

„Sie – sie und ihr Kind sind Lois Ann gewachsen. Sie waren den ganzen Winter über versteckt . Niemand außer mir weiß es; Du hast Zeit, es wiedergutzumachen – bevor – bevor Vater und Jed dich kriegen ."

Lawson empfand das wie einen Schlag zwischen die Augen. Er konnte nicht sprechen – einen Moment lang konnte er nicht denken; Dann brannte ein grelles Feuer der Überzeugung in seine Seele.

"Das war's!" murmelte er und kam so nah an Marg heran, dass sie ängstlich zurückschreckte. "Das war's! Ihr alle habt das kleine Mädchen verdammt und beinahe getötet – und sie dann dem Teufel zugeworfen! Du hast die

Überreste mitgenommen – du! ' Ursache Du konntest nichts anderes bekommen. „Yo ' und Jed" (hier lachte Lawson ein furchtloses, furchteinflößendes Lachen), „ Yo ' und Jed sind ehrenhaft verheiratet, ihr zwei, und sie – kleine Nella-Rose – ist gegangen, um –" Emotionen erstickten Lawson; Dann fuhr er fort: „Er – er hat ihr Unrecht getan – dem Unmenschen, und du hast ihn dazu gebracht – um ihn und dich selbst zu retten, du –!" Und sie? – warum, sie ist das einzige Heilige in den Hügeln; Ihr könnt sie nicht verdammen – ihr zwei!"

„In aller Liebe, Gawd!" flehte Marg, „Halt deine Zunge still und halte dich von uns fern!" Wir haben ihr kein Unrecht getan; Jeder , sogar Jed, denkt, dass sie bei dir ist. Miss Lois Ann hat sie versteckt – ich wusste es erst vor einer Woche. Mir wird es keiner Menschenseele gesagt!"

Ein Ausdruck der Verachtung wuchs auf Burkes Gesicht und verhärtete sich dort. Er dachte schnell und verzweifelt nach. Auf eine vage Weise wurde ihm klar, dass er die Zügel in seinen Händen hielt; Seine einzige Sorge bestand darin, zu wissen, wohin er fahren sollte. Vor allem aber – zutiefst wahr und spirituell – waren seine Liebe und sein Mitleid für Nella-Rose.

Sie alle hatten sie verraten und im Stich gelassen. Daran zweifelte Lawson keinen Augenblick. Ihre Feigheit und Doppelzüngigkeit überraschten ihn weder, noch schreckten sie ihn ein; Aber sein Stolz – sein Überlegenheitsgefühl – forderte ihn auf, innezuhalten und nachzudenken, bevor er sich auf den Weg machte. Schließlich sagte er:

„ Ihr seid also alle auf ihre Sicherheit angewiesen!" Nimm es – und sei verdammt! Sie war bei mir – folgst du mir ? Sie ist mit mir zusammen, rechtmäßig verheiratet und glücklich – glücklich! Von jetzt an werde ich mich um die Taten der kleinen Nella-Rose kümmern, und das erste Flüstern eines Mannes oder einer Frau gegen sie wird gegen mich gerichtet sein – und Gott weiß, dass man mir dann nicht die Schuld für das geben wird, was ich tue! Sag es deinem Stinktier", Lawson blickte die verängstigte Marg wütend an, „ich bin stark genug, ihn mit dem Teufel zu überbieten, aber von nun an sollen er und du – pass gut auf dich auf, Marg Greyson – er und du werden unsere Liebsten sein." Bruder und Schwester. Sehen?"

Mit einem wilden Lachen ging Burke in den Wald.

KAPITEL XIV

Zweieinhalb Jahre nach William Truedales Tod fanden sich Dinge, die dem alten Herrn gefallen hätten. Oft sehnte sich Lynda Kendall, die neben dem langen, niedrigen, leeren Stuhl saß, danach, ihrer alten Freundin alles darüber zu erzählen. Seltsamerweise war die Zurückgezogenheit im Leben im Tod sehr vital geworden. Er hatte in seiner stillen, einsamen Distanziertheit sogar Besseres geleistet, als er wusste. Seine Wohltätigkeitsorganisationen, die von den erniedrigenden Elementen vieler ähnlicher Projekte befreit waren, wurden reibungslos weitergeführt. Dr. McPherson war unter seiner Härte ein Idealist und fast ein Sentimentalist; Vor allem aber war er ein Mann, der Respekt einflößte und Gehorsam forderte. Kein Krankenhaus, mit dem er zu tun hatte, war nicht von seiner Persönlichkeit geprägt. Vernachlässigung und Gleichgültigkeit waren für Praktikanten und Krankenschwestern fatale Eigenschaften.

„Geben Sie den Jugendlichen genügend Schlaf, Essen und Entspannung", sagte er zu den Vorgesetzten, „aber danach erwarten und bekommen Sie einen treuen, gewissenhaften Dienst mit so viel Menschlichkeit wie möglich."

Das Sanatorium für Fälle wie den von William Truedale erregte bereits große Aufmerksamkeit. Die besten Männer, die es zu gewinnen gab, gehörten zum Stab; speziell ausgebildete Krankenschwestern wurden ausgewählt; und Lynda hatte ihr Bestes und ihre ganze Energie in die Einrichtung der kleinen Zimmer und geräumigen Krankenzimmer gesteckt.

Conning hatte sich an die an ihn gestellten Anforderungen gewöhnt, war endlich zuverlässig und erkannte in jedem Leidenden den Vertreter des Onkels, den er nie verstanden hatte; den er vernachlässigt hatte und den er zu spät zu respektieren gelernt hatte. Er schämte sich fast, zu gestehen, wie sehr er sich für das Sanatorium interessierte. Conning erinnerte sich manchmal an die Einsamkeit und Erschöpfung von William Truedales Tagen – er stellte sich die traurige Nacht vor, als er, wie Lynda es ausdrückte, selbst die Tür geöffnet hatte, um sich zu erholen und zu hoffen – und versuchte, anderen den Weg zu ebnen und so die Stunden des Wartens zu füllen Es blieb weniger Gelegenheit für melancholische Gedanken. Er führte Vergnügungen und Freizeitbeschäftigungen im Krankenhaus ein, teilte sie oft selbst mit und kümmerte sich weiterhin um die anderen Angelegenheiten, die William Truedales Angelegenheiten betrafen.

Die Männer, die dazu bestimmt waren, diese Interessen zu leiten und zu kontrollieren, überließen schließlich die Zügel in die Hände, die sie unbedingt ergreifen wollten, und in der endlosen Arbeit und im Gefühl der Nützlichkeit lernte Conning, Inhalt und vergleichsweisen Frieden kennenzulernen. Er begann, sein jetziges Leben als eine Art verspätete Wiedergutmachung zu betrachten. Er war nicht deprimiert; Mit überraschender Anpassungsfähigkeit akzeptierte er das Unvermeidliche, und während er seine Vergangenheit im persönlichen Sinne für private Stunden reservierte, gelang es ihm, eine Philosophie und Fröhlichkeit zu entwickeln, die ihn gut auf dem Lauf der Dinge trugen.

Eines Abends, fast drei Jahre nach seinem Besuch in Pine Cone, war es für ihn ein Schock, als er Lynda Kendall ansah, als hätte er sie noch nie zuvor gesehen.

Sie ging mit Brace aus und trug Abendkleidung. Truedale hatte sie noch nie so gekleidet gesehen, und er erkannte, dass sie äußerst gutaussehend war und – noch mehr. Sie näherte sich ihm und zog ihre langen, lockeren weißen Handschuhe an.

„Ich kann es nicht ertragen, dich allein zu lassen!" sagte sie und blickte ihn an.

„Sehen Sie, John Morrell zeigt uns heute Abend seine brandneue Frau – und ich konnte nicht widerstehen; aber ich werde versuchen, mich früh zu lösen."

„Sie sind gespannt – Mrs. Morrell?" fragte Truedale und erinnerte sich plötzlich an die Beziehung, die Lynda einst zu Morrell gehabt hatte. Er hatte schon seit vielen Tagen nicht mehr daran gedacht.

"Sehr. Sie sehen, ich hoffe, mit ihr gut befreundet zu sein. Ich will-"

„Was, Lynda?"

„Nun, um ihr zu helfen, es zu verstehen – John."

„Lass mich deinen Handschuh zuknöpfen, Lyn" – denn Truedale sah, dass ihre Hände zitterten, obwohl ihre Augen friedlich und glücklich waren. Und dann, als die lange, schlanke Hand in seiner ruhte, fragte er:

„Und du – hast es nie bereut, Lyn?"

„Bereut? Bedauert eine Frau, wenn sie vor einem Fehler bewahrt wurde und ebenfalls ungeschoren davonkommt?"

Sie sahen sich einen Moment lang an, dann zog Lynda ihre Hand weg.

„Danke, Con, und vermisse uns bitte ein wenig, aber nicht zu sehr. Was wirst du tun, um die Zeit bis zu unserer Rückkehr zu vertreiben?"

„Ich denke" – Truedale richtete sich abrupt auf – „ Ich denke, ich gehe unter den Dachvorsprung und raus – das alte Stück!"

"Oh! wie herrlich! Und du wirst – lass es mich hören – eines Tages , bald?"

"Ja. Das Geschäft läuft jetzt einfacher. Ich kann daran denken, ohne bessere Dinge zu vernachlässigen. Gute Nacht, Lyn. Stecken Sie Ihren Mantel dicht ein, die Nacht ist schlimm."

Und dann, allein in dem warmen, hellen Raum, hatte Truedale das deutliche Gefühl, dass Lynda etwas außer sich selbst mitgenommen hatte. Sie hatte das Zimmer schrecklich einsam verlassen; Es wurde unerträglich, dort zu bleiben, und wie ein Junge rannte Conning in den kleinen Raum neben dem Dach.

Er holte das alte Stück heraus – er hatte es nicht mehr ausgepackt, seit er aus Pine Cone kam! Er legte es vor sich hin und war von Anfang an in die Lektüre vertieft. Es war nach elf, als er seine müden Augen von den Seiten hob und sich in seinem Stuhl zurücklehnte.

„Ich bin wie – alles Männer!" er murmelte. „Alles Männer – und ich dachte, die Dinge wären bei mir tiefer gegangen."

Er erkannte, dass sowohl das Stück als auch der subtile Einfluss, den Nella-Rose auf ihn gehabt hatte, ihren gewaltigen Einfluss verloren hatten. Er konnte über die Vergangenheit nachdenken, ohne das widerliche Gefühl von Unrecht und Schock, das ihn einst überwältigt hatte. Als er die volle Bedeutung all dessen erkannte, was er in der Vergangenheit erlebt hatte, dachte er an Lynda, wie sie vor ein paar Stunden ausgesehen hatte. Er ärgerte sich darüber, dass die Vergangenheit immer noch einen geringeren Einfluss auf ihn hatte – er wollte sie loswerden. Nicht mit Bitterkeit – nicht mit Verachtung –, aber er argumentierte, warum sollte sein Leben immer von einem Fehler überschattet werden, so grausam und unverzeihlich er auch war, wenn sie, diese kleine unwissende Partnerin im Unrecht, ihren Weg gegangen war und es inzwischen zweifellos getan hatte ihn für immer aus ihrem Gedächtnis verbannen?

Wie wenig hatte es für sie gespielt, armes Kind. Sie war von ihrer seltsamen Fantasie und plötzlich erwachten Leidenschaft verraten worden; Sie war ihm blindlings gefolgt, wohin er sie geführt hatte, aber als die Katastrophe jemanden bedroht hatte, der Teil ihres früheren Lebens gewesen war und mit allem vertraut war, was für sie wirklich war, wie schnell war der ungezähmte Instinkt zu seinem eigenen zurückgekehrt!

Und er – Truedale tröstete sich – er war zu *den Seinen* zurückgekehrt, und die Seinen hatten Anspruch auf ihn erhoben. Warum sollte er nicht seine zweite Chance bekommen? Er wollte Liebe – keine Freundschaft; er wollte – Lynda! Alles andere verblasste und Lynda, die neue Lynda – Lynda mit den Haaren, die gelernt hatten, sich zu kräuseln, das Mädchen mit den hübschen weißen Schultern und den süßen, freundlichen Augen – stand flehend nahe in dem schäbigen alten Zimmer und verlangte Anerkennung. „Sie denkt", und hier bedeckte Truedale seine Augen, „dass ich – so wie ich war, als ich mein Leben begann – hier bin!“ Was würde sie sagen – wenn sie es wüsste? Sie, Gott segne sie, ist nicht wie die anderen. Treu, rein, sie konnte die *Wahrheit* nicht vergeben !“

Truedale , der so an Lynda Kendall dachte, gab in seinem besten Selbst zu, dass er sie ehren und verehren konnte, weil die Frau, die jetzt sein Leben erfüllte, an ihren hohen Idealen festhielt – sie niemals aufgeben würde. Wenn sie wie er sich ändern und selbstsüchtig das akzeptieren könnte, was sie an einem anderen verachten würde, wäre sie nicht das großartige Geschöpf, das sie war. Und doch – ohne Überheblichkeit oder Eitelkeit – glaubte Truedale , dass Lynda für ihn empfand, was er für sie empfand.

Sie zweifelte nie daran, dass er ihr eine unbefleckte Vergangenheit schenken konnte, und öffnete ihm sanft und in bester Frauenmanier ihr Herz. Sie wusste , dass er wenig zu bieten hatte, und dennoch – und doch – war sie bereit! Truedale wusste, dass dies wahr war. Und dann beschloss er, dass er Lynda auch heute noch von der Vergangenheit erzählen musste. Ihr zuliebe wagte er keine weitere Verheimlichung. Sobald sie verstanden hatte – sobald sie sich von ihrer Überraschung und ihrem Schock erholt hatte –, würde sie seine Freundin sein, davon war er überzeugt; aber tiefergehende persönliche Interessen blieben ihr erspart. Es war Lyndas großartige Standhaftigkeit, die Truedale nun gefiel . Als seine eigene Zeit des Wahnsinns vorüber war, betrachtete er die ruhige Gelassenheit ihres Charakters mit tiefster Bewunderung.

„Das Beste, auf das ein Mann hoffen kann“, gab er zu und wandte, wie er dachte, seiner Sehnsucht den Rücken zu , „ jeder Mann, der sich wie ich zum Narren gehalten hat, ist die mitfühlende Freundschaft einer guten Frau.“ Welches Recht hat ein Mann, von dem abzuweichen, von dem er weiß, dass eine Frau das Wichtigste ist, und dann von ihr zu erwarten, dass sie ihre Ideale so ändert, dass sie seinem Muster entsprechen?“

Truedale zu dieser Schlussfolgerung gelangte, hüllte er die Fetzen seines Selbstwertgefühls in sich zusammen und akzeptierte, so gut er konnte, die Aussicht auf Lyndas Anpassung an die Zukunft.

Brace und Lynda kamen an diesem Abend nicht rechtzeitig zurück, um Truedale zu sehen . Mit zwölf Jahren legte er mit einem resignierten Seufzer sein Stück weg und ging in seine einsamen Zimmer in der hohen Wohnung weiter oben in der Stadt. Sein Hund erwartete ihn mit dem vorwurfsvollen Blick in seinen treuen Augen, der Truedale daran erinnerte , dass das arme Tier seit vierundzwanzig Stunden keinen Ausflug mehr gehabt hatte.

„Komm schon, alter Kerl“, sagte er, „besser spät als nie“, und die beiden gingen auf die Straße. Sie gingen eine Stunde lang ruhig. Der Hund sehnte sich danach, herumzutollen; er war jung genug, um sich mit Leichtigkeit im Freien aufzuhalten; Aber da er sowohl ein Freund als auch ein Hund war, hatte er das Gefühl, dass dies eher eine Zeit für enge Kameradschaft sei, also tapste er seinem Herrn auf den Fersen und drückte ab und zu seine kalte Nase in die schlaffe Hand, die an Truedales Seite schwang. "Gott sei Dank!" dachte Conning und tätschelte den glatten Kopf: „Ich kann dich ohne – Geständnis behalten!“

Drei Tage und Nächte blieb Truedale der alten Heimat fern. Das Geschäftliche war sein Vorwand – er bot es in Form eines Zettels und eines Straußes Veilchen an. Am zweiten Tag rief Lynda an und fragte ihn, ob es ihm gut gehe. Der Tonfall ihrer Stimme veranlasste ihn, sie sofort zu sehen.

„Darf ich heute Abend zum Abendessen kommen, Lyn?“ er hat gefragt.

„Tut mir leid, Con, aber ich muss mit ein paar Leuten essen, die ein scheußliches Haus gekauft haben und wollen, dass ich sie aus der Klemme befreie, indem ich das Innere renoviere . Sie sind furchtbar reich und unmöglich – das ist eine Art Pflicht gegenüber der Öffentlichkeit, wissen Sie.“

„Dann morgen, Lyn?“

„Ja, tatsächlich. Nur Brace wird mit den Morrells speisen; Übrigens, sie ist eine liebe Con.“

Die nächste Nacht war furchtbar stürmisch – einer dieser Frühlingsstürme, die alles vor ihnen hinwegfegen. Die Blasen tanzten auf dem Bürgersteig, die Dachrinnen strömten über Wasser, und Fragmente von Regenschirmen und Kleidungsstücken schwammen unpassend auf der Flut.

Conning kämpfte gegen den Wind und machte sich auf den Weg zu Lynda. Als er sich dem Haus näherte, schien der Schein der Fenster ihn zu treffen und ihn willkommen zu heißen.

„Irgendwo werde ich sparen“, sagte Lynda oft, „aber wenn es dunkel wird , werde ich immer mein Bestes geben, um die Oberhand zu gewinnen.“

Nur für einen leeren Moment hatte Truedale einen widerlichen Gedanken: „Angenommen, dieser Empfang würde ihn nach dieser Nacht nie wieder begrüßen?“ Dann lachte er spöttisch. Lynda hatte vielleicht ihre Ideale, ihre ewigen Vorbehalte, aber sie hatte auch ihre überragende Treue. Nachdem sie *alles gewusst hatte* , würde sie immer noch seine Freundin sein.

Als er die Bibliothek betrat, saß Lynda vor dem Feuer und strickte einen langen Streifen bunter Wolle. Conning hatte sie noch nie so beschäftigt gesehen, und das verwirrte ihn; Es war, als würde man sie sehen – nun ja, sie rauchte, wie einige ihrer Freunde es taten! Daran ist nichts auszusetzen – aber unharmonisch.

„Was machst du, Lyn?" fragte er, nahm die Ottomane und trat näher an sie heran.

„Es – es ist nichts, Con. Niemand will solchen Müll. Es erfüllt seine Aufgabe, wenn es entwirrt und gestrickt und dann wieder entwirrt wird . Sie wissen, was Stevenson sagt: „Ich reise um des Reisens willen; „Die große Sache ist, umzuziehen." Ich stricke um des Strickens willen; Es hält meine Hände beschäftigt, während meine – meine Seele sich sonnt."

Sie blickte lächelnd auf und Truedale sah, dass sie sich unwohl fühlte. Es war das Einzige, was ihn verunsicherte. Wäre sie ihr altes, eigenständiges Ich gewesen, hätte er sich darauf verlassen können, dass sie ihren Teil trägt, während er seine Seele lindert, indem er ihre belastet. Aber jetzt fing er in ihr die betörende Zärtlichkeit ein, die im alten William Truedale immer den Versuch geweckt hatte, sie vor sich selbst zu retten – vor den Sorgen, die andere ihr auferlegten.

Anstatt sich in sein Geständnis zu stürzen, blickte Conning sie auf eine so beschützende, sehnsüchtige Art an, dass Lyndas Augen sich senkten und sich langsam die sanfte Farbe in ihre Wangen schlich.

In der Stille, die keiner zu durchbrechen wusste, bemerkte Truedale das Kleid, das Lynda trug. Es war blau und klebrig. Das Weiß ihrer schlanken Arme schimmerte durch die losen Ärmel; Der runde Hals war in seiner herabhängenden Kurve nackt und mädchenhaft.

Einen verrückten Moment lang versuchte Truedale , sein Gewissen zu unterdrücken. Warum sollte er nicht die Liebe und das Glück haben, die ihm nahe lagen? Worin unterschied er sich von der Mehrheit der Männer? Dann dachte er – wie schon andere vor ihm –, dass die Urimpulse nicht geleugnet werden sollten, da die Rasse erhalten bleiben müsse. Sie haben alles überlebt; sie sammelten sich vor Schock – sogar vor dem Tod; sie blieben bis zur Ausrottung bestehen; Und hier war diese süße Frau mit all ihrer anmutigen Lieblichkeit in seiner Nähe. Er liebte sie! Ja, so seltsam es ihm schon damals vorkam, Truedale gab zu, dass er sie mit einer Liebe liebte, die ganz anders als die Liebe war, die in den einsamen Wäldern zu unsanft erwacht war, als er sie noch nicht verstehen konnte.

Dann erreichte der Sturm draußen sein Bewusstsein und weckte Erinnerungen, die ihn schmerzten und stach.

Nein. Er war nicht wie viele andere Männer, die immer wieder Entschuldigungen finden konnten. Die Aufrichtigkeit der Vergangenheit und der Zukunft muss sich jetzt, in dieser pulsierenden, lebenswichtigen

Gegenwart, beweisen. Nur so konnte er sich und seinen Glauben an das Gute rechtfertigen. Er muss der Frau an seiner Seite sein Herz und seine Seele öffnen. Es gab keine andere Alternative.

Aber zuerst aßen sie gemeinsam auf der anderen Seite des Flurs. Truedale notierte sich jedes besondere Gericht – die Mahlzeit bestand aus seinen Lieblingsspeisen . Die Vertrautheit, Lynda gegenüber zu sitzen, und das lächelnde Vergnügen des alten Thomas, der sie bediente, lockten ihn erneut von seinem strengen Pflichtgefühl ab.

Warum? Warum? flehte seine Sehnsucht. Warum sollte er sein eigenes zukünftiges Glück und das dieser süßen, unschuldigen Frau aus einer Laune – so versuchte er es zu nennen – des Gewissens zerstören? Ja, es gab Männer, Tausende von ihnen, die ihn mit einem härteren Namen beschimpfen würden, als ihm lieb war, wenn er einen solchen Weg einschlagen würde; und doch – dann blickte Truedale zu Lynda hinüber.

„Eine Frau sollte eine klare Vision und Wahl haben", befahl seine Vernunft, und seine Liebe stimmte dem zu.

Doch allein mit Lynda, später in der Bibliothek, flammte der Konflikt erneut auf. Noch nie war sie so süß und freundlich gewesen. Der Sturm schlug gegen das Haus und anstatt einzugreifen, schien er sie eng und – zusammenzuhalten. Es weckte in Truedale keine Erinnerungen mehr, die schmerzten. Es war wie ein altbekannter Führer, der seine Gedanken auf heilige und glückliche Wege führte. Dann plötzlich sagte er aus einem Bewusstsein, das weder Zweifel noch Angst kannte:

„Du und ich, Lyn, hatten doch nie Angst vor der Wahrheit, oder?"

"Niemals."

Sie strickte wieder – fieberhaft und verzweifelt.

„Lyn – ich möchte dir alles darüber erzählen! Über etwas, das Sie wissen müssen."

Jetzt rollte Lynda ganz leise ihre Arbeit zusammen und warf sie mit den Nadeln und allem auf die glühenden Holzscheite. Sie war für immer mit den Täuschungen fertig und sie wusste es. Die Wolle kräuselte sich, wurde schwarz und verströmte einen verbrannten Geruch, bevor die roten Kohlen sie verdrängten. Dann mit geradem, erhobenem Blick:

„Ich bin bereit, Con."

„Kurz bevor ich zusammenbrach und wegging, sagte mir Brace einmal, dass mein Leben keinen Hintergrund und keine Farbe habe . Lynda, ich möchte über diesen Hintergrund sprechen, von dem du nichts weißt." Er wartete einen Moment und fuhr dann fort:

„Ich ging weg – an den einsamsten, schönsten Ort, den ich je gesehen hatte. Eine Zeit lang schien es niemanden auf der Welt zu geben außer dem Mann, mit dem ich zusammenlebte, und mir. Er mochte mich und vertraute mir – ich habe sein Vertrauen missbraucht!"

Lynda hielt den Atem an und stieß einen kleinen Ausruf des Widerspruchs und der Verwunderung aus.

„Du – hast ihn verraten, Con! Ich kann das nicht glauben. Mach weiter."

"Ja. Ich habe sein Vertrauen missbraucht. Er verließ mich und ging in die tiefen Wälder, um zu jagen. Er hat mir alles anvertraut – alles. Er war fast drei Wochen weg. Niemand wusste von meiner Existenz. So sind sie da unten. Wenn Sie ein Außenseiter sind, spielen Sie keine Rolle. Ich war im Dunkeln angekommen; Ich wurde zu einem bestimmten Zweck geschickt; Das war alles, was zählte. Ich begann und endete mit dem Mann, der mein Gastgeber war und dem gesagt worden war, er solle mich geheim halten." Truedale umklammerte die Armlehnen seines Stuhls und seine Worte wurden von scharfen Pausen unterbrochen.

„Und dann, in diese Einsamkeit, kam ein junges Mädchen. Denken Sie daran, sie wusste nichts von meiner Existenz. Wir haben einander wie Wesen in einer neuen Welt entdeckt. Es gibt keine Worte, um sie zu beschreiben – ich kann es nicht einmal versuchen, Lynda. Ich habe ihr Leben ruiniert. Das ist alles!"

Die nackte, erdrückende Wahrheit war ans Licht gekommen. Für einen Moment schien sich der Mann, den Lynda Kendall kannte und liebte, hinter diesem Monster zu verstecken, das das Geständnis hervorgerufen hatte. Eine geringere Frau wäre vor Angst zurückgeschreckt, aber nicht Lynda.

"NEIN. Das ist noch nicht alles", flüsterte sie heiser und streckte ihre Hände aus, als schob sie etwas Greifbares beiseite, bis sie Conning erreichen konnte. „Ich verlange den Rest."

„Was ist wichtig?" Truedale sprach bitter. „Wenn ich erzähle, wie und warum, kann das dann etwas an der … Tatsache ändern? Oh! Ich hatte stundenlang zu erklären, zu rechtfertigen und zu beschönigen; Aber ich bin endlich an dem Punkt angelangt, an dem ich mich selbst so sehe, wie ich bin, und ich werde nie wieder darüber streiten."

„Con, du hast mir den Mann gezeigt, wie ein Mann ihn sehen könnte; Ich muss – ich muss ihn als Frau haben – als seinen Gott – muss ihn sehen!"

„Und Sie halten es für möglich, dass ich das gewähren kann? Du – du, Lynda, möchtest du, dass ich mich für das, was ich getan habe, verteidige?"

"NEIN. Aber ich möchte, dass Sie so viel Licht wie möglich darauf werfen. Ich möchte es selbst sehen. Ich werde das abscheuliche Skelett, das du vor mir aufgehängt hast, nicht akzeptieren. Con, ich habe in meinem Leben nie wirklich nur fünf Männer gekannt; Aber Frauen – Frauen begleiten mich seitdem tief in meinem Herzen – ich habe meine Mutter kennengelernt! Nicht nur für dich selbst, sondern auch für das Mädchen, das in deine Einsamkeit abgedriftet ist, verlange ich Licht – alles, was du mir geben kannst!"

Und nun atmete Truedale schwer und seine Gesichtsmuskeln zuckten. Er war im Begriff, das Unergründliche, das Heilige seines Lebens offenzulegen, aus Angst, dass selbst die Frau in seiner Nähe nicht gerecht sein könnte. Er hatte sein eigenes Schicksal akzeptiert, dachte er; er wollte nicht jammern oder sich beschweren, aber wie sollte er sein Leben leben, wenn Lynda nicht seiner Meinung war – was Nella-Rose betraf?

„Wirst du – kannst du – tun, was ich verlange, Con?"

„Ja – in einer Minute."

„Du – hast sie geliebt? Sie hat dich geliebt – Con?" Lynda bemühte sich, den Weg zu ebnen, nicht so sehr für Truedale , sondern für sich selbst.

"Ja! Ich fand sie eines Tages in meiner Hütte, als ich von einer langen Wanderung zurückkam. Sie hatte sich in meinen Bademantel und den alten Fez geschmückt. Da sie nichts über mich wusste, hatte sie schreckliche Angst, als ich sie traf. Zuerst schien sie nichts weiter als ein Kind zu sein – sie eroberte mich im Sturm. Wir trafen uns später im Wald. Ich las ihr vor, unterrichtete sie, spielte mit ihr – ich, der noch nie in meinem Leben gespielt hatte. Dann wurde sie plötzlich eine Frau! Sie kannte kein Gesetz außer ihrem eigenen; Sie war voller Mut und Kühnheit und missachtete auf großartige Weise Konventionen, wie wir sie alle kennen. Für sie existierten sie einfach nicht. Ich – ich war bereit und bestrebt, meine zukünftigen Hoffnungen auf Glück mit ihr zu verbinden – Gott weiß, dass ich das aufrichtig meinte!

„Dann kam eine Sturmnacht wie diese. Können Sie sich das in den schwarzen Wäldern vorstellen, wo kleine Bäche im Handumdrehen zu Flüssen werden, die alles vor sich hertragen, während sie tosend die Berghänge hinabstürzen? Es drohten Gefahren aller Art und mitten in diesem Sturm geschah etwas, das mich beunruhigte! Ich hatte Nella-Rose – so hieß sie – früher am Tag weggeschickt. Ich konnte mir selbst nicht vertrauen. Aber sie kam zurück, um mich zu warnen. Es bedeutete, alles zu riskieren, denn ihre Leute waren in dieser Nacht im Ausland, um hässliche Geschäfte zu machen; Sie musste sie verraten, um mich zu retten. Sie in die Irre geführt zu haben, hätte den Tod oder Schlimmeres bedeutet. Sie blieb fast eine Woche bei mir – sie und ich, allein in dieser Hütte und abgeschnitten von der Welt – sie und ich! Ich konnte mich nur auf mich selbst verlassen – und, Lynda, ich habe wieder einmal versagt!"

„Aber, Con – du hattest vor – sie zu heiraten; Das hast du so gemeint – von Anfang an?" Lynda hatte sich selbst vergessen, ihr Leiden. Sie kämpfte darum, etwas Kostbareres als ihre Liebe zu retten; Sie hielt an ihrem Glauben an Truedale fest.

"Guter Gott! Ja. Es war das Einzige, was ich wollte – das Einzige, was ich plante. In meinem Wahnsinn schien es keine große Rolle zu spielen, außer als Schutz für sie – aber ich hatte keinen anderen Gedanken oder eine andere Absicht. Wir wollten zu einem Pfarrer gehen, sobald der Sturm uns freiließ. Dann kam das Telegramm über Onkel William, und der Pfarrer kam während des Sturms ums Leben. Lynda, ich wollte Nella-Rose so zu dir bringen, wie sie war, aber sie wollte nicht kommen. Ich hinterließ meine Adresse und sagte ihr, sie solle mich holen, wenn sie mich brauchte – ich hatte sowieso vor, so schnell wie möglich zurückzukehren. Ich hätte ihr alles hinterlassen. Sie hat nie nach mir geschickt – und am selben Tag, als ich ging – sie –"

„Was, Con? Ich muss alles wissen."

„Lynda, vor Gott glaube ich, dass irgendetwas das Kind dazu getrieben hat; du darfst – du sollst sie nicht verurteilen. Aber sie ging noch am selben Abend, als ich ging, zu einem Mann – einem Mann aus den Bergen –, der sie sein ganzes Leben lang geliebt hatte. Er war in Gefahr; Er ist geflohen und hat sie mitgenommen!"

„Ich – ich glaube es *nicht*!" Die Worte erklangen scharf und trotzig. Die Frau war für die Frau in Waffen. Truedale wurde jetzt mit der Loyalität konfrontiert, die nur wenige Männer zugeben. Es schien die Dunkelheit um ihn herum zu verherrlichen. Er hatte keine Angst mehr um Nella-Rose und senkte den Kopf vor Lyndas leuchtenden Augen.

"Gott schütze dich!" Er flüsterte: „Aber oh! Lyn, ich bin zurückgegangen, um sicherzugehen. Ich hatte die Wahrheit von ihrem eigenen Vater. Und trotz allem – in meiner Erinnerung steht sie bis zum heutigen Tag unschuldig an dem ungeheuerlichen Unrecht, das sie scheinbar begangen hat; und so wird sie immer stehen.

„Seitdem, Lynda, habe ich ein neues Stück Leben gelebt; Die Vergangenheit liegt da hinten und sie ist tot, tot. Ich hätte dir das nicht gesagt, wenn es nicht eine großartige und gewaltige Sache gegeben hätte. Sie werden das nicht verstehen; Keine Frau konnte es. Ein Mann könnte es, eine Frau jedoch nicht.

„So wie ich einst – auf andere Weise – dieses Kind der Berge liebte, liebe ich dich, die einzige Frau mit der klareren Vision meines Mannesalters. Wegen dieser Liebe musste ich sprechen.“

Truedale blickte auf und begegnete den Augen, die seine Seele durchsuchten.

„Ich glaube dir“, stockte Lynda. „Ich verstehe es nicht, aber ich glaube dir. Geh jetzt weg, Con, möchte ich nachdenken.“

Er stand sofort auf und beugte sich über sie. „Gott segne dich, Lyn“, war alles, was er sagte.

Kapitel XV

Zwei Tage, dann vergingen drei. Lynda versuchte, nach Truedale zu schicken – sie versuchte zu glauben, dass sie endlich klar sah, aber nachdem sie entschieden hatte, dass sie bereit war, geriet sie wieder in Zweifel und stürzte sich in einen neuen Kampf.

Sie vernachlässigte ihre Arbeit und wurde blass und lustlos. Brace war besorgt und verwirrt. Er hatte seine Schwester noch nie in ähnlicher Stimmung gesehen und da er Conning im Haus vermisste, zog er schließlich seine eigenen Schlussfolgerungen.

Eines Tages, fast eine Woche nach Truedales Anruf, traf Brace seine Schwester in der Werkstatt über der Verlängerung. Sie saß auf dem Fensterbrett und blickte in den alten Garten, in dem ein Magnolienbaum in voller Blüte stand.

„ Heigho , Junge!" sagte sie und begrüßte ihn mit ihren Augen. „Ich habe gerade entdeckt, dass der Frühling da ist. Ich war schon immer darauf vorbereitet. Dieses Jahr hat es mich überrascht."

Brace näherte sich ihr und legte seine Hände auf ihre Schultern.

„Was ist los, Mädchen?" fragte er auf seine schnelle, unverblümte Art.

Lynda traten die Tränen in die Augen, aber sie schreckte nicht zurück.

„Bruder", sagte sie langsam, „ich – ich möchte Con heiraten und – ich traue mich nicht."

Kendall ließ sich auf den nächsten Stuhl fallen und starrte seine Schwester ausdruckslos an.

„Würde es Ihnen etwas ausmachen, etwas – nun ja, deutlicher zu sein?" er geriet ins Stocken.

„Ich werde dir einige Fragen stellen, Liebes. Wollen Sie mir die Wahrheit sagen?"

"Ich werde mein Bestes geben." Kendall fuhr sich mit der Hand durchs Haar; es schien die Spannung zu lindern.

„Brace, kann ein Mann wirklich viele Male lieben? Vielleicht nicht viele – aber zweimal – wirklich?"

"Ja, er kann!" Brace behauptete kühn. „Ich war selbst schon ein Dutzend Mal verliebt. Ich mache immer einen Kaffee-Urnen-Test – damit ist die Sache geklärt."

„Brace, ich meine es ernst. Mach keine Witze."

"Witz? Guter Gott! Ich sage dir, Lyn, ich meine es *ernst* – tödlicher, als du denkst. Wenn ein Mann dreihundertfünfundsechzig Mal im Jahr seine Liebe in der Fantasie hinter seine Kaffeekanne legt, findet er sich zurecht."

„Du bist nie erwachsen geworden, Brace, und ich fühle mich so alt – so alt wie deine beiden Großmütter. Ich meine nicht – Welpenliebe; Ich meine die Liebe, die tief in die Seele eines Mannes schneidet. Kann es zweimal schneiden?"

„Wenn das nicht möglich wäre, wäre das ein Abschied von der Zukunft des Rennens!" Und jetzt hatte Kendall das langweilige Wissen der Welt in seinen Augen.

„Eine Frau – das kann ich nicht verstehen, Lyn. Sie muss vertrauen, wenn sie liebt."

"Ja." Die universelle Sprache der Menschen kam Lynda wie eine seltsame Sprache vor. Hatte sie, fragte sie sich, ihr ganzes Leben lang wie eine Ausländerin gelebt und nur anhand von Zeichen verstanden? Und jetzt, wo sie nah dran war – sie stand vor einer Situation, die ihre Zukunft entscheidend beeinflusste – musste sie, wie andere Frauen auch, vertrauen, vertrauen?

„Aber was hat das alles mit Con zu tun?" Kendalls Stimme weckte Lynda scharf.

„Warum – alles", sagte sie auf ihre einfache, offene Art, „er – er bietet mir eine zweite Liebe an, Brace."

Für einen Moment dachte Kendall, seine Schwester würde auf Sarkasmus oder Frivolität zurückgreifen. Aber ein Blick auf ihr ernstes Gesicht und ihre schattenbedeckten Augen überzeugten ihn.

„Du bist kaum die Frau, der Abschaum angeboten werden sollte", sagte er langsam und dann: „Aber Con! Guter Gott!"

„Brace, jetzt spreche ich die Sprache der Frau, vielleicht verstehst du mich vielleicht nicht, aber ich weiß, dass Con mir keinen Abschaum anbietet – ich glaube nicht, dass er von Natur aus Abschaum hat; Er bietet mir die beste, wahrste Liebe seines Lebens. Ich weiß es! Ich weiß es! Die Liebe, die mir die größte Freude und sein bestes Wohl bringen würde und – doch ich habe Angst!"

Kendall ging hinüber und stellte sich wieder dicht neben seine Schwester.

"Du weißt, dass?" fragte er: „Und haben Sie immer noch Angst? Warum?"

Die klaren Augen blickten erbärmlich auf. „Weil Con es vielleicht nicht weiß und ich es vielleicht nicht schaffen kann, ihn wissen zu lassen – ihn dazu zu bringen – zu vergessen!"

Es herrschte einen Moment Stille. Kendall sollte den Magnolienbaum in seiner wunderschönen rosa Blüte nie vergessen; das Hängen seiner starken, feinen Schwester! Er erinnerte sich genau an die Nacht vor langer Zeit, als Truedale stöhnte und seine Briefe ins Feuer warf.

„Lyn, ich wage es kaum, das zu fragen, da ich dich kenne – du bist nicht der Typ, der selbstsüchtig oder idiotisch Kompromisse mit der Ehre eingeht – aber, Lyn, die – die andere Liebe war es nicht – etwas Böses?"

Tränen schossen Lynda in die Augen und sie warf ihre Arme um den Hals ihres Bruders und hielt ihn fest, flüsterte:

"NEIN! NEIN! Zumindest kann ich das verstehen. Es war die schönste und zärtlichste Tragödie. Das ist das Problem. Es war so wunderbar, dass ich fürchte, kein Mann kann die neue Liebe jemals ganz vergessen und annehmen, ohne zurückzublicken. Und oh! Brace, ich muss – mein eigenes! Männer können Frauen nicht immer verstehen, wenn sie das sagen. Sie denken, wenn wir sagen, wir wollen unser eigenes Leben, bedeutet das, dass wir ein Leben führen, das ihrem Leben zuwiderläuft. Das ist nicht so. Wir wollen, wir müssen wählen – aber die Besten von uns wollen ein gemeinsames Leben, das den Dingen am Herzen liegt; Wir wollen mit unseren Männern und auf ihrem Weg gehen. Unser und ihrer Weg sind *gleich* , wenn die Liebe groß genug ist."

„Lyn – es gibt keinen Mann auf Gottes Erde, der deiner würdig wäre!"

„Brace, sieh mich an – antworte wahr. Bin ich so, dass ein Mann mich wirklich wollen könnte?"

Er sah sie lange an. Tapfer versuchte er, die Blutsbande zu vergessen, die sie hielt. Er betrachtete sie aus der Perspektive, die ein anderer Mann haben könnte. Dann sagte er:

"Ja. Wie Gott mich hört, Lyn – ja!"

Sie ließ ihren Kopf auf seine Schulter sinken und weinte, als ob Kummer statt Freude über sie hinwegfegte. Dann hob sie ihr tränennasses Gesicht und sagte:

„Ich werde Con heiraten, Liebling, sobald er mich will. Ich hasse es, das zu sagen, Brace, aber es ist ein bisschen, als wäre Conning aus einem ehrenhaften Krieg zu mir nach Hause gekommen – ein bisschen verstümmelt. Ich muss versuchen, mich an ihn zu gewöhnen, und das werde ich! Ich werde!"

Kendall drückte sie fest an sich. „Lyn, ich wusste bis zu diesem Moment nie, wie viel ich Gott demütig danken muss. Oh! Wenn Männer nur nach vorne sehen könnten, ich meine junge Burschen, würden sie nicht zu einer Frau kommen – verstümmelt. Ich habe weiß Gott nicht viel zu bieten, aber – nun ja, Lyn, ich kann einer Frau eine eindeutige Bilanz vorlegen – eines Tages!"

Den ganzen Tag dachte Lynda an die Zukunft. Als sie in ihrer Werkstatt saß und die spielzeugähnlichen Embleme ihres Handwerks zur Hand hatte, dachte sie und dachte nach. Es kam ihr so vor, als ob Männer und Frauen, wenn sie allein kämpften, durchs Leben gingen – weitgehend getrennt. Sie hatten mit Liebe und Notwendigkeit Brücken gebaut und über sie gingen sie, um einander eine Zeit lang zu berühren, aber oh! wie sehr sie sich nach einer gemeinsamen Straße sehnte, auf der sie und Con immer zusammen gehen konnten! Sie wollte das so sehr, so sehr!

Um fünf Uhr rief sie Truedale an . Sie wusste, dass er im Allgemeinen zu dieser Zeit in seine Wohnung ging.

„Ich – ich möchte dich sehen, Con", sagte sie.

„Ja, Lyn. Wo?"

Sie hatte das Gefühl, dass die Antwort viel bedeutete, also hielt sie inne.

„Nach dem Abendessen, Con, und komm gleich rüber – in meine Werkstatt."

„Ich werde da sein – früh."

Nie war Lynda fröhlicher als beim Abendessen; Aber sie war wirklich erleichtert, als Brace ihr sagte, dass er ausgehen würde.

„Was wirst du tun, Lyn?" er hat gefragt.

„Warum – geh rauf in meine Werkstatt. Ich habe in letzter Zeit Dinge schrecklich vernachlässigt."

„Ich dachte, Nachtarbeit sei tabu?"

„Ich arbeite selten nachts, Brace. Und du – wohin gehst du?"

„Bis zu Morrell's."

Lynda hob die Augenbrauen.

"Frau. Morrells Schwester Lyn ist aus dem Westen gekommen. Sie ist sehr interessant. Sie hat *gewählt* , und es hat ihr nicht geschadet."

„Warum sollte es? Und" – Lynda kam um den Tisch herum und hielt inne, als sie den Raum verlassen wollte. „Ich frage mich, ob sie zur Not den Kaffeeurnentest bestehen könnte?"

Kendall errötete lebhaft. „Seit ich sie gesehen habe, denke ich mehr an mein Ende am Tisch als je zuvor in meinem Leben. Es ist nicht nur eine Kaffeekanne, Lyn."

„ Tatsächlich ist es das nicht! Ich muss diesen kleinen weiblichen Lochinvar sofort sehen. Ist sie hübsch – hübsch wie Mrs. John?"

„Warum – ich weiß es nicht. Ich habe nicht nachgedacht. Sie ist so anders als – jeder andere . Sie ist klein, aber sie lässt einen groß denken. Sie sagt immer Dinge, an die man sich hinterher erinnert, aber sie redet nicht viel. Sie hat – sie hat helles Haar und blaue Augen!" Dies triumphierend.

„Und ich hoffe, dass sie sich gut anzieht?" Dies mit einem Augenzwinkern, denn Kendall war an den Details eines Frauenkleides interessiert.

„Das muss sie, sonst hätte ich es bemerkt." Dann, nach dem Nachdenken: „Vielleicht würde ich es auch nicht tun."

„Gute Nacht, Brace, und – grüße Mrs. John von mir. Du Armer! Sie kam gestern zu mir und fragte mich, ob ich ein kleines Zimmer geräumiger gestalten *könnte* ! Sie sehen, John mag es, wenn alles unordentlich ist – ganz in der Nähe seiner Reichweite. Sie möchte, dass er seinen Willen durchsetzt, und gleichzeitig möchte sie auch atmen. Ihr Westen liegt ihr im Blut."

„Was wirst du dagegen tun, Lyn?" Kendall zündete sich eine Zigarre an und lachte.

„Oh, ich habe es geschafft, ihrem Wohnzimmerplan einen prärieähnlichen Eindruck von Offenheit zu verleihen, und ich habe ihr gesagt, sie solle John dazu bringen, nach ein paar Dingen zu greifen. Es würde ihm gut tun und ihre Seele am Leben retten."

„Und sie – was hat sie dazu gesagt?"

„Oh, sie hat gelacht. Sie hat so ein hübsches Lachen. Gute Nacht Bruder."

Und dann ging Lynda nach oben in ihr ruhiges, dunkles Zimmer. Es war eine warme Nacht, der Mond schien durch den offenen Raum im hinteren Teil. Das Grundstück war nicht bebaut, und der weiße Pfad, der den alten William Truedale aus dem Leben gelockt hatte, erstreckte sich nun vor Lynda Kendall und führte ins Leben. Alle Zweifel und Ängste, die sie gekannt hatte, wurden beiseite geschoben. In ihrem weichen, dünnen Kleid, am offenen Fenster stehend, war sie das fröhlichste Geschöpf, das man sich wünschen konnte. Und so fand Truedale sie. Er wusste, dass nur ein Grund Lynda dazu veranlasst hatte, ihn so zu treffen, wie sie es jetzt tat. Es war – Kapitulation! Mit ausgebreiteten Armen ging er durch den vom Mond erleuchteten Raum auf sie zu, und als sie ihm entgegenkam und ihr Gesicht hob , küsste er sie ehrfürchtig.

„Ich frage mich, ob Sie darüber nachgedacht haben?" er flüsterte.

„Ich habe in den Ewigkeiten, seit ich dich das letzte Mal gesehen habe, nichts anderes getan, Con."

„Und du hast keine – Angst? Du, wer sollte das Beste haben, was die Welt zu bieten hat?"

"Ich habe keine Angst; und ich – habe das Beste – das Allerbeste."

Wieder Truedale küsste sie.

„Und wann – darf ich nach Hause kommen – um zu bleiben?" fragte er plötzlich, wohlwissend, dass das alte Zuhause ihnen gehören musste.

Lynda blickte auf und lächelte strahlend. „Ich hatte gehofft", sagte sie, „dass ich die Ehre haben würde , die kleine Wohnung abzulehnen. Ich bin so froh, Con, mein Lieber, dass du nach Hause kommen und bleiben willst und nicht hierher gezwungen werden musst!" Und in diesem Moment hatte Lynda keinen Gedanken an das Geld. Größere, tiefere Dinge hielten sie fest.

„Und – unser Hochzeitstag, Lyn? Sicherlich kann es bald soweit sein."

"Lassen Sie mich sehen. Natürlich bin ich eine Frau, Con, und deshalb muss ich über Kleidung nachdenken. Und ich würde gerne – oh! sehr – in einer bestimmten kleinen Kirche auf der anderen Seite des Flusses zu heiraten. Ich habe es einmal auf einem Landstreicher gefunden. Darüber wuchern wilde Weinreben – rosa Rosen. Und Rosen kommen Anfang Juni, Con."

„Aber, Liebste, das ist erst – März."

„Ich muss – die Rosen haben, Con."

Und so wurde es beschlossen.

Truedale in der Stille der fünf kleinen Zimmer der großen Wohnung über seine Vergangenheit und seine Zukunft nach.

Wie großartig Lynda gewesen war. Kein Wort von allem, was er ihr erzählt hatte, und doch wurde ihm völlig klar, wie sie damit gekämpft hatte! Sie hatte es akzeptiert und ihn! Und für solch eine Liebe und einen solchen Glauben wäre sein Leben nur zu kurz, um zu beweisen, dass er seine schwierige Lektion gelernt hat. Der Mann, der er jetzt war, konfrontierte streng den Mann, der er einst gewesen war, und dann verzichtete Truedale für immer auf ersteren – entsagte ihm mit Mitleid, nicht mit Verachtung. Seine einzige Chance, der Liebe würdig zu sein, die jetzt in sein Leben gekommen war, bestand darin, die Vergangenheit als Sprungbrett zu betrachten. Wenn das nicht der Fall sein könnte, wäre es ein Fass ohne Boden.

Kapitel XVI

Die Rosen kamen Anfang Juni. Truedale und Lynda gingen oft auf ihren Spaziergängen zu der kleinen Kirche, die tief zwischen den Bäumen in der Stadt Jersey liegt. Sie lernten den alten Pfarrer kennen und legten schließlich den Tag ihrer Hochzeit fest. Sie gingen zusammen mit Brace am frühen Morgen hinüber. Lynda trug ihr Reisegewand, denn nach dem Mittagessen fuhren sie und Truedale in die Berge von New Hampshire. Es war ein Tag, der den Ruf von June wieder aufleben ließ, und irgendwie konnte der Minister, versunken in die Konventionen seines Amtes, die Dinge nicht ganz in die Hände der sehr exzentrischen jungen Leute legen, die seine Zustimmung zu ihrer Heirat gewonnen hatten. Ein Organist, der übte , blieb dort, und wenn Lynda an ihren Hochzeitstag dachte, erinnerte sie sich immer an diese zarten Töne, die wie ein Bach aufstiegen und sanken, auf dem die heiligen Worte des einfachen Gottesdienstes schwebten.

„Die Stimme, die über Eden atmete" war das, was der unsichtbare Musiker spielte. Er wirkte distanziert, unpersönlich, und nur die wiederholten Anklänge verrieten sein Mitgefühl. Eine alte Frau war in die Kirche geschlendert und saß mit einem verzückten, wehmütigen Ausdruck auf ihrem faltigen Gesicht in der Nähe der Tür. In der Nähe des Altars stand ein kleines Kind, ein winziges Mädchen mit einem Blumenstrauß am Wegesrand in ihrer dicken, feuchten Hand.

Lynda hielt inne und flüsterte der kleinen Magd etwas zu, und als sie dann weiterging, bemerkte Truedale , dass das Kind neben Lynda stand, einer schäbigen, kleinen Trauzeugin !

Es war sehr urig, sehr rührend hübsch, aber die Szene überwältigte das Baby, und als die letzten Worte gesprochen waren und Truedale seine Frau geküsst hatte, bemerkten sie, dass das Kleine in Tränen ausbrach. Lynda beugte sich voller Zärtlichkeit über sie.

"Was ist los, Liebes?" Sie flüsterte.

„Ich – ich will – meine Mutter!"

„Das tue ich auch, Schatz; Ich auch !"

Die nassen Augen hoben sich verwundert.

„Und wo ist deine Mutter, Baby?"

„Rauf – rauf – den Hügel!"

„Na ja, meins ist es auch, aber du wirst deins finden – zuerst. Weine nicht, Schatz. Sehen Sie, hier ist ein kleiner Ring. Es ist jetzt zu groß für dich, aber lass deine Mutter es behalten, und wenn du groß genug bist, trage es – und denk an mich."

Das Kind war von dem Geschenk geblendet und lächelte strahlend. „Auf Wiedersehen", flüsterte sie, „ich werde es meiner Mutter sagen – und ich werde es nicht vergessen."

Später am selben goldenen Tag, als Kendall sich am Bahnhof von seiner Schwester und Truedale verabschiedete, hatte er den Ausdruck auf seinem Gesicht, den er immer hatte, als er sich als Kind immer gefragt hatte, warum er mutig sein musste, weil er war ein Junge.

Es brachte Lynda zum Lachen, auch wenn ihr ein Kloß im Hals blieb. Dann versuchte sie, wie in alten Zeiten, ihn zu entschädigen, ohne den Kodex zu vernachlässigen.

„Natürlich wirst du uns vermissen, lieber alter Kerl, aber wir werden bald zurück sein und" – sie legte ihre Lippen an sein Ohr und flüsterte – „ da ist die kleine Schwester der Morrells; spiel mit ihr, bis wir nach Hause kommen."

Es gibt Zeiten im Leben, die wie eigens dafür geschaffen sind und einen fragen lassen, ob nicht doch ein persönlicher Gott die Angelegenheiten des Einzelnen lenkt. Diese Wochen in den Bergen können sicher nicht einfach so passiert sein. Für Anfang Juni war es so warm und still und wolkenlos. Und dann war für kurze Zeit ein Mond zu sehen – ein ruhiger, wundervoller Mond, der sein schönes Licht wie einen Segen durch die hohen Bäume sandte. Danach gab es Sterne – Millionen von ihnen –, jeder an seinem Platz, umgeben von dieser blauen Schwärze, die leuchtend und überirdisch ist. Mit einem Führer suchten Truedale und Lynda ihren eigenen Weg und schliefen nachts in Unterständen am Wegesrand am eigenen Lagerfeuer. Sie hatten kein bestimmtes Ziel; Sie wanderten einfach wie Pilger umher, nahmen freudig das Tagesgeld entgegen und schliefen nachts mit gesunder Müdigkeit ein.

Nur ein einziges Mal in diesen Wochen sprachen sie über die Vergangenheit von Truedale , die Lynda schweigend akzeptiert hatte.

„Meine Frau", sagte Truedale – sie saß neben ihm am Feuer im Freien – „ Ich möchte, dass Sie sich immer daran erinnern, dass ich für Ihre – Größe, Ihr wunderbares Verständnis dankbarer bin, als Worte ausdrücken können." Ich hätte nicht erwartet, dass selbst du, Lyn, so sein könntest!"

Sie zitterte ein wenig – daran erinnerte er sich später – er spürte sie an seiner Schulter.

„Ich glaube – ich weiß", flüsterte sie, „dass Frauen über die *Wirkung* solcher Dinge nachdenken, Kontrahent." Wäre die Erfahrung gering gewesen, hätte sie Spuren hinterlassen; So wie es ist, bin ich mir sicher – nun, es hat Ihre Sicht nicht getrübt."

„Nein, Lyn, nein!"

„Und in letzter Zeit habe ich an sie gedacht, Con – diese kleine Nella-Rose."

"Du hast? *Könntest* du , Lyn?"

"Ja. Anfangs konnte ich es überhaupt nicht begreifen – das tue ich jetzt wirklich nicht –, aber trotz meiner Unfähigkeit, es zu verstehen, glaube ich, dass die Erfahrung ein so helles Licht auf ihren Weg geworfen hat, armes Kind, dass – in mancherlei Hinsicht unhöfliches Berghaus – sie hat etwas mehr Platz als manche. Con, wie ich dich kenne, glaube ich, dass du sie nicht hättest senken können. Sie kehrte zu ihrer natürlichen Liebe zurück – es muss ein starker Ruf gewesen sein –, aber ich werde nie glauben, dass sie verdorben ist."

„Lyn", Truedales Stimme war heiser, „einst hast du mich mit dem Tod meines Onkels versöhnt – so hast du es ausgedrückt – und jetzt hast du mich dazu gebracht, es zu wagen – glücklich zu sein."

„Männer werden nie erwachsen!" Lynda drückte ihr Gesicht an seine Schulter. „Sie machen einen Bluff, wenn es darum geht, sich um uns zu kümmern und uns und alle anderen zu verteidigen – aber wir verstehen, wir verstehen!" Ich denke, Frauen bemuttern Männer immer, auch wenn sie sich am meisten auf sie verlassen, so wie ich es auf Sie tue! Es ist so großartig, wenn wir nach Hause gehen, an die großartigen Dinge zu denken, die wir gemeinsam tun werden."

Ein Brief von Brace veranlasste sie schließlich, den Blick nach Hause zu richten. Damals war es Ende Juli.

LYN, LIEBE:

Wenn Sie bequem über mich nachdenken können, dann tun Sie es. Und wann kommst du zurück? Ich hoffe, ich werde Sie nicht übermäßig schockieren – aber es geht um die kleine Schwester der Morrells, Elizabeth Arnold – wir nennen sie Betty . Ich muss sie so schnell wie möglich heiraten. Ich werde nie wieder ernsthafte Geschäfte machen können, bis ich sie hinter die Kaffeekanne bringe. Sie verfolgt mich Tag und Nacht und wenn ich sie dann sehe, lacht sie mich aus! Wir haben uns die Kirche angesehen, in der Sie und Con geheiratet haben. Betty gefällt es, aber ihr eigenes Volk ist ihr lieber als streunende alte Frauen und verlorene Kinder. Wir glauben, dass der September ein lustiger Monat zum Heiraten wäre, aber Betty weigert sich, einen Tag festzulegen, bis sie herausgefunden hat, ob sie mein Volk gutheißt! So drückt *sie* es aus. Sie sagt, sie möchte herausfinden, ob Sie an das Frauenwahlrecht glauben, denn wenn nicht, weiß sie, dass sie mit Ihnen nie klarkommen würde. Sie glaubt, dass das, was Frauen dazu bringt, sich zu widersetzen, andere Dinge mit ihnen macht – eher unangenehme, unfreundliche Dinge.

Ich erzählte ihr, was du denkst, und dann fragte sie nach Con. Sie sagt, sie würde der freiesten Frau im Osten nicht vertrauen, wenn sie mit einem sklavengläubigen Mann verheiratet wäre.

Anhand all dessen werden Sie beurteilen können, was für eine komische kleine Schlampe Betty ist, aber ich meine es trotzdem ernst, wenn ich Sie auffordere, nach Hause zu kommen, bevor ich verzweifle.

BEFESTIGEN.

Truedale sah Lynda voller Erstaunen an. „Ich hatte die Schwester vergessen", sagte er albern.

„Ich denke, Liebes, wir *müssen* nach Hause gehen. Ich erinnere mich an eine Zeit, als wir ganz klein waren, Brace und ich, Mutter hatte mich zu Besuch mitgenommen und ihn zu Hause gelassen. Er schickte einen Brief an seine Mutter – er war in gedruckter Form – „ Du kommst besser zurück", sagte er; „Du kommst besser in drei Tagen, sonst mache ich etwas." Als wir am vierten Tag dort ankamen, stellten wir fest, dass er den Schaukelstuhl kaputt gemacht hatte, in dem Mutter ihn immer schlafen ließ, wenn es ihm gut ging!"

„Der kleine Rowdy!" Truedale lachte. „Ich hoffe, er hat eine Tracht Prügel bekommen."

"NEIN. Mutter weinte ein wenig, ließ den Stuhl reparieren und sagte immer, es täte ihr leid, dass sie am dritten Tag nicht nach Hause gekommen sei."

"Ich verstehe. Nun, Lyn, lass uns zu ihm nach Hause gehen. Ich weiß nicht, was er kaputt machen könnte, aber vielleicht konnten wir es nicht reparieren, also gehen wir kein Risiko ein."

Truedale und Lynda waren ziemlich schwindlig die Höhen hinaufgegangen; der Glanz der Sterne und die warme Berührung der Sonne waren ihnen ganz nahe gewesen; Aber als sie zu den Pfaden der einfachen Pflicht hinabstiegen, waren sie nicht überrascht, als sie feststellten, dass sie in einem angenehmen Tal lagen und von der Helligkeit der Hügel gewärmt wurden.

„Es ist – jetzt zu Hause!" flüsterte Truedale, als er sich und Lynda an der Haustür einließ, „Ich wünschte, Onkel William wäre hier, um uns willkommen zu heißen. Wie er dich geliebt hat, Lyn."

Wie eine Flut von Freude überkam Lynda die Erinnerung. So hatte William Truedale sie geliebt – diesen Luxus eines Zuhauses – und dann blickte sie Truedale an und hätte ihm beinahe von dem Geld erzählt, die völlige

Gewissheit der Liebe und des Vertrauens des alten Mannes. Aber plötzlich wurde es unmöglich, obwohl Lynda nicht sagen konnte, warum. Sie schreckte vor dem zurück, von dem sie einst geglaubt hatte, dass es ihre krönende Freude sein würde; Sie beschloss, die Angelegenheit ganz Dr. McPherson zu überlassen.

Schließlich, so kam sie zu dem Schluss, sollte es das Recht von Con sein, ihr diesen letzten rührenden Beweis der Liebe und Sehnsucht seines Onkels zu überbringen. Wie stolz wäre er! Wie würden sie darüber lachen, wenn sie beide das Geheimnis kannten!

Deshalb wurde das Thema nicht angesprochen, und etwa einen Tag später trat Betty Arnold in ihr Leben, und ihr Interesse an ihr und ihren Angelegenheiten war so groß, dass persönliche Angelegenheiten für einen Moment außer Acht gelassen wurden.

Lynda ging zuerst allein, um Betty aufzusuchen. Sollte sie enttäuscht sein, wollte sie Zeit, sich neu zu orientieren, bevor sie anderen Blicken begegnete. Auch Betty Arnold war allein im Wohnzimmer ihrer Schwester, als Lynda angekündigt wurde. Die beiden Mädchen blickten einander lange und forschend an, dann streckte Lynda impulsiv die Hände aus:

„Es ist wirklich zu schön, um wahr zu sein!" war alles, was sie zustande brachte, als sie das schöne, schlanke Mädchen ansah und Zweifel für immer vertrieb.

„Nicht wahr?" wiederholte Betty. "Wütend! aber so etwas lässt einen altern."

„Hätte es eine Rolle gespielt, Betty, ob ich zufrieden war oder nicht?"

„Lynda, es wäre – schrecklich! Wissen Sie, mein ganzes Leben lang war ich unabhängig, bis ich Brace traf, und jetzt will ich alles, was ihm gehört. Seine und meine Liebe kollidierten, aber es schockierte uns nicht bis zur Blindheit, es erweckte uns – Körper und Seele. Wenn das passiert, zählt alles – alles, was ihm und mir gehört. Ich wusste, dass du Mollie mochtest, und John ist ein alter Freund; Sie sind alles, was ich habe, und Sie sehen, wenn Sie und ich uns nicht gemocht hätten, wäre es tragisch gewesen. Jetzt setzen wir uns hin und trinken Tee. Ist es nicht toll, dass wir nicht daran ersticken müssen?"

Betty saß so höflich und anmutig am kleinen Tisch, dass ihre gelegentlichen Ausrutscher in die Umgangssprache wie die Fluchten eines besonders verspielten kleinen Tieres aus den ausgetretenen Pfaden der Konventionen wirkten. Innerhalb einer halben Stunde wurden sie und Lynda vertrauter und hatten am Ende des Gesprächs das Gefühl, als ob sie sich schon seit Jahren kannten. Gerade als Lynda widerstrebend ging, kam Mrs. Morrell herein. Sie war dunkler und würdevoller als ihre Schwester, ähnelte ihr aber in Stimme und Lachen.

„Mollie, ich wünschte, ich hätte dir gesagt, du sollst noch eine Stunde bleiben", rief Betty, ging zu ihrer Schwester und küsste sie. „Und oh! Mollie, Lynda mag mich! Ich werde euch beiden jetzt gestehen, dass ich nächtelang wach gelegen habe und mich vor dieser Tortur gefürchtet habe."

Als Lynda Brace an diesem Abend traf , amüsierte sie sich über sein eingefallenes Gesicht und seine angespannte Stimme.

„Wie hat sie dir gefallen?" fragte er schwach und in diesem Moment wurde Lynda klar, wie sinnlos eine Ausflucht gewesen wäre.

„Brace, ich liebe sie!"

"Gott sei Dank!"

„Warum, Brace!"

"Ich meine es. Es wäre mir schwer ergangen, wenn du es nicht getan hättest."

Für Truedale präsentierte Betty einen weiteren Aspekt.

„Man kann Frauen seine Gefühle gegenüber Männern anvertrauen", vertraute sie Lynda an, „aber nicht Männern! Ich würde Brace auf keinen Fall wissen lassen, wie meine Liebe zu ihm mich behindert; Und wenn Ihr Betrüger – übrigens, er ist viel netter, als ich erwartet hatte – meinen erbärmlichen Zustand erraten sollte, würde er zu Brace gehen und – ihn zum Narren halten! Deshalb sind die Männer dort angekommen, wo sie heute sind – sie stehen zusammen. Und dann könnte Brace sofort anfangen, mich zu schikanieren. Weißt du, Lynda, wenn ein Ehemann die Oberhand gewinnt, liegt das oft daran, dass er durch all das Wissen bestärkt wird, das ihm seine männlichen Freunde vermitteln."

Truedale lernte Betty zum ersten Mal beim Abendessen kennen – dem kleinen Familienessen, das Lynda für sie gab. Morrell und seine Frau. Brace und Betty, er selbst und Lynda.

In einem schleppenden blauen Kleid sah Betty ziemlich stattlich aus und sie trug ihren blonden Kopf hoch erhoben. Sie strahlte während des Abendessens und bewies, dass sie sich perfekt einfügt. Es war ein sehr fröhliches Essen, und später, am Kaminfeuer der Bibliothek, saß Conning mit seiner zukünftigen Schwägerin zusammen. Sie amüsierte ihn enorm.

„Ich erkläre", sagte er neckend, „ich kann kaum glauben, dass Sie an die Gleichberechtigung der Geschlechter glauben." Sie haben dieses Problem im Moment angegangen.

"Ich tu nicht!" Betty sah seltsam zurückhaltend aus. „Ich glaube an die Überlegenheit der Männer!"

„Guter Gott!"

"Ich tue. Deshalb möchte ich, dass alle Frauen die gleichen Chancen haben, überlegen zu werden wie Männer. Ich – ich möchte, dass meine Schwestern auch dorthin gelangen!"

"Dort? Nur wo?" Truedale begann, das Mädchen für leichtfertig zu halten; aber ihr Charme hielt.

„Warum, wo ihre Qualifikationen am besten zu ihnen passen? Ich werde Ihnen ein Geheimnis verraten: Ich bin unglaublich religiös! Ich glaube, dass Gott besser als Männer über Frauen Bescheid weiß; Ich möchte – nun ja, ich möchte nicht leichtfertig wirken – aber ich würde wirklich gerne Gott für sich selbst sprechen hören!"

Truedale lächelte. „Das ist jedenfalls ein vernünftiges Argument", sagte er. „Aber ich vermute, dass wir Männer Angst davor haben, jemand anderem zu vertrauen ; wir wollen dich nicht verlieren."

„Als ob du könntest!" Betty streckte ihre kleine, weiße Hand dem Hund entgegen, der zu ihren Füßen lag. „Als ob wir nicht wüssten, dass wir dich wollen, was auch immer wir nicht wollen. Du bist unser Job."

Truedale warf den Kopf zurück und lachte. „Du bist wie ein Hauch deiner großen Bergluft", sagte er.

„Ich hoffe, dass ich es immer bleiben werde", antwortete Betty sanft und ernst, „ich muss – frei bleiben, egal was passiert." Ich muss behalten, was ich bin, oder wie kann ich erwarten, dass ich es behalte – Brace? Er hat *mich* geliebt . Die Ehe bewirkt doch kein Wunder, oder – Conning? Bitte lass mich dich so nennen. Lynda hat mir erzählt, dass sie und du an zwei Leben glauben, nicht an ein enges kleines Leben. Es ist großartig. Und jetzt werde ich Ihnen ein weiteres Geheimnis verraten. Da muss ich auch Lynda einweihen, sie muss mir helfen. Ich habe ein wenig eigenes Geld – ich habe jeden Cent davon verdient. Ich werde ein kleines Stück Land kaufen , ich habe es ausgesucht – es liegt auf der anderen Seite des Flusses im Wald. Ich werde ein Haus bauen, kein großes, sondern ein sehr kleines, und ich werde es „Zuflucht" nennen. Wenn ich mich selbst nicht finden kann, wenn ich mich verlaufen habe, nachdem ich geheiratet habe und versuche, alles für Brace zu sein, werde ich weglaufen – in die Zuflucht!" Die blauen Augen leuchteten. „Und niemand kann dorthin kommen, nicht einmal Brace, außer auf Einladung. Ich denke" – ganz leise – „ Ich denke, alle Frauen sollten eine – eine Zuflucht haben."

Truedale war beeindruckt. „Du bist eine sehr weise kleine Frau", sagte er.

„Manchmal muss man es sein", kamen die langsamen Worte. Und in diesem Moment verschwanden alle Zweifel an Bettys Ernsthaftigkeit.

Brace gesellte sich zu ihnen. Er sah aus, als würde er seit dem Abendessen an der Leine zerren.

„Con", sagte er und legte seine Hand auf den hellen Kopf, der sich über den Hund beugte, „was hast du jetzt zu sagen, nachdem du mit Betty geredet und gelacht hast?"

„Herzlichen Glückwunsch, Ken, von ganzem Herzen."

„Und jetzt, Betty" – in Kendalls Stimme lag ein neuer Ton – „ Mollie hat gesagt, dass du mit mir zurückgehen darfst." Das Taxi würde uns ersticken. Da ist ein Mond, Liebes, und ein oder zwei Sterne –"

„Als ob das wichtig wäre!" Betty unterbrach sie. „Ich bin sehr, sehr glücklich. Brace, du hast eine nette, vernünftige Familie. Sie stimmen in allem mit mir überein."

Die Wochen vergingen schnell. Bettys Angelegenheiten beschäftigten sie alle, obwohl sie sie lachend drängte, sie in Ruhe zu lassen.

„Es ist schon schlimm genug, das Gefühl zu haben, von einer Sintflut mitgerissen zu werden", sagte sie scherzhaft, „ohne den Jubel der Ufer zu hören."

Aber Mollie Morrell steckte ihr ganzes Herzblut in die Zusammenstellung der Garderobe und spielte zum ersten und einzigen Mal in ihrem Leben die große Schwester. Sie war älter als Betty, aber das jüngere Mädchen hatte das ältere immer beeinflusst.

Und Lynda war fasziniert von dem kleinen Bungalow auf der anderen Flussseite, bekannt als „The Refuge".

Die ursprüngliche Fantasie regte ihre Fantasie an und sie legte andere Arbeiten beiseite, während sie mit Betty um Ausdrucksmöglichkeiten wetteiferte.

„Ich habe einen alten Mann und eine alte Frau in der Nähe gefunden ", sagte Betty eines Tages, „sie hatten Angst, dass sie ins Armenhaus gehen müssten, obwohl beide etwas tun können." Ich werde sie in meinem Bungalow unterbringen – die beiden kleinen Zimmer im Obergeschoss sollen ihnen gehören. Wenn ich hinunterlaufe, um mich selbst zu finden, wird es heimelig sein, die beiden strahlenden, alten Gesichter dort zu sehen, die mich begrüßen. Sie zucken kein bisschen zusammen; Ich denke, sie wissen, wie viel sie mir bedeuten werden. Ich weiß, sie halten mich für ziemlich unmoralisch, aber das spielt keine Rolle."

Und dann, Anfang Oktober, heirateten Brace und Betty in der Kirche auf der anderen Flussseite. Rote und goldene Herbstblätter fielen dorthin, wo zuvor die Rosen geklettert waren; Es war ein frischer, kühler Tag voller

Sonne und Schatten und die Hochzeit entsprach eher dem Geschmack des alten Geistlichen. Der Organist war an seinem Platz, seine Musik war sorgfältig ausgewählt, es gab Gäste und Blumen und dezente Kostüme.

„Mehr wie es sein sollte", dachte der gelassene Pfarrer; Aber Lynda vermisste die freundliche alte Frau, die an ihrem Hochzeitstag vorbeigekommen war, und das kleine, weinerliche Mädchen, das sich ihre Mutter gewünscht hatte.

Kapitel XVII

In jedem Leben gibt es Räume, die so von Sicherheit und etablierten Bedingungen umgeben zu sein scheinen, dass man sich eine Veränderung nicht vorstellen kann. Diese besonderen Orte mögen Licht und Schatten vorübergehender Ereignisse kennen, aber es scheint, dass sie nicht von sich aus beeinflusst werden können. Truedale und Lynda hatten also über ihr Leben in dieser Zeit nachgedacht. Sie waren überaus glücklich, sie waren herrlich beschäftigt – und das bedeutete, dass sie beide ihre Grenzen erkannten. Sie nahmen jeden Tag so, wie er kam, und ließen ihn am Ende los, mit dem halbbewussten Wissen, dass er zu kurz gewesen war.

Truedale an einem späten Oktobernachmittag an die Tür von Lyndas Werkstatt, trat auf ihr fröhliches „Komm" ein, schloss die Tür hinter sich und setzte sich. Er war sehr weiß und äußerst ernst. Lynda sah ihn fragend an, sagte aber nichts.

„Ich habe Dr. McPherson gesehen", sagte Conning plötzlich, „er hat nach mir geschickt. Er war weg, wissen Sie."

„Ich hatte es nicht gewusst – aber –" Dann erinnerte sich Lynda!

„Lynda, wusstest du – vom Testament meines Onkels vor seinem Tod?"

„Warum, ja, Con."

Etwas Kaltes und Todesähnliches umklammerte Lyndas Herz. Es war, als hätte eine eisige Welle Wärme und Geborgenheit vor sich hergespült und sie entsetzt und ängstlich zurückgelassen.

"Ja, ich weiß."

„Würden Sie mir sagen – ich konnte das irgendwie nicht mit McPherson besprechen; Er sah es natürlich nicht so wie ich – würden Sie mir sagen, was aus dem – dem Vermögen geworden wäre, wenn ich Sie nicht geheiratet hätte?"

Das tödliche Weiß von Lyndas Gesicht hielt Truedales harten Worten keinen Abbruch; er dachte nicht an sie – nicht einmal an sich selbst; er dachte an die Ironie des Schicksals im weitesten Sinne.

„Das Geld wäre – zu mir gekommen." Dann, als wollte er weitere Missverständnisse ausräumen. „Und als ich es ablehnte, wäre es an Wohltätigkeitsorganisationen zurückgefallen."

"Ich verstehe. Und das hast du für mich getan, Lyn! Wie wenig haben selbst Sie verstanden. Jetzt, wo ich das verfluchte Geld habe , weiß ich nicht, was ich damit machen soll – wie ich es loswerden kann. Dennoch war es wie du, Lynda, dich zu opfern, damit ich das bekam, was du für mein Recht hieltst.

Das hast du schon immer gemacht, von klein auf. Ich hätte gewusst, dass keine andere Frau das hätte tun können, was du getan hast, keine Frau wie du, Lyn, ohne ein starkes Motiv; aber du hast mich wirklich nicht gekannt!"

Und als ich Lynda jetzt ansah, war es, als würde ich in ein totes Gesicht blicken – ein Gesicht, aus dem Wärme und Licht verschwunden waren.

„Ich – ich weiß nicht, was du – meinst, Con", sagte sie vage.

„So wie du, Lyn, hättest du das Geld nicht selbst nehmen können, vor allem nicht, wenn du dich geweigert hättest, mich zu heiraten. Eine minderwertige Frau hätte es ohne Bedenken getan und sich berechtigt gefühlt, eine so grausame Sache wie das Vermächtnis zu überlisten; aber du nicht! Du hast keinen anderen Weg gesehen, also hast du – du mit deinen hohen Idealen und klaren Überzeugungen – den Mann geheiratet, der ich bin – um – mir – meinen eigenen zu geben. Oh, Lyn, was für ein Opfer!"

"Stoppen!" Lynda erhob sich von ihrem Stuhl und fegte mit einer weiten Geste die Spuren ihres Handwerks von sich. Dadurch schien sie Raum zum Atmen und Nachdenken zu schaffen.

„Glaubst du, dass ich die Art von Mädchen bin, die sich für alles verkaufen würde – sogar für die Gerechtigkeit, von der ich denken könnte, dass sie dir zusteht?"

"Verkauf dich? Gott sei Dank, zwischen uns, Lynda, kommt das nicht ins Spiel."

„Das wäre es gewesen, wenn ich die Frau gewesen wäre, die deine Worte andeuten. Ich hatte nichts davon, dich zu heiraten, nichts! Nichts – das ist – außer – aber – das, was Sie nicht sehen können." Und dann rannte Lynda so plötzlich, dass Truedale sie nicht aufhalten konnte, fast aus dem Zimmer.

Eine Stunde lang saß Truedale in ihrem leeren Laden und wartete. Er wagte es nicht, sie zu suchen, und schließlich wurde ihm klar, dass sie nicht zu ihm zurückkehren würde. Seine Stimmung war so erbärmlich und persönlich, dass er Lyndas Standpunkt nicht verstehen konnte. Er konnte die Beleidigung, die er ihr zugefügt hatte, noch nicht erkennen, weil er sie so hoch und sich selbst so niedrig gesetzt hatte. Er sah sie nur als das Mädchen und die Frau, die sich im Laufe ihres Lebens zurückgezogen und an andere gedacht hatte. Er sah sich selbst in dem Licht, wie eine Frau, wie er glaubte, Lynda sein würde, ihn betrachten würde. Er hätte wissen können, gab er bitter zu, dass Lynda in ihrer reinen Frauenseele die Fehlschläge seines früheren Lebens nicht hätte übersehen können. Er erinnerte sich, wie sie in der Nacht seiner Beichte darum gebeten hatte, allein zu sein – zum Nachdenken! Später ihr Schweigen – oh! er verstand es jetzt. Es war ihr einziger Schutz. Und das einmal, im Wald, als er blind an seine große Freude geglaubt hatte – wie sie feierlich das Beste aus der Erfahrung gemacht hatte, die zu tief in beiden Herzen saß, als dass sie wiederbelebt werden könnte. Was für ein Narr er gewesen war, zu träumen, dass ein so falscher Schritt, wie er ihn einmal gemacht hatte, ihn zu vollkommenem Frieden führen könnte. Wie konnte er bei diesen Gedanken bisher begreifen, welches Unrecht er Lynda angetan hatte? Er trauerte um sie und brach sich fast das Herz in dem Wunsch, etwas – irgendetwas – zu tun, um sie von den Folgen ihres nutzlosen Opfers zu befreien.

Um sechs Uhr ging Truedale nach unten, aber das Haus war leer. Lynda war gegangen und hatte jedes Gefühl von Zuhause mitgenommen. Er wartete nicht ab, was die Stunde des Abendessens bewirken würde; er konnte sich selbst gerade nicht trauen. Tatsächlich war er völlig und hoffnungslos verloren, nachdem er jedes vertraute Wahrzeichen in die Luft gesprengt hatte. Er konnte sich nicht vorstellen, wie er jemals den Weg zurück zu Lynda finden sollte, und dennoch würden sie sich treffen und darüber nachdenken müssen.

Nachdem Lynda ihre Werkstatt verlassen hatte, hatte sie nur einen Wunsch: Sie wollte Betty mehr als alles andere. Sie setzte Hut und Mantel auf und machte sich auf den Weg zur Wohnung ihres Bruders weiter oben in der Stadt. Sie hatte das Gefühl, dass sie dort sein musste, bevor Brace eintraf, und ihr Problem vor den erstaunlich klaren, unerschütterlichen Geist und das Herz der kleinen Frau legen musste, die vor so kurzer Zeit in ihr Leben getreten war. Aber nach ein paar Blocks hörten Lyndas Schritte auf. Wenn dies nur ihr eigenes Problem wäre – aber welches Problem ist nur eines ? –, braucht sie nicht zu zögern; Aber wie konnte sie einem lebenden Menschen das Tiefste und Unfehlbarste in ihrer Seele offenbaren – selbst Betty mit der bedenkenlosen Vision?

Jetzt ging Lynda wieder zurück. Die ruhige Herbstnacht beruhigte und beschützte sie. Sie schaute zu den Sternen auf und dachte an die alten Worte: „Warum so heiß, kleiner Mann, warum so heiß?" Warum eigentlich? Und dann ließ sie in der stillen Dunkelheit – denn sie war in die Seitenstraßen abgebogen – Truedale in ihre Gedanken eintauchen, wobei sie ihr eigenes bitteres Unrecht für einen Moment außer Acht ließ. Sie blickte auf seine seltsame, einsame Kindheit zurück, in der es so wenig gab, was ihn dazu veranlassen konnte, die letzte Tat seines Onkels gerecht zu sehen. Sie erinnerte sich an seinen Stolz und seinen Kampf – seine Zurückhaltung und seine fast ungewöhnliche Sensibilität. Dann – das Erlebnis am Berg! Wie furchtbar tief war das in Truedales Leben eingedrungen ; wie unfähig er gewesen war, darin etwas anderes als sein eigenes Unrecht zu erkennen. Lynda hatte ihn dafür immer geehrt . Es hatte es ihr ermöglicht, ihm absolut zu vertrauen. Sie hatte seine gute Stellung respektiert und sie nie verwischt, indem sie ihm gezeigt hatte, dass sie als Frau das Fehlverhalten der Frau erkennen konnte. Nein, sie hatte Nella-Rose ihm überlassen, wie seine hochgesinnte Ritterlichkeit sie bewahrt hatte – sie hatte das alles gewagt, weil sie sich in der Liebe und Aufrichtigkeit der Gegenwart so sicher fühlte.

"Und was jetzt?"

Die Bitterkeit war vorbei. Der Schock hatte sie ein wenig schwach und hilflos zurückgelassen, aber sie dachte nicht mehr an die menschliche Not von Betty. Sie ging nach Hause, setzte sich vor das Feuer in der Bibliothek und wartete auf Licht. Um zehn Uhr kam sie zu einem Schluss. Truedale muss diese Sache selbst entscheiden! Es war schließlich seine große Chance. Sie konnte sich nicht mit Ehre und Selbstachtung auf ihn stürzen und so das Missverständnis noch verschärfen. Wenn ihr Leben mit ihm seit Juni ihn nicht von ihrer einfachen Liebe und ihrem Glauben überzeugt hätte – ihre Worte konnten es jetzt nicht tun. Er muss sie suchen – muss alles erkennen. Und bei dieser Entscheidung war Lynda so ratlos und verlassen, dass sie mit feuchten Augen aufblickte und sah – William Truedales leeren Stuhl! Eine große Sehnsucht nach ihrer alten Freundin stieg in ihr auf – eine Sehnsucht, die ihr nicht einmal der Tod genommen hatte. Die Uhr schlug die halbe Stunde, und Lynda stand auf und ging ohne zu zögern auf die Schlafzimmertür zu, hinter der der alte Mann sich auf den Weg gemacht hatte, Frieden zu finden.

Und gerade als sie sich mit blinden Augen und schmerzendem Herzen der Tristesse der Gegenwart entziehen wollte, betrat Truedale das Haus und beobachtete sie vom Flur aus. Er glaubte, dass sie ihn eintreten hörte, er hoffte, dass sie sich zu ihm umdrehen würde – aber nein! Sie ging direkt in das unbenutzte Zimmer, schloss die Tür und – schloss sie ab!

Truedale blieb wie angewurzelt stehen. Was er gehofft hatte – worauf er vertraute –, hätte er kaum sagen können. Aber als Mann war er der wahre Konservative, und mit der Wende dieses Schlüssels zerfielen seine Traditionen und seine etablierte Position um ihn herum.

Lynda und er waren verheiratet und mussten ihr Leben leben, es sei denn, sie entschieden sich für einen offenen Bruch. Aber die Umdrehung des Schlüssels schien der ganzen Stadt eine neue Evangeliumszeit zu verkünden. Eine Unabhängigkeitserklärung, die die Tradition verschmähte.

Einen Moment lang war Truedale wütend, verunsichert und empört. Mit strengen Augen schritt er ins Zimmer; er ging den halben Weg zur geschlossenen – und verschlossenen – Tür; er betrachtete es, als wäre es ein greifbarer Feind, den er besiegen und auf diese Weise die alten Ideale wiederherstellen könnte. Dann – und das war die Rettung – lächelte Truedale grimmig. „Natürlich", murmelte er. "Natürlich!" und wandte sich seinem Zimmer unter dem Dach zu.

Aber der nächste Tag musste bewältigt werden. Abgesehen von dem Zustand, der durch das Verriegeln der Tür von William Truedales Zimmer entstanden war, mussten noch einige Dinge geklärt werden .

Conning kämpfte fast die ganze Nacht mit dieser Tatsache, ohne zu merken, dass Lynda im stillen Raum unten zu derselben Schlussfolgerung gelangte.

„Ich bin nicht geschlagen, Onkel William", flüsterte sie und kniete neben dem Bett. „Wenn ich nur sehen könnte, wie ich mich morgen treffen kann, wäre alles in Ordnung."

Und dann empfand sie eine seltsame Art von Trost. Der Humor , mit dem ihre alte Freundin die Situation betrachtet hätte, erfüllte den Raum und brachte Kraft mit sich.

„Ich weiß", vertraute sie der Dunkelheit, in der der alte Mann anwesend zu sein schien, auf wunderbar reale Weise an, „ich weiß, dass ich Conning liebe. Eine Scheinliebe könnte das nicht ertragen – die wahre Liebe jedoch schon. Und er liebt *mich!* Ich weiß es durch und durch. Die andere Liebe von ihm war nicht – was das ist. Aber das muss er selbst herausfinden. Ich war immer in seiner Nähe, wenn er mich brauchte; er muss jetzt zu mir kommen – um seinetwillen noch mehr als um meinetwillen. Das habe ich verdient, nicht wahr, Onkel William?"

Die verständnisvolle Freundschaft ließ das Mädchen, das neben dem leeren Bett kniete, nicht im Stich. Es schien durch die Strahlen des Mondlichts zu kommen und wie eine hilfreiche Berührung auf ihr zu ruhen.

„Kleine Mutter!" – und in ihrer Seele glaubte Lynda, dass William Truedale und ihre Mutter zusammengekommen waren – „ kleine Mutter, du hast dein Bestes gegeben, ohne Liebe; Ich werde meins machen – damit! Und jetzt gehe ich zu Bett und schlafe."

Am nächsten Morgen waren Truedale und Lynda beide so überstürzt, die Situation in Angriff zu nehmen, dass sie sich an der Tür zum Esszimmer beinahe begegnet wären. Sie hatten beide die Anmut zu lachen. Dann sprachen sie über die Arbeit, die für den Morgen ansteht.

„Ich muss ein Studio weiterentwickeln", sagte Lynda und reichte Truedale von der elektrischen Vorrichtung vor ihr ein Stück Toast. „Eine Frau möchte ein Studio, sie hat das Gefühl, dass es eine Inspiration sein wird." Sie ist eine nette kleine Gesellschaftsfrau, die sich zu Tode langweilt. Sie hat den ein oder anderen Artikel für eine Modezeitung geschrieben und glaubt, sich selbst entdeckt zu haben. Ich wünschte, ich wüsste, was ich dort hinstellen soll. Sie würde das Echte verachten und ich hasse es, bei solchen Dingen Kompromisse einzugehen. Und du, Con, was muss getan werden?"

Truedale sah sie ernst an. „Ich muss den Anwalt und McPherson treffen“, sagte er, „aber darf ich später zu einem Gespräch kommen, Lyn?“

„Ich werde den ganzen Tag in meiner Werkstatt sein, Con, bis zum Abendessen heute Abend.“

Der Tag war für sie beide hart, aber die weibliche Lynda akzeptierte ihn und beendete den Tag mit weniger Abnutzungserscheinungen als Truedale . Sie war unruhig und nervös. Bis drei Uhr arbeitete sie gewissenhaft und schaffte etwas bei der schwierigen Aufgabe, die ihr die Gesellschaftsfrau anvertraut hatte; Dann ging sie in ihr Schlafzimmer, entfernte alle Anzeichen ihres Handwerks, zog ein hübsches Hauskleid an und ging zurück in ihren Laden. Sie hatte vor, Truedale jede legitime Hilfe zu leisten , aber sie war nie in ihrem Leben stolzer oder standhafter. Sie rief die Hunde und Katzen herein; Sie stellte den kleinen Teetisch neben den Kamin und zündete gerade genug Feuer an, um die Kälte aus dem Raum zu vertreiben und ihn dennoch süß und frisch zu machen.

Um fünf klopfte es an der Tür.

„Gerade rechtzeitig, Con, zum Tee“, rief sie und hieß ihn willkommen.

Truedale ein Schock . Wäre sie in Tränen ausgebrochen oder hätte sie irgendeine Spur von dem Leid gezeigt, das er erlitten hatte, hätte er sie in seine Arme genommen und das unglückliche Geld auf den Schrotthaufen des Unwesentlichen verbannt. Aber die Szene , die er betrat, hatte die Wirkung, ihn zu erschrecken und den unangenehmen Gedanken an Lyndas Opfer in ihm wachzurufen.

„Hattest du einen harten Tag, Con?“

"Ja."

„Trink den Tee und – lass mich sehen, du magst Brot und Butter statt Kuchen, nicht wahr?“

Sie schwiegen einen Moment, während sie an dem heißen Tee nippten. Dann hoben sie die Augen und sahen sich plötzlich an.

„Lyn, ich kann nicht ohne dich auskommen!“

Sie färbte tief. Sie wusste, dass er nicht egoistisch sein wollte – aber das war er.

„Du wärst sogar bereit, mein Opfer anzunehmen?“ fragte sie so leise, dass er die Sehnsucht in den Tönen nicht bemerkte – das Flehen an ihn, die Position aufzugeben, die für sie unhaltbar war.

„Alles – alles, Lynda. Der Tag ohne dich war – die Hölle. Irgendwie werden wir das Geld los. Jetzt, da wir beide wissen, wie wenig es bedeutet, fangen wir noch einmal von vorne an und – befreit von Onkel Williams falschen Vorstellungen – Lyn –" Er stellte seine Tasse ab und stand schnell auf.

"Warten!" flüsterte sie, zog sich in ihren niedrigen Sessel zurück und hielt ihn mehr durch ihr distanziertes Lächeln als durch ihr befehlendes Wort ab.

„Ich – ich kann das Leben ohne dich nicht ertragen", sagte Truedale heiser, „ich musste vorher nie wirklich darüber nachdenken. Ich brauche dich – muss dich haben."

Er kam einen Schritt näher, aber Lynda schüttelte den Kopf.

„Uns ist etwas passiert, Con. Etwas ziemlich Ungeheuerliches. Wir dürfen nicht verpfuschen."

„Eines steht im Vordergrund. Nur eine, Lyn."

„Viele Dinge passieren, Con. Den ganzen Tag drängten sie sich dicht um mich. Es gibt Schlimmeres, als sich gegenseitig zu verlieren!"

"NEIN!" Truedale bestritt dies vehement.

"Ja. Wir könnten uns verlieren! Dieses Ding, das dich dazu bringt, alles Vorhergehende beiseite zu werfen, dieses Ding, das in mir Sehnsucht weckt – oh! Wie sehne ich mich danach, Con – zu dir zu kommen und zu vergessen, dieses Ding – was ist das? Es ist das Heiligste, was wir kennen, und wenn wir es nicht heilig behüten, werden wir es verletzen und töten, und dann, Con, werden wir uns nach und nach mit erschrockenen Augen ansehen – wegen einer toten, toten Liebe."

„Lynda, wie – kannst du? Wie kannst du es wagen, diese Dinge zu sagen, wenn du gestehst – Oh! meine Frau!"

„Weil" – und sie schien sich von Truedale zurückzuziehen , als er näher kam – „ weil ich gestanden habe!" Sie und ich, Con, sind heute auf verschiedenen Wegen zum wichtigsten und lebenswichtigsten Problem gelangt. Mein ganzes Leben lang habe ich immer wieder Türen aufgestoßen. Manchmal habe ich nur hineingeschaut und bin weitergerannt; Manchmal bin ich geblieben und habe eine Lektion gelernt. Bei mir wird es immer so sein. Ich muss es wissen. Ich denke, Sie sind bereit, es nicht zu wissen, es sei denn, Sie werden dazu gezwungen."

Truedale zuckte zusammen und ging langsam zu seinem Stuhl zurück.

„Con, Liebes, sofern du es nicht anders wünschst, möchte ich so weit wie möglich von heute an beginnen und herausfinden, wie viel wir einander bedeuten. Lasst uns die Türen vor uns aufstoßen, bis wir sicher sind, dass wir beide denselben bleibenden Ort wollen. Solltest du einen besseren und sichereren Ort für dich finden als diesen, den wir zu kennen glaubten, werde ich dich niemals durch einen Blick oder ein Wort zurückhalten, mein Lieber."

„Und du – Lyn?" Truedales Stimme zitterte.

„Für mich selbst verlange ich das gleiche Privileg."

„Du meinst, dass wir – zusammen und doch getrennt leben?"

„Es sei denn, du willst es anders, Liebes. In diesem Fall werden wir diese Tür schließen und jetzt „Auf Wiedersehen" sagen."

Ihre Stärke, ihre Zärtlichkeit, unbemanntes Truedale . Wieder verspürte er den Ruf, den sie in der Nacht seiner Beichte ausgelöst hatte. Wieder versammelte er sich, um sie zu verteidigen – vor ihrem eigenen erbarmungslosen Ehrgefühl .

„Beim Himmel!" er weinte. „Es wird kein Abschied sein. Ich werde Ihre Bedingungen akzeptieren, ihnen gerecht werden und die Zukunft wagen."

„Gut, alter Con! Und jetzt, bitte, Liebes, geh. Ich glaube – ich glaube, ich werde ein wenig weinen und" – sie blickte zitternd auf – „ Ich darf beim Abendessen keine roten Augen haben." Brace und Betty kommen. Dem Himmel sei Dank, Con, Betty wird uns zum Lachen bringen."

Kapitel XVIII

Truedale sich auf diese Probezeit geeinigt hatten, traten sie mit charakteristischer Entschlossenheit an. Es gab Zeiten, in denen Conning niedergeschlagen glaubte, dass keine Frau so handeln könne wie Lynda, wenn sie einen Mann liebte. Nein, es lag nicht in der Macht einer Frau, auf alles zu verzichten, worauf Lynda verzichtete, wenn sie innig liebte. Man kann Lynda nicht als kalt oder gleichgültig bezeichnen; sie war noch nie süßer und wahrer gewesen; aber sie war so unglaublich gelassen!

Vielleicht war sie, nachdem sie ihm seine Rechte gesichert hatte, damit zufrieden, weiterzumachen und dankbar zu sein, dass tatsächlich so wenig von ihr verlangt wurde.

Aber solche Überlegungen beschämten Truedale schließlich , und er erkannte, dass etwas Großartiges in einer Frau steckte, die, obwohl sie einen Mann immer noch liebte, in der Lage war, sich ihm zurückzuhalten, bis er und sie beide die Tiefen ihrer Natur erkundet hatten.

In diesem Geisteszustand widmete sich Truedale dem Geschäft, und Lynda nahm mit einer frischen Kraft, die selbst sie selbst überraschte, ihre eigenen Aufgaben wieder auf.

„Und das ist *Liebe* “, dachte sie oft bei sich, „es ist die wahre Liebe.“ Manche Frauen denken, sie hätten Liebe, wenn *die Liebe sie hat* . Dieses schöne, greifbare Etwas, das selbst diese Tage heilig macht, hat sich bewährt. Ich kann mich darauf verlassen – mich stark darauf stützen.“

Manchmal fragte sie sich, worauf sie wartete. In ihren traurigen Momenten fürchtete sie oft , dass es für immer andauern könnte – diese arme Fälschung für die Realität akzeptiert werden könnte – und der volle Ruhm ihr und Truedale entgehen würde .

Aber im besten Fall wusste sie, worauf sie wartete – was kommen würde. Es war etwas, das alles andere verdrängte und sie und Conning ohne Vorbehalte oder Zweifel zusammenbringen würde. Sie würden es *wissen!* Er würde die größte Leidenschaft seines Lebens kennen; sie, dass sie alles für verloren halten könnte, wenn sie nicht sein Leben vervollständigte und so ihr eigenes krönte.

Das Geld wurde nie erwähnt. In guten und sicheren Anlagen lag es und wartete auf einen Tag, so sagte Truedale zu McPherson, an dem es ohne Schande oder Schande losgeworden werden könnte .

„Aber, mein Gott! Habt ihr denn keine persönlichen Ambitionen – du und Lynda?“ McPherson hatte gelernt, Conning zu bewundern, und Lynda war immer eine seiner privaten Inspirationen gewesen.

„Keine, die Lynda und ich nicht selbst liefern könnten“, antwortete Truedale
. „Es wäre kein Vorteil, wenn uns unsere Arbeit und die Notwendigkeit
unserer Arbeit weggenommen würden.“

„Aber bist du dem Geld gegenüber nicht verpflichtet?“

„Ja, das haben wir, und ich versuche herauszufinden, was es genau ist.“

Und als sie dieses seltsame, abnormale Leben führten – oft fragten sie sich
warum und fürchteten sie sich sehr –, vergingen drei, dann vier Jahre.

Es ist eine Sache, wenn zwei stolze, sensible Naturen einen bewussten Weg
einschlagen, und etwas ganz anderes, wenn sie ihn aufgeben, wenn die
vermeintliche Notwendigkeit vorüber ist. Es gab jetzt in Truedales Herzen
keinen Zweifel mehr an Lyndas Motiv, ihn zu heiraten; Lynda stellte auch
nicht einen Moment lang Truedales tiefe Zuneigung zu ihr in Frage.
Dennoch warteten sie – zunächst ganz unbewusst, dann mit tragischer
Sturheit – auf etwas, das Hindernisse beiseite fegte, ohne dass einer von
beiden seine Position aufgab.

„Er muss mich wollen, damit ihn nichts mehr aus der Fassung bringen kann“,
dachte Lynda.

„Sie muss wissen, dass meine Liebe zu ihr alles ertragen kann – sogar das!“
argumentierte Conning, und sein Standpunkt war besser vertreten als ihrer,
wie sie eines Tages herausfinden sollte.

Am Anfang schien es ausreichend, ihr Leben eng und vertraulich zu führen
– das Band der Abhängigkeit zu spüren, das sie hielt; Aber manchmal schnitt
der Knoten tief, und sie litten in törichtem, aber stolzem Schweigen.

In diesen Jahren geschahen viele Dinge, die den Horizont für sie alle
erweiterten. Bettys erstes Kind kam und ging und hätte der jungen Mutter
fast das Leben gekostet. Angesichts des möglichen Unglücks stand Brace
entsetzt da, und sowohl Conning als auch Lynda erkannten, wie wahr das
Mädchen in ihrem Leben war. Sie schien in einem Sinne zu ihnen zu gehören,
der stärker war, als Blut sie hätte machen können. Sie könnten sich ein Leben
ohne ihre sonnige Gesellschaft nicht vorstellen. Niemals sollten sie die
düstere Tristesse der einst fröhlichen Wohnung während jener Tage und
Nächte vergessen, in denen der Tod in der Nähe war und die Chancen
abwog. Aber Betty erholte sich und kam mit einem sehnsuchtsvollen Blick
in den Augen zurück, der noch nie zuvor dagewesen war.

„Sehen Sie“, vertraute sie Lynda an, „es wird immer Momente geben, in
denen ich zuhören muss, um zu hören, ob mein Baby ruft.“ Manchmal, Lyn,
kommt es mir so vor, als wäre er direkt vorn – und hielt mich davon ab, es
zu vergessen. Es macht mich nicht traurig, Liebes, es ist wirklich schön, dass
er mir nicht ganz entgangen ist.“

„Und gehst du in die Zuflucht, um nachzudenken, zu schauen und zuzuhören?" fragte Lynda. Denn sie machten sich jetzt alle Sorgen, als Betty sich in das kleine Haus begab.

"Nicht viel!" Und hier funkelte Betty. „Ich gehe dorthin, um Betty Arnold persönlich zu treffen, und frage sie, ob sie lieber etwas zurückgeben möchte. Und dann trottete ich fast außer Atem nach Hause, zu dem kostbaren alten Brace; Ich habe solche Angst, dass er nicht merkt, dass er für mich immer noch das einzig Große auf der Welt ist."

Dieses kleine Kind von Betty und Brace hatte bei ihnen allen einen tiefen Eindruck hinterlassen. Es hatte erst drei Tage gelebt, und während es blieb, hatte der schwarze Schatten, der über der Mutter hing, das Baby scheinbar von geringerer Bedeutung erscheinen lassen; aber später erinnerten sich alle an das hübsche, weiche Milz mit dem seltsamen, alten Blick in seinen großen Augen. Er war so schön wie Babys, die nicht oft bleiben werden. Es sollte keine Jahre geben, in denen er sich verändern und wachsen konnte, und so kam die Schönheit mit ihm.

„Ich schätze, der kleine Kerl dachte, wir wollten ihn nicht", würgte Brace, während er über den kleinen, kalten Körper seines Erstgeborenen sprach, „also kehrte er nach Hause zurück, bevor er den Weg vergaß."

„Tu es nicht, Bruder!" Lynda flehte, als sie mit Truedale neben ihm stand. „Du weißt, dass der Weg nach Hause mit der Zeit vielleicht länger und beschwerlicher geworden wäre."

„Ich wünschte, Betty und ich hätten dazu beigetragen, es einfacher zu machen; jedenfalls eine Zeit lang." Die ewige Revolte gegen scheinbar nutzloses Leid klang in seinen Worten.

Und in dieser Nacht hatte Truedale Lynda ausgiebig geküsst.

„Solche Dinge", sagte er und bezog sich dabei auf die traurigen Pflichten des Tages, „solche Dinge ziehen Menschen zusammen."

Danach erwachte etwas Neues in ihrem Leben – etwas, das vorher nicht vorherrschend gewesen war. Während Betty auf das kleine Geschöpf blickte und lauschte, das vorangegangen war, lauschte Lynda und blickte in das, was in ihrem Leben zuvor eine Leere gewesen war.

Sie hatte Kinder immer auf eine freundliche, distanzierte Art geliebt, sie sich aber nie angeeignet. Aber jetzt konnte sie das Gefühl dieses kleinen, flaumigen Kopfes nicht vergessen, der sich etwa einen Tag lang an ihre Brust schmiegte, während die Füße der jungen Mutter fast über den Abgrund glitten. Sie erinnerte sich an den seltsamen Ausdruck in den tiefen Augen des Kindes in der Nacht, als es starb. Der einsame, gealterte Blick, der im Vorbeigehen scheinbar versuchte, einen vertrauten Gegenstand in Ordnung zu bringen. Und als das trübe Licht in dem kleinen Gesicht erlosch und nur noch ein totes Baby in ihren Armen lag, war die Mutterschaft aus ihrem Schlaf erweckt worden, und indem sie Bettys Kind folgte, wurde sie lebendig und endgültig.

„Ich – ich denke, ich werde ein Kind adoptieren." Das hatte sie gedacht, während der kalte kleine Kopf noch in ihrer Armbeuge lag. Sie ließ diesen Gedanken nie los und zögerte nur, ihn Truedale gegenüber auszusprechen , weil sie befürchtete, er könnte es nicht verstehen und könnte es grausam missverstehen. Das Leben war für sie beide gerade hart genug und schwierig genug, und wenn Lynda am Ende des Tages in das ruhige Zuhause kam, sagte sie oft, um ihr schwaches Herz aufzumuntern:

„Na ja, es ist wirklich so, als käme man an einen Herd, an dem das Feuer noch nicht entzündet ist. Aber Gott sei Dank! Es ist ein sauberer Herd, nicht vollgestopft mit Asche – er ist bereit für das Feuer."

Aber war es das? Mit der Zeit behielt Truedale seinen Glauben und schritt immer näher an ihrem Weg vorbei – oh! Dafür waren sie dankbar – aber immer noch getrennt, fragte sich Lynda. Es war alles so vergeblich, so völlig egoistisch und kindisch – und doch sagte keiner etwas. Dann kam plötzlich das große Ding, das sie zusammentrieb und die ganze Müllbarriere beiseite fegte, die sie errichtet hatten. Wie viele große und unheilvolle Dinge schien es der leisen, leisen Stimme im brennenden Dornbusch sehr ähnlich zu sein – dem winzigen Stern in der schwarzen Nacht.

Truedale hatte am Nachmittag ein aufschlussreiches Gespräch mit McPherson geführt. Der alte Arzt war wirklich ein weichherziger Sentimentalist und hin und wieder entblößte er sich vor den Augen eines vertrauenswürdigen Freundes. Diesmal war es Truedale .

McPherson stapfte durch das schlichte, sachliche Büro, als Conning angekündigt wurde.

"Oh! Komm rein, komm rein!" namens McPherson. „Sie können das besser verstehen als andere. Ich hatte einen verdammt guten Tag. Eine verwirrende Sache nach der anderen, die mir die Seele raubte. Und jetzt dieser Brief vom alten Jim White!"

Conning begann. Es war nun Jahre her, seit Pine Cone seine Gedanken scharf berührt hatte.

„Was ist mit Weiß los?" er hat gefragt.

"Schau aus dem Fenster!"

Truedale tat es, und zwar in den mauerartigen Schnee, der den ganzen Tag gefallen war.

„Das gibt es in den Bergen schon seit Wochen. Spuren verwischt, Leute versteckten sich wie Tiere, und dieser gute alte Kerl, White, nutzte diese Zeit, um sich das Bein zu brechen. Da lag er eine ganze Woche lang, verdammt noch mal! Zwei seiner Hunde starben – er selbst wäre fast verhungert. Es ist mir gelungen, zum Essen zu kriechen, solange es welche gab, und dann hat sich jemand hindurchgepflügt, um Jim dazu zu bringen, eine Hinrichtung oder eine andere Kleinigkeit zu organisieren, und hat ihn gefunden! Mein Gott, Truedale , was sie da unten brauchen, sind Straßen! Straßen! Wege, über die Menschen zueinander reisen und Menschen werden können. Das ist sowieso alles, was die Welt braucht!" Hier blieb McPherson vor Truedale stehen und starrte ihn an, als wollte er ihm die Schuld für die Verkehrsbehinderung in die Schuhe schieben. „Straßen, über die Menschen zueinander reisen können. Sehen Sie, Sie suchen nach einer Ausrede, um Ihr verdammtes Geld loszuwerden. Warum baut ihr keine Straßen?"

„Straßen?" Truedale wusste nicht, ob er lachen oder seinen Mann ernst nehmen sollte.

„Ja, Straßen. Ich gehe zu Jim. Ich habe nicht viel Geld; Ich habe ein gutes Geschäft gemacht, aber irgendwie scheine ich nie in der Lage zu sein, mit der Ware bei mir erwischt zu werden. Aber das Wenige, das ich jetzt habe, geht an Jim, um eine Verbindung zwischen ihm und dem Zentrum herzustellen. Aber hier ist ein Job für Sie. Sie können dieses Bedürfnis begreifen. Ich habe einen Jungen im Krankenhaus; Er gab nach, weil er zu viel lernte. Er versucht, eine Ausbildung zu bekommen, während er verhungert und auf Unterwäsche verzichtet. Du solltest wissen, wie du eine Abkürzung zu ihm findest, Truedale ; Du hast selbst ein bisschen durchs Unterholz gehackt. Wenn ich nicht glauben würde, dass die Leute über Straßen zueinander reisen würden, wenn es Straßen *gäbe* , würde ich rausgehen und mir die Kehle durchschneiden."

Der große Mann, besorgt und so voller Mitgefühl wie eine zärtliche Frau, hielt in seinen Schritten inne und rief:

„Verdammt, Truedale !" Wäre er eine Frau gewesen, wäre er in Tränen aufgelöst.

Truedale verstand endlich, was er meinte. Hier bot sich eine mögliche Chance, das angesammelte Geld freizugeben. Zwei Stunden lang, während die Sonne im Westen unterging, unterhielten sich die Männer über Pläne und Projekte.

„ Natürlich werde ich mich um den Jungen im Krankenhaus kümmern, Dr. McPherson. Ich kenne die Abkürzung zu ihm und er kann mich wahrscheinlich zu anderen führen, aber ich möchte" – und hier wurden Truedales Augen düster – „ Ich möchte, dass du ein paar Blankoschecks mit

nach Pine Cone nimmst." Ich weiß, dass es dort unten Straßen braucht",
nicht wahr? und für einen Moment runzelten seine Augenbrauen die Stirn,
als er darüber nachdachte, wie anders sein eigenes Leben hätte sein können,
wenn das Reisen in der Zeit, als er dem Sturm ausgeliefert war, problemlos
gewesen wäre.

„Ich würde gerne etwas für Pine Cone tun. Bauen Sie natürlich die Straßen,
aber unterstützen Sie die Männer und Frauen, die dort unten mit wenig Hilfe
oder Geld Gottes Werk tun. Sie kennen die Leute – Jim hat sie mir erklärt.
„Sie sind nicht besonders höflich", sagt Jim, aber sie verstehen die
Bedürfnisse. Es ist mir egal, dass mein Name bekannt wird – für einen
Philanthrop bin ich eher ein schlechter Mensch –, aber ich möchte als
Anfang etwas tun, und das scheint mir eine Inspiration zu sein."

McPherson hatte zugehört, und nach und nach wurden seine langen Schritte
weniger nervös.

„Bis heute habe ich mir deinen Onkel nicht zurück gewünscht, Truedale ,
seit er gegangen ist. Er war ein armer, unartikulierter Kerl, aber ich habe
gelernt, zu erkennen, dass er eine weitreichende Vision hatte."

„Danke, Dr. McPherson, aber ich habe ihn oft zurückgewünscht."

Truedale vor McPhersons Haus stand, hob er den Kopf und schnupperte
voller Vergnügen die klare Winterluft. Ein Erfolgserlebnis überkam ihn; die
Freude, das Gefühl zu haben, ein heikles Problem gelöst zu haben. Er stellte
fest, dass er an Pine Cone – und, ja, an Nella-Rose – denken konnte, ohne
einen verletzenden Schmerz zu verspüren. Er würde etwas für sie tun – für
ihr Volk! Er wollte ihnen das Leben leichter – glücklicher – machen, also
betete er auf seine stille, wortlose Art. Er verspürte einen neuen und
seltsamen Impuls, zu Lynda zu gehen und ihr zu sagen, dass er endlich aus
allen Fesseln der Vergangenheit befreit sei. Er wollte tun, was er konnte, und
die Anker wurden nicht mehr gezogen. Er wollte, dass sie ihm half – einige
Fragen aus der Sicht der Frau zu klären. Also eilte er weiter und betrat mit
leichtem, jungenhaftem Schritt das Haus.

Thomas deckte, gebeugt, aber stattlich, den Tisch im fröhlichen Esszimmer.
In einer tiefgrünen Schale befanden sich Blumen, hellgoldene Astern.

Lange danach erinnerte sich Truedale an alles, als ob es sich in seinem
Gedächtnis eingebrannt hätte.

„Ist Miss Lynda da?" fragte er, denn sie alle hielten an den Titeln der alten
Zeit fest.

„Noch nicht, Herr Con. Sie ging gegen drei Uhr in großer Eile hinaus. Sie
sagte kein Wort – und das liegt an ihrer angenehmen Art –, also ging ich
davon aus, dass sie ein Geschäft hatte, das sie beunruhigte. Sie war den

ganzen Tag in der Werkstatt." Thomas stellte die Teller auf. Es handelte sich um weißes Porzellan mit zarten Goldrändern. "Summen! summen! Herr Con, Ihr Onkel hat immer gesagt, wenn er gesprächig war, dass Miss Lynda jemanden haben sollte , der sie zurückhält, wenn sie mit dem Laufen beginnt."

„Ich werde nach ihr suchen, Thomas!"

Conning ging in die Werkstatt und schaltete den Strom ein. Ein trostloses Gefühl übertönte die Heiterkeit des Nachmittags. Lynda wirkte seltsam, bedrohlich distanziert – als hätte sie eine lange, lange Reise angetreten.

Im Kamin brannte ein erlöschendes Feuer, und das Zimmer war in Ordnung, bis auf den breiten Tisch, auf dem noch die Arbeit lag, mit der Lynda beschäftigt war, bevor sie das Haus verließ.

Truedale setzte sich davor und vertiefte sich nach und nach, ohne die Bedeutung dessen, was er sah, wirklich zu begreifen. Er hatte Lyndas originelle Art, ihre Probleme zu lösen, oft studiert und geschätzt. Es genügte ihr nicht, die Entwürfe, die ihr geschultes Talent entwickelte, zu Papier zu bringen; Sie lebte immer, wie sie es ausdrückte, in den Räumen, die sie sich ausgedacht hatte. Hier befanden sich echte Möbel – winzig, aber perfekt – und echte Behänge – ideal in Farbe und Form und so angeordnet, dass sie verschoben werden konnten, um die Lichteffekte zu testen.

Es war kein Wunder, dass Truedale oft bemerkt hatte, dass Lyndas Arbeit so individuell und persönlich sei – sie haucht ihr den Atem des Lebens ein, bevor sie ihn loslässt. Truedale war immer dankbar dafür gewesen, dass die Ehe Lynda nicht die Freude an ihrem Beruf genommen hatte. Er hätte es gehasst zu wissen, dass er sich in ein so reales und lebenswichtiges Geschenk einmischte.

Aber dieser Raum, den er jetzt betrachtete, war anders als alles, was er jemals zuvor in der Werkstatt gesehen hatte. Es interessierte und verwirrte ihn.

Lyndas Spezialgebiete waren Bibliotheken und Wohnzimmer; Es gab zwei oder drei Dinge, die sie nie versucht hatte – und das? Truedale schaute genauer hin. Wie hübsch es war – wie ein Kinderspielzimmer – und wie fantasievoll! In einer Ecke befand sich ein Kamin, vor dem ein Bildschirm stand, auf dem ein höchst gütiger Kobold mit ausgebreiteten Krallen alle achtlosen, torkelnden Füße warnte. Die breiten Fensterbänke könnten als Kisten für kindliche Schätze dienen. Es gab köstliche, kleine Stühle und bequem niedrige Hocker; In einer dunklen Ecke stand ein winziges Bett, über dem auf einem schützenden Schild Engel mit gefalteten Flügeln und verzückten Gesichtern zu sehen waren.

„Na, das muss doch ein – Kinderzimmer sein!" Truedale rief halb laut; „Und sie sagte, sie würde niemals eines entwerfen."

Offensichtlich erinnerte er sich an Lyndas Grund. „Wenn ein Vater und eine Mutter nicht in der Lage sind, die Anforderungen einer Kinderkrippe zu erfüllen und zu erfüllen, haben sie es nicht verdient. Ich könnte mich nie dazu durchringen, dort einzugreifen."

"Was bedeutet das?" Truedale beugte sich näher. Der Tisch war weiß gestrichen worden, um als Boden für das zierliche Gedeck zu dienen, und als er nun hinsah , sah er Flecken – dunkle, verräterische Flecken auf der glänzenden Oberfläche.

Es waren Tränenflecken; Lynda, die sich mit so viel Freude und Herzblut für die Ideale anderer Häuser einsetzte, hatte über das Kinderzimmer des Kindes einer anderen Frau geweint!

Aus irgendeinem Grund war Truedale an diesem Tag besonders empfänglich für Eindrücke. Als er mit den spielzeugähnlichen Symbolen vor sich saß, erfassten ihn die heiligsten und stärksten Dinge des Lebens mit schrecklicher Bedeutung. Er zog seine Uhr heraus und sah, dass es Essenszeit war und die Stille im Haus bewies, dass die Herrin noch abwesend war.

„Es gibt nur eine Person, zu der sie gehen würde", murmelte er. „Ich gehe zu Betty und bringe Lynda nach Hause."

Er gab Thomas eine Erklärung, die die Situation abdeckte.

„Ich habe herausgefunden, wo das Problem lag, Thomas", sagte er. „Es wird alles gut sein, wenn wir zurückkommen. Aber behalten Sie das Abendessen nicht bei."

Er nahm ein Taxi zu Brace. Er war zu verzweifelt, um sich in einem öffentlichen Transportmittel zur Schau zu stellen. Brace saß einsam, aber offenbar zufrieden am Kopfende seines Tisches.

„Schläger für dich, alter Mann", grüßte er. „Du warst nie willkommener. Ich werde sofort einen Teller für Sie aufstellen lassen. Was ist los? Sie sehen-"

„Ken, wo ist Betty?"

„Lauf weg, Con. Ging gestern. Geht immer seltener, aber sie hat gestern geschnitten."

„War – war Lynda heute hier?"

"Ja. Circa drei. Als sie feststellte, dass Betty verschwunden war, wollte sie nicht bleiben. Setz dich, alter Mann. Du wirst, wie ich, lernen, Lyn mehr zu schätzen, wenn sie nicht immer dort ist, wo wir Männer Frauen sein sollten."

Truedale setzte sich Kendall gegenüber, sagte aber, er würde nur eine Tasse Kaffee trinken. Als es fertig war , stand er fester auf und sagte leise:

„Ich weiß, dass es ein ungeschriebenes Gesetz ist, Ken, dass wir Betty nicht ohne Einladung folgen sollten; aber ich muss heute Abend dorthin gehen.

„Es ist gefährlich, alter Mann. Ich rate davon ab. Was ist los?"

„Ich muss Lyn sehen. Ich glaube, dass sie da ist."

„Eher ein großes Missverständnis?"

„Ich hoffe, Ken, Gott helfe mir, es wird das größte *Verständnis sein* , das Lynda und ich je hatten."

Kendall war beeindruckt – und schwieg daher.

„Ich bin sicher, Betty wird mir verzeihen. Gute Nacht."

„Gute Nacht, alter Junge, und – und was auch immer es ist, ich glaube, es wird gut herauskommen."

Und dann stürzte sich Truedale in die Nacht – entschlossen, die absurde Situation zu meistern, die er und Lynda zugelassen hatten. Er fühlte sich wie ein Mann, der in einem Albtraum gelitten hatte und gerade erst aufgewacht war und die Wirkung des unheiligen Traums abgeschüttelt hatte.

KAPITEL XIX

An jenem Wintertag hatte Lynda ihre Aufgabe mit ungewohnter Energie erledigt. Sie hatte noch nie zuvor eine ähnliche Arbeit geleistet. In ihren frühen Anfängen hatte sie die Unzulänglichkeit von Frauen eher verachtet, die, ganz gleich, was man zur Verteidigung ihrer Unwissenheit über den Rest ihres Zuhauses sagen könnte, nicht wussten, wie sie ihre eigenen Kindergärten entwerfen und planen sollten. Später verzichtete sie auf das Entwerfen dieser Art, weil so wenige danach fragten und es sich nicht lohnte, viel Zeit in das Studium zu investieren, um sich auf die seltenen Fälle vorzubereiten, in denen Kindergärten in die Aufträge aufgenommen wurden. Aber das war eine Ausnahme. Eine Frau, die drei Kinder verloren hatte, erwartete ihr viertes und war mit einem rührenden Appell an Lynda herangetreten.

„Sie haben geholfen, aus meinem Haus ein Zuhause zu machen, Mrs. Truedale , aber ich habe den Kindergarten immer geleitet – vorher ich selbst; Jetzt kann ich nicht. Ich möchte, dass du mir Freude bereitest und es willkommen heißt. Wenn ich es unternehmen würde , würde ich kläglich scheitern und nur Trübsinn und Angst entwickeln. Es wird anders sein – danach. Aber du verstehst und – du wirst es tun?"

Lynda hatte es verstanden und sich mit der neuen, glücklichen Einsicht, die Bettys kleines Baby ermöglicht hatte, an die Arbeit gemacht. Es war alles gut gegangen, bis die „Schlafecke" erreicht war, und dann – etwas passierte. Den Anfang machte eine Erinnerung an eines von Bettys Geständnissen. „Lyn", hatte sie kurz bevor ihr Baby zur Welt kam, gesagt, „ich knie neben diesem kleinen, wartenden Kinderbett und bete – so wie nur Mütter beten können – und Gott lehrt sie jedes Mal aufs Neue!" Ich möchte unbedingt des Vertrauens Gottes würdig sein."

„Und ich – werde es nie erfahren!" Lynda senkte den Kopf. „Mit meiner Liebe – mit meinem Wunsch, Gott sprechen zu hören – werde ich niemals hören. Warum?"

Dann weinte Lynda. Zuerst weinte ich aus einem trostlosen Gefühl der Niederlage; Dann – und Gott spricht manchmal zu Frauen, die neben den Betten von Kindern knien, die nicht ihre eigenen sind – hob sie den Kopf und zitterte angesichts der Flut der Freude, die sie überkam. Es war wie eine Fata Morgana ihrer eigenen gesegneten Herkunft, gesehen in der Welt einer anderen Frau.

Voller dieser Vision war sie zu Betty geflohen, nur um festzustellen, dass Betty auf eigene Faust geflohen war!

Es gab keinen Moment der Unentschlossenheit; Willkommen oder nicht, Lynda musste Betty erreichen – und zwar sofort!

Sie hatte gezögert, nachdem sie ihr Gesicht dem Fluss zugewandt hatte. Sie machte sogar in einer ruhigen kleinen Teestube Halt und aß eine leichte Mahlzeit. Dann wartete sie, bis die Schar der Geschäftsleute die Fähre zu ihren Häusern überquert hatte. Es war schon ziemlich dunkel, als sie die bewaldete Stelle erreichte, wo sich tief zwischen den Bäumen Bettys Rückzugsort befand.

Im Haus brannte Licht – das Wohnzimmer ging auf den Weg – und durch das offene Fenster sah Lynda, wie Betty mit ihrem kleinen Hund auf dem Schoß vor dem Feuer saß.

„Oh, Betty", flüsterte sie und streckte ihre Arme nach der einsamen kleinen Gestalt in dem niedrigen, tiefen Stuhl aus. „Betty! Betty!" Sie wartete einen Moment, dann klopfte sie leicht auf das Glas. Der Hund sprang auf den Boden, seine scharfen Ohren zuckten, aber er bellte nicht. Betty kam zur Tür und stand mit ausgestreckten Armen in dem warmen, beleuchteten Raum. Sie kannte keine Angst, auf ihrem Gesicht stand nur Zweifel.

„Lyn, bist du es?"

"Ja! Wie hast du das erraten?"

„Den ganzen Tag habe ich an dich gedacht – ich wollte dich. Manchmal kann ich Menschen auf diese Weise zusammenbringen."

„Und ich habe dich gewollt! Betty, darf ich bleiben – heute Nacht?"

„Warum, ja, Liebes. Bleiben Sie, bis Sie nach Hause wollen. Ich habe mich zusammengerissen; Ich bin fast bereit, nach Brace zurückzukehren. Komm herein! Warum – was ist es, Liebes? Komm, lass mich deine Sachen ausziehen! Dort! Lehnen Sie sich jetzt im Stuhl zurück und erzählen Sie Betty alles."

„Nein, nein! Betty, ich möchte so – zu deinen Füßen sitzen. Ich möchte alles lernen, was du mir beibringen kannst. Du hast noch nie die Augen geblendet – sonst wüsstest du, wie weh das Licht tut."

"Na dann. Lege deinen gesegneten, müden Kopf auf mein Knie. Du bist heute Abend mein kleines Mädchen, Lyn, und ich bin deine – Mutter."

Für einen Moment weinte Lynda wie ein Kind, das endlich in Sicherheit war. Betty unterdrückte oder besänftigte das heftige Schluchzen nicht – sie wartete. Sie wusste, dass Lynda vor allem gerettet war, was sie beunruhigt hatte. Jetzt ging es nur noch darum, es zu erzählen. Und plötzlich wurde der dunkle Kopf erhoben.

„Betty, es sind Con und ich!"

"Ja, Liebes."

„Ich habe ihn mein ganzes Leben lang geliebt; und ich glaube – ich *weiß* – er hat mich geliebt! Frauen machen keine Fehler in Bezug auf die Realität."

„Niemals, Lyn, niemals."

„Betty, als ich einmal dachte, Con hätte mir Unrecht getan, wollte ich zu dir kommen – fast hätte ich es getan –, aber dann konnte ich nicht! Jetzt, da ich mir sicher bin, dass ich ihm Unrecht getan habe, fällt es mir leicht, zu Ihnen zu kommen – Sie haben so viel Verständnis!" Der Glanz von Lyndas Gesicht erschreckte Betty ziemlich. Hingabe, Erleichterung, verherrlichte es, bis es wie ein neues – ein weitaus schöneres Gesicht erschien.

„Mein ganzes Leben lang, Betty, habe ich mich selbst kontrolliert – mich selbst besiegt. Ich habe so angefangen und – und ich habe weitergemacht. Ich habe noch nie etwas getan, ohne nachzudenken und abzuwägen; aber jetzt werde ich mich in die Liebe und das Leben stürzen und – bezahlen, was auch immer zu bezahlen ist."

„Warum, Lyn, Liebes, bitte geh langsamer." Betty drückte ihr Gesicht an den Kopf an ihrem Knie.

„Betty, es gab noch eine andere Liebe in Cons Leben – eine, die es nie hätte geben dürfen."

Das verschlug Betty fast den Atem. Sie war dankbar, dass Lyndas Blick abgewandt war; Aber durch eine seltsame Magie erweckten die Worte Truedale in Bettys sehr menschlicher Vorstellungskraft.

„Manchmal denke ich, dass das, was passiert ist, die Abwicklung einer alten Erbschaft war; Con hat viel überwunden, aber das hat ihn in die Falle gelockt. Er war bereit, es seine ganze Zukunft ruinieren zu lassen. Er hätte niemals mit der Wimper gezuckt, hätte nie gewusst oder zugegeben, wenn er es gewusst hätte, worauf er verzichtet hatte. Aber die Sache geriet völlig außer Kontrolle – das Mädchen heiratete einen anderen Mann!

„Als Con wieder zu sich kam, erzählte er es mir, Betty – es erzählte es mir so einfach, so tragisch, dass ich sah, welch tiefen Einschnitt diese Erfahrung in sein Leben gemacht hatte – wie demütigend es ihn gemacht hatte. Niemals hat er jemand anderem die Schuld gegeben. Ich liebte ihn für die Art, wie er es betrachtete; so viele Männer hätten das nicht tun können. Das hat bei mir den Unterschied gemacht. Es war das, was das Ding mit Con gemacht hatte, das es mir ermöglichte, ihn umso mehr zu lieben!

„Er wollte die besten Dinge im Leben, hielt sich aber nicht für würdig! Und ich? Nun, ich dachte, ich hätte genug für uns beide gesehen, und so habe ich ihn geheiratet! Dann passierte etwas – egal was es war – es war eine dumme, hässliche Sache, aber es musste etwas sein. Und Con dachte, ich hätte der ersten Liebe, die ich für ihn geopfert hatte, nie vergeben – in der Ehe! Und das könnte keine Frau ertragen."

„Meine arme, liebe Lyn."

„Verstehst du nicht, Betty, das alles hat seinen Ursprung in der idiotischen Vorstellung, die Männer – manche Männer – von Frauen haben. Sie stellten uns auf ein umstürzendes Podest; Wenn wir fallen, sind sie überrascht, und wenn wir es nicht tun, haben sie Angst vor uns! Und die ganze Zeit – das weißt du, Betty – sollten wir überhaupt nicht auf Podesten stehen; Wir gehören *nicht* dazu! Wir wollen nah beieinander sein und gemeinsam mitmachen."

„Ja, Lyn; das tun wir! das tun wir!"

„Nun – nachdem Con es missverstanden hatte, ließ ich ihn einfach mitgehen, weil ich dachte, ich wäre – nun ja, die Art von Frau, die sich opfern könnte. Ich dachte, er würde mich wollen, damit er es herausfinden würde. Und so haben wir uns schon seit Ewigkeiten die Seele aus dem Leib gefressen!"

„Warum, Lyn! du grausames, dummes Mädchen."

„Ja – und weil ich wusste, dass du das sagen würdest – könnte ich zu dir kommen. Du – gib Con nicht die Schuld?"

"Beschuldige *ihn* ! Warum, Lyn, ein Gentleman reißt eine Frau nicht von ihrem bestialischen Podest; sie kommt selbst herunter – wenn sie kein Narr ist."

„Na, Betty, ich bin am Boden! Ich bin unten und werde bei Bedarf zu Con kriechen, und dann – ich denke, er wird mich hochheben."

„Er wird dich niemals runterziehen, das ist eine sichere Sache!"

"Oh! Danke, Betty. Danke schön."

„Aber, Lyn – was hat dich so plötzlich zur Besinnung gebracht?"

„Dein kleines Baby, Betty!"

"Mein Baby!" Die Worte kamen in einem harten, keuchenden Atemzug.

„Ich habe ihn gehalten, als er starb, Betty. Ich war noch nie zuvor einem Baby nahe gewesen – noch nie! Als ich ihn ansah, passierte mir etwas Seltsames. Es war, als wüsste man, was eine Blume sein würde, während man nur die Knospe in der Hand hielt. Die Augen des Babys hatten den gleichen Ausdruck, den ich in Cons Augen gesehen habe – in denen von Brace; Ich weiß jetzt, dass es das Aussehen der ganzen Welt ist. Es war voller Staunen

– voller Fragen, was das alles zu bedeuten hatte. Ich bin mir sicher, dass es kommt und geht, aber nie wirklich beantwortet wird – hier, Betty."

"Oh! Lyn. Und ich war verbittert – elend –, weil ich das Gefühl hatte, dass es nicht fair war, mein Baby wegzunehmen, bis es ein wenig Arbeit in der Welt geleistet hatte! Und nun – nun ja, er hat etwas Großartiges geleistet. Mein kleines, kleines Baby!" Betty klammerte sich an Lynda und weinte, als ob alle Qualen für immer verschwunden wären.

„Manchmal" – Lynda drückte sich an Betty – „ manchmal, in letzter Zeit habe ich den Blick in Cons Augen gesehen!" Es war, als würde er mich fragen, ob er schon genug bestraft worden sei! Und ich habe an mich selbst gedacht – daran, was Con *mir schuldig war;* was *ich* wollte; *wenn* ich es haben sollte! Ich hasse und verachte mich selbst wegen meiner Kleinheit und Prüderie; warum, er ist tausendmal besser als ich! Das ist es, was Podeste für Frauen getan haben. Aber jetzt, Betty, bin ich am Boden; und ich bin unten, um zu bleiben. Ich bin-"

„Warte, Lyn, Liebes." Betty wischte ihr nasses Gesicht ab und machte sich auf den Weg. Sie hatte eine große Gestalt am Fenster vorbeigehen sehen und hatte das Gefühl, dass etwas Ungeheures auf dem Spiel stand. „Nur einen Moment, Lyn. Ich muss mit Mrs. Waters sprechen, wenn Sie über Nacht bleiben möchten . Sie ist alt, wissen Sie, und geht früh zu Bett."

Lynda saß immer noch auf dem Boden – ihr Gesicht wandte sich dem roten Schein des Feuers zu, das immer schwächer wurde. Plötzlich öffnete sich die Tür und ihre Worte flossen weiter, als hätte es keine Unterbrechung gegeben.

„Ich gehe morgen zur Con. Ich musste mich zunächst vergewissern; aber ich weiß es jetzt, ich weiß es! Ich werde ihm alles darüber erzählen – und ihn bitten, mich neben ihm gehen zu lassen. Ich werde ihm sagen, wie einsam ich an dem Ort war, an den er mich gebracht hat – wie ich es gehasst habe! Und irgendwann – da bin ich mir so sicher wie möglich – wird es etwas geben, das ich tun kann, um es zu beweisen."

"Mein Liebling!"

Arme, die stärker waren als Bettys, hielten sie fest – hielten sie mit einer sehr menschlichen, verständnisvollen Kraft.

„Du hast das einzig Große geschafft, Lyn!"

„Noch nicht, noch nicht, Con, Liebes."

„Du hast mir klar gemacht, was für ein Unrecht – ein bitteres Unrecht – ich dir angetan habe, als ich dachte, du könntest weniger als eine liebevolle Frau sein."

„Oh, Con! Und warst du auch einsam?"

„Süße, ich wäre vor Einsamkeit gestorben, wenn mir nicht jemand gesagt hätte, dass ich immer noch auf dem Weg zu dir bin. Das hat es möglich gemacht."

„Stattdessen" – Lynda senkte sein Gesicht zu ihrem – „ Stattdessen habe ich mich auf *dich* zugekämpft !" ! Lieber, lieber Con, es sind nicht Männer und Frauen; es ist *der* Mann – *die* Frau. Kannst du nicht sehen? Was zählt, ist das, was das Leben aus uns macht. nicht die Schritte, die wir auf dem Weg unternehmen. Du – weißt du das, Con?"

„Ich weiß es jetzt aus tiefstem Herzen."

Es war einer von Bettys urigen Aussprüchen, dass manche Leben von Taschenlampen geleitet würden, andere von einem stetigen Lichtschein. Sie hatte immer nach der ersten Methode vorgegangen. Sie wandelte von einer Erleuchtung zur nächsten mit großem Glauben, großem Mut und viel Freude. Nach der Nacht, in der Lynda ihr zeigte, was ihr liebes, totes Baby in seinem kurzen Aufenthalt erreicht hatte, erhob sie sich triumphierend aus ihrem Kummer. Sie war wieder ihr altes, strahlendes Ich; Sie sang in ihrem Haus, verklärte Brace durch ihr Glück und ging ihren alten Interessen und Pflichten mit echter Freude nach.

Aber für Lynda und Truedale war der ständige Glanz notwendig. Nach der Nacht, als sie aus dem kleinen Haus im Wald nach Hause kamen, stellten sie nie Fragen und zweifelten nie . Für sie beide war Glück nichts Neues; Es war ein kostbares altes Ding, das nach einer dunklen Testphase zurückgegeben wurde. Die Tage waren alle zu kurz, und als die Nacht Conning rennend und pfeifend zur Tür brachte, lächelte Lynda und stellte fest, dass das Feuer auf ihrem schönen, sauberen Kamin endlich munter brannte. Sie hatten so viel gemeinsam – so viel, dass es von beiden verlangte, es zu tun.

„Hier und da gibt es keine Brücken für uns, über die wir einander erreichen könnten", dachte Lynda; „Es ist der eine Weg für uns beide." Dann wurden ihre Augen zärtlich grübelnd, als sie sich daran erinnerte, dass es ein kleines Kind war, das sie geführt hatte – nicht ihres, sondern das eines anderen.

Das Geschäft, das darin bestand, das Geld des alten William Truedale in Umlauf zu bringen, beschäftigte Conning zu dieser Zeit. Sobald er den Weg betrat, hatte er nicht vor, umzukehren; Aber manchmal fragte er sich, ob jemals der Tag kommen würde, an dem er sich mit gutem Gewissen arm genug fühlen könnte, um sich noch einmal selbstsüchtig zu amüsieren.

Von McPherson hörte er ständig von der Arbeit in den südlichen Hügeln. Truedale war dort tatsächlich eine starke, wenn auch stille und unerwartete Kraft. So wie er einst eine unbekannte Größe gewesen war, so blieb er; Aber die Arbeit ging weiter, unter der Aufsicht von Jim White, der die in seine Hände gelegte Macht mit Scharfsinn und Klugheit nutzte.

Truedales besondere Interessen galten fast ausschließlich der Bildung. Selbst hier hielt er sich in Reserve und legte die Macht in kompetentere Hände, die sie besser ausüben konnten als er. Dennoch war er persönlich bekannt und wurde von vielen jungen Männern und Frauen dankbar geschätzt, die – wie er einst gekämpft hatte – um das kämpften, was ihnen wichtiger war als alles andere. Er hat es immer geschafft, ihnen ihre Unabhängigkeit und Selbstachtung zu lassen. Natürlich war das alles erfreulich und lebenswichtig für Lynda. Leistung lag ihrem Temperament am Herzen, und die Erfolge anderer, insbesondere derjenigen, die ihr am nächsten standen, waren ihr wertvoller als ihre eigenen. Sie sah, wie Truedale seine alte zögernde, verwirrte Art wie einen abgelegten Mantel fallen ließ. Sie vertraute zunehmend auf seine ruhige Kraft, die sich mit den an sie gestellten Anforderungen entwickelte. Sie hat ihn so gebilligt! Und diese Erkenntnis brachte das Beste in ihr zum Vorschein.

An einem Novemberabend saßen sie und Con in der Bibliothek, Truedale an seinem Schreibtisch, Lynda wiegte sich müßig und luxuriös hin und her , die Hände über dem Kopf verschränkt. Endlich hatte sie die Freude der absoluten Entspannung kennengelernt.

„Es zieht ein großer Schneesturm auf", sagte sie und lächelte sanft. Dann, ganz nebenbei: „Con, wir sind schon seit vier und mehr Jahren verheiratet!"

„Nur das, Lyn? Es kommt mir vor wie mein ganzes Leben."

„Oh, Con – solange das so ist?"

„Glücklich lang."

Nach einer weiteren Pause sprach Lynda fröhlich: „Con, ich möchte etwas von Onkel Williams Geld. Vieles davon."

Truedale warf ihr ein neues Scheckbuch zu. „Jetzt, da Sie sehen, dass daran keine Schnur geknüpft ist", sagte er, „darf ich fragen, wofür? Nur sympathisches Interesse, wissen Sie."

"Natürlich. Nun, es ist so. Betty und ich sind pleite. Es ist in Ordnung für Sie, Straßen zu bauen und Schulen zu bauen und die Jugend Amerikas so auszurüsten, dass sie alles lernen kann, was sie tragen kann, aber Betty und ich sind hinter den Babys her. Wir haben uns um das Saxe Home gekümmert – Betty ist im Vorstand – und vor Weihnachten werden wir all diese armen, standardisierten Säuglinge ausziehen und ihnen die kurzen Haare wachsen lassen."

Truedale lachte herzlich. „Die Intimität mit Betty", sagte er, „hat deine Beschreibungsfähigkeiten beeinflusst , Lyn, meine Liebe."

„Oh, alle glücklichen Frauen sprechen eine Zunge."

„Und du *bist* glücklich, Lyn?"

"Glücklich? Ja – glücklich, Con!"

Sie lächelten einander über den breiten Tisch hinweg zu.

„Betty hat dem Superintendenten gesagt, dass sie die Entlassung des derzeitigen Personals empfehlen wird, wenn am 24. Dezember ein blauer Streifen oder ein abgeschnittener Kopf zu sehen ist."

„Guter Gott! Nimmt jemand Betty jemals ernst ? Ich glaube, dass eine dieser Vorstandssitzungen eine starke familiäre Ähnlichkeit mit einem Nachmittagstee haben würde – eher eine frivole."

„Das tun sie nicht. Und ehrlich gesagt haben die Leute enorme Angst vor Betty. Sie bringt sie zum Lachen, aber sie wissen, dass sie bekommt, was sie will – und mit einem Witz verdeutlicht sie ihre Wahrheit."

„Da ist etwas dran." Truedale sah ernst aus. „Sie ist eine tolle Betty."

„ Jetzt liegt es also an Betty und mir", fuhr Lynda fort. „Wir können die schäbigen, ausgeblichenen kleinen Klamotten ausziehen, aber wir müssen sofort etwas zum Anziehen haben, sonst erkälten sich die Kinder."

"Sicherlich."

„Wir sind der Meinung, dass es fast genauso schlimm ist, ein Kind in Streifen anzufangen, wie es damit fertigzustellen. Einem Kind das Gefühl zu geben, anders zu sein, wird es mit Sicherheit verdammen."

„Und so werden Sie dem Saxe Home ein Beispiel geben und den Stein ins Rollen bringen."

„Genau, Con. Und wir werden dieses Weihnachten den dramatisch Reichen die Tür vor der Nase zuschlagen. Die Lämmer im Saxe werden einen schönen, altmodischen Baum haben. Sie werden es am Abend zuvor selbst anziehen und in den Schornstein flüstern, was sie wollen – und am Weihnachtstag wird es im Umkreis von einer Meile von diesem Haus keine Rede geben!"

"Das ist großartig. Da würde ich gerne selbst mitmachen."

„Das kannst du, Con, wir werden dich brauchen."

„Weihnachten bringt die Kinder doch immer in Erinnerung, nicht wahr? Ich nehme an, dass es Betty besonders gut geht, da sie seit etwa einem Tag ihr

Baby hat." Truedales Augen waren zärtlich. Bettys Baby und seine erfüllte Mission waren ihm und Lynda heilig.

„Betty wird ein Kind adoptieren, Con."

"Wirklich?"

"Ja. Sie sagt, dass sie Weihnachten nicht ohne eins ertragen kann. Es ist eine Zurechtweisung an – an ihren Jungen."

„Armer kleiner Bet!"

"Oh! Es macht mich so – so demütig, wenn ich ihren Mut sehe. Sie sagt, wenn sie ein Dutzend eigene Kinder hat, macht das keinen Unterschied; Sie muss einen Vertreter ihres ersten Kindes haben. Sie hat sich fast für einen entschieden – er ist der schrecklichste von allen. Sie zögert nur, um zu sehen, ob etwas Schlimmeres auftauchen wird. Sie sagt, dass sie ein Baby bekommen wird, das niemand sonst bekommen wird – sie wird das Größte tun, was sie für ihren eigenen toten Jungen tun kann. Als ob ihr Baby jemals tot sein könnte! Manchmal denke ich, dass er lebendiger ist, als wenn er hier geblieben wäre und sich in irdische Dinge verstrickt hätte – wie es so viele tun!"

Conning näherte sich Lynda und zog ihren Kopf zurück an seine Brust.

„Du weinst, Liebling!" er sagte.

„Es ist – es ist Betty. Con, was hat es mit ihr auf sich, das den Weg für uns alle erhellt und gleichzeitig unsere Augen trübt?"

„Sie ist sehr aufschlussreich. Es ist eine große Sache – die Adoption eines Kindes. Was hält Brace davon?"

„Er liebt alles, was Betty tut. Er sagt" – Lynda lächelte in das Gesicht über ihr – „ er sagt, er wünschte, Betty hätte eines mit etwas weniger purpurnen Haaren gewählt, aber diese Tönung wird ihm zweifellos besser gefallen als jede andere."

„Lyn, hast du jemals darüber nachgedacht, ein Kind zu adoptieren?"

„ Oh! – manchmal. Ja, Con."

„Nun, wenn Sie jemals das Gefühl haben, dass Sie es sollten – dass Sie es wollen – werde ich Ihnen gern helfen. Ich sehe das Risiko – die Chance, und ich denke, ich hätte gerne ein hübsches Exemplar. Aber es ist Weihnachtszeit, und wenn ein Mann und eine Frau ihr Herz am rechten Fleck haben, denken sie in dieser Jahreszeit tatsächlich an Kinder, Bäume und alles andere. Dennoch" – und damit drückte Truedale seine Lippen auf Lyndas Haar – „ ich bin egoistisch, du scheinst bereits jeden Spalt meines Lebens zu füllen."

„Con, das ist eine gesegnete Sache, die man einer Frau sagen kann – auch wenn die Frau weiß, dass man es nicht sagen sollte. Und jetzt werde ich dir noch etwas erzählen, Con. Es ist vielleicht dumm und unbedeutend, aber ich habe mich mit ganzem Herzen dafür entschieden, seit das Sachsenheim mich zum Nachdenken gebracht hat."

„Alles auf der Welt, Lyn! Kann ich helfen?"

„Ich würde sagen, dass du es könntest. Sie müssen sich mit dem Ganzen befassen. Ab Weihnachten werde ich einen Baum haben – genau hier in diesem Zimmer – in der Nähe von Onkel Williams Stuhl!"

"Von Jove! und für – für wen?"

„Warum, Con, wie einfallslos du bist! Für dich, für mich, für Onkel William, für jeden – jeden wirklich richtigen Menschen, ob jung oder alt – der einen Weihnachtsbaum braucht. Irgendwie bin ich fest davon überzeugt, dass immer jemand warten wird. Es ist vielleicht kein Baby mit leeren Händen. Vielleicht müssen Sie und ich uns um eine liebe *alte Seele* kümmern , die andere vergessen haben. Wir könnten das für Onkel William tun, nicht wahr, Con?"

"Ja mein Schatz."

„Die Kinder wissen nicht immer, was ihnen fehlt, aber die Alten wissen es, und mein Herz schmerzt oft für sie – schmerzt, bis es wirklich wehtut."

"Mein liebes Mädchen!"

„Sie sind sich so ähnlich, Con, die Babys und die ganz Alten. Sie brauchen die gleichen Dinge – das Verhätscheln, das Spielen, die hübschen Spielsachen, um sich zu unterhalten – bis sie einschlafen."

„Lynda, ihr seid alle nervös und fantasievoll. Hübsch – aber gefährlich. Wir werden unseren Baum haben – wir nennen ihn Onkel Williams. Wir nehmen jeden an – jeden , der zu uns geschickt wird – und sind dankbar. Und das lässt mich denken, dass wir oben im Sanatorium eine besonders ausgelassene Feier haben müssen. McPherson und ich haben heute darüber gesprochen."

„Con, ich frage mich, wie viele geheime Interessen du hast, von denen ich nichts weiß?"

"Nicht viele."

"Ich wundere mich!"

Truedale lachte etwas verlegen. „Nun", sagte er und wechselte plötzlich das Thema, „über die Nerven zu reden, erinnert mich daran, dass du und ich nach den Feiertagen auf Hochzeitsreise gehen." Danach sollen wir eines pro Jahr haben. Wir lassen alles stehen und liegen und gönnen uns den himmlischen Luxus des Faulenzens. Du brauchst es. Deine Augen sind zu groß und dein Gesicht zu blass. Ich verstehe nicht, was mich daran gehindert hat, es vorher nicht bemerkt zu haben. Aber gleich nach Weihnachten, Liebes, werde ich mit dir durchbrennen ... Woran denkst du, Lyn?"

„Oh, was für ein Segen es ist, versorgt zu werden! Es ist seltsam, aber ich weiß jetzt, dass ich mein ganzes Leben lang – davor – die Dinge durch geschlossene Fenster betrachtet habe. Allein in meiner Zelle schaute ich – manchmal natürlich durch wunderschöne Buntglasfenster – auf winkende Bäume und vorbeigehende Menschen. Hin und wieder hielt jemand inne und sprach mit mir, aber immer mit der Barriere dazwischen. Jetzt – ich berühre Menschen – gibt es nichts, was uns trennen könnte. Ich bin genau wie alle anderen; und deine Liebe und Fürsorge, Con, hast die Fenster weit geöffnet!"

„Das wird niemals gehen, Lyn. Was für Fantasien! Vielleicht muss ich dich *noch vor Weihnachten* mitnehmen ." Truedale sprach leichthin, aber sein Blick war besorgt.

„Lasst uns in der Zwischenzeit einen Spaziergang im Schnee machen. Es gibt genug Wind, um es zu einem Kampf zu machen. Komm, mein Lieber!"

KAPITEL XX

Zwei Tage später kam Lynda über die Hintertreppe aus ihrer Werkstatt herunter und ging auf dem Weg zur Bibliothek durch William Truedales Schlafzimmer. Es war erst zehn Uhr morgens, aber Truedale hatte die Angewohnheit, um diese Stunde für einen Moment vorbeizuschauen, wenn er zufällig in der Nähe war . Falls er es heute tun sollte, wollte Lynda mit ihm einige Einzelheiten bezüglich der Entkleidung der sächsischen Kinder besprechen. Sie war besonders unbeschwert und fröhlich. Ein Anruf von Betty hatte sie in die sonnigste Stimmung versetzt .

Als sie die Bibliothek betrat, sah sie zu ihrer Überraschung eine kleine, äußerst seltsam aussehende Frau, die ganz aufrecht auf der Kante eines Stuhls in der Mitte des Raumes saß.

Es war eine eiserne Regel, dass Lynda bei ihrer morgendlichen Arbeit nicht gestört werden durfte. Thomas entsorgte Besucher im Allgemeinen gnadenlos.

"Guten Morgen!" Sagte Lynda freundlich. "Kann ich etwas für dich tun? Es tut mir leid, dass Sie warten mussten.“

Sie kam zu dem Schluss, dass es sich um jemanden handelte, der etwas mit dem Saxe Home zu tun hatte. Das war im Moment größtenteils in ihrem Kopf.

„Ich will sehen“ – und da kam die seltsame kleine Gestalt zu Lynda und hielt ihr ein sehr schmutziges, zerknittertes Stück Papier hin, auf dem Truedales Name und Adresse geschrieben standen.

"Herr. „Truedale wird möglicherweise erst am Abend zu Hause sein“, sagte Lynda. Und jetzt dachte sie, dass dies einer der Privat- und Haustierangehörigen von Con sein musste, mit denen sie sehr sanft und taktvoll umgehen würde. „Ich frage mich, ob Sie mir nicht alles erzählen und ich es entweder Mr. Truedale erzählen oder einen Termin für Sie vereinbaren werde, um ihn zu sehen.“

Der Fremde war froh über jede Hilfe in dieser Stunde der Not und sagte:

„Ich – ich bin Nella-Rose. Kennst du mich?"

Kennen Sie sie? Nach dem ersten überwältigenden Schock schien sie das *Einzige* zu sein, von dem Lynda wusste – was sie jemals gewusst hatte! Sie starrte die kleine Gestalt vor ihr scheinbar eine Stunde lang an. Sie bemerkte das besorgte, mitleiderregende Kindergesicht, das hinter den abgenutzten und von Sorgenfalten gezeichneten Gesichtszügen wie eine hübsche Blume hervorsah. Dann sagte Lynda schwach:

„Ja, ich weiß über dich Bescheid – alles über dich, Nella-Rose."

Die mitleiderregenden Augen leuchteten. Was Nella-Rose durchgemacht hatte, seit sie ihre Hügel verlassen hatte, konnte nur Gott verstehen.

„Ich bin richtig froh! Und du – du bist –"

„Ich bin Conning Truedales Frau."

Irgendwie erwartete Lynda, dass dies ein verheerender Schock sein würde, aber das war nicht der Fall. Nella-Rose hatte Vorbehalte und neue Eindrücke hinter sich.

„Ich – ich habe es mir schon gedacht", war alles, was sie sagte.

„Du musst dich setzen. Du siehst sehr müde aus." Lynda hatte Truedales mögliches Erscheinen vergessen.

„Ich *bin* richtig müde. Von Pine Cone aus ist es sehr weit. Und ich hatte so große Angst, aber die Leute waren auf jeden Fall gut und haben mir einfach geholfen – hierher! Eine alte Dame kam mit mir zur Tür."

„Warum – bist du gekommen, Nella-Rose?" Lynda rückte ihren eigenen Stuhl nah an den des Fremden heran und während sie dies tat, konnte sie sich, da sie wieder sie selbst war, nur fragen, wie genau Nella-Rose in die Szene zu passen schien. Sie war wie eine Wiederholung – wie jemand , der ihre Rolle schon einmal gespielt hatte – oder waren die Szene und Nella-Rose nur die Verwirklichung von etwas, das Lynda immer erwartet, immer gefürchtet hatte, von dem sie aber immer gewusst hatte, dass es eines Tages kommen würde? Sie war jetzt vorbereitet – furchtbar vorbereitet! Alles hing von ihrer Bewältigung der entscheidenden Momente ab. Ihre Freundlichkeit ließ sie nicht im Stich, ebenso wenig ihre barmherzige Gerechtigkeit, aber sie hatte vor, Truedale mit ihrem Leben zu beschützen – mit ihrem und dem von Nella-Rose, wenn nötig. „Warum – bist du – gekommen?" fragte sie noch einmal, und Nella-Rose nahm es als selbstverständlich an, dass diese blasse, seltsame Frau wirklich alles über sie wusste – alles und jeden wusste, was sie betraf – und richtete ihre süßen, tränengefüllten, aber nicht überfließenden Augen auf ihr Gesicht.

„Ich möchte ihm sagen, dass es mir leidtut, dass ich ihn gehasst habe. Ich – ich wusste es nicht, bis Bill Trim starb. Ich möchte ihn bitten, mir zu vergeben, und dann kann ich zurückgehen."

„Was – hat – Bill Trim Ihnen erzählt?" Lynda versuchte mit aller Kraft, einen kühlen Kopf zu bewahren und ihre Gedanken ruhig zu halten. Sie wollte Nella-Rose immer weiterführen, ohne selbst den Weg zu verlieren.

„Dass er verbrannt hat – er wollte es nicht – er hat den Brief verbrannt, den ich geschickt habe – mit der Bitte –"

"Ich verstehe! Du hast also – einen Brief geschrieben?"

"Ja. Er sagte mir, wenn ich ihn wollte – und das tat ich auch – Gottverdammt ! wie sehr ich ihn damals wollte!" Nella-Rose umklammerte fest ihre armen kleinen, hartgesottenen Hände, und ihre kleinen weißen Zähne blickten durch die geöffneten Lippen, während sie darum kämpfte, wieder zur Ruhe zu kommen.

„Sehen Sie – als ich Bill Trim den Brief gab, sagte ich ihm – ich musste –, dass es Miss Lois Anns Brief war, also glaubte er nicht, dass es mir etwas ausmachte; Aber als er im Sterben lag – er wurde auf der großen Straße, die sie in den Bergen bauen, verletzt – wurde er zu uns allen gebracht, und Miss Lois Ann und ich kümmerten uns um ihn, und es tat ihm richtig leid, dass er sie hasste und es ihm nicht erzählte über den Brief – und dann – er sprach es aus!"

"Ich verstehe. Ich verstehe. Und das ist – wie lange ist es her –, dass Sie den Brief geschrieben haben?"

Nella-Rose blickte auf die anstrengende Reise zurück, bis zu diesem Moment in dem warmen, sonnendurchfluteten Raum.

„Bevor ' lil ' Ann kam, habe ich den Brief abgeschickt", stockte sie.

„Kleine Ann?" Lynda wiederholte den Namen und etwas Schreckliches stieg in ihr auf – etwas, das sie töten würde, wenn sie es nicht bezwingen würde. Also fragte sie schnell und verzweifelt:

„Dein – dein Kind? Ich verstehe. Mach weiter – Nella-Rose."

„Ich habe den Brief geschrieben und – abgeschickt. Ich war in Miss Lois Anns Hütte versteckt – es war Winter – und niemand hat es herausgefunden! Miss Lois Ann wollte nicht glauben, was ich erzählte; Sie sagte, als er und ich unter den Bäumen heirateten und Gott verstand, dass es mich nicht – richtig gemacht hat! Sie – hat mir geholfen, aber sie hasste – ihn! Und als er dann nicht kam, brachte sie mir bei, zu hassen, und es war richtig *schwarzer* Hass, bis die kleine Ann kam. Als Gott sie zu mir herabließ, nahm er den Hass."

Lynda war von ihren Tränen geblendet. Sie konnte die kleine Gestalt kaum erkennen, die in dem niedrigen Sessel am Feuer hockte.

„Und dann – Miss Lois Ann ging und erzählte es meinen Eltern – erzählte es Marg, meiner Schwester. Marg war mit Jed verheiratet und sie war mir und meiner kleinen Ann gegenüber äußerst verächtlich . Sie wollte es Jed und meinem Vater nicht erzählen – sie kam allein zu mir. Sie erzählte mir, was die Leute dachten. Sie alle dachten, ich wäre mit Burke Lawson weggegangen, und Marg tat es leid, mich lebend zu sehen – mit der kleinen Ann. Aber Miss Lois Ann ließ nicht zu, dass sie mich mit der Zunge stach – sie vertrieb sie.

Dann kam Burke! Er war ziemlich weit weg gewesen – er hatte sich das Bein gebrochen; Er kam so schnell er konnte, und Marg sagte es ihm und – und legte ihm die kleine Ann hin!"

„Und du hast nie gesprochen? Du hast es nie erzählt?" Lynda war sehr nah herangekommen – ihre Worte waren kaum mehr als ein Flüstern.

"NEIN. Es war so. Erstens hielt die Liebe zu ihm meine Zunge mächtig zum Schweigen; dann hassen; und danach konnte ich nicht mehr!"

„Aber jetzt, Nella-Rose, *jetzt* – warum hast du gesprochen – jetzt?"

„Das habe ich noch nicht. Nicht für alle. Ich musste hierher kommen – zuerst zu ihm. Ich schätze, du weißt nichts über Burke und mich?"

Lynda schüttelte den Kopf. Sie hatte geglaubt, sie wüsste es – aber sie war traurig umhergeirrt.

„Als Marg Burke von meinem Problem erzählte , nahm er es einfach hin! Zuerst konnte ich es nicht verstehen. Aber er hat sich die Mühe gemacht – und mich! Er brachte Lil ' Ann und mich aus Miss Lois Anns Kabine in – Frieden und Sicherheit. Er hat jedem die Zunge gefesselt – es schien, als hätte er mit seiner großen, starken Liebe alles Unrecht vertrieben – und mich befreit, als wäre er Gott! Er verlangte lange Zeit nichts, bis ich dazu kam, ihm zu glauben und ihm zu vertrauen. Dann gingen wir – als es niemand wusste – und heirateten. Jetzt ist er mein Mann und er war immer Lil ' Anns Vater bis – bis –"

Ein Baumstamm fiel auf den Herd und beide Frauen zuckten schuldbewusst und verängstigt zusammen.

"Mach weiter! mach weiter!" hauchte Lynda. "Mach weiter!"

„Bis die Zwillinge kamen – Burkes und meine! Dann erkannte er den Unterschied – selbst seine Liebe zu mir konnte ihm nicht helfen – sie hinderte ihn; und während ich – ich fürchtete, verstand ich es!"

"Oh! Oh! Oh!" Lynda bedeckte ihre schmerzenden Augen mit ihren kalten Händen. Sie wagte es nicht, Nella-Rose anzusehen. Dieses kindische, aber alte Gesicht verdrängte alles andere als Mitleid aus der Welt. Truedale , sie selbst – was spielten sie für eine Rolle?

„Er – er konnte es nicht ertragen, dass kleine Ann die Babys berührt. Ich konnte ihn zittern sehen! Und kleine Ann – sie ist wie eine Blume – sie verblasst, wenn man sie nicht liebt. Sie bekam Angst und – und versteckte sich, und es schien, als würde meine Seele sterben; Denn verstehen Sie? Burke glaubt, dass Margs Mann der Vater ist, und Marg und Jed geben Burke die Schuld, und sie denken, sie sei sein Vater! Und – und es ist noch mehr gewachsen, seit die große Straße uns alle einander näher gebracht hat. Die große Straße brachte nicht nur Gutes, sondern auch Ärger. Einmal" – und hier wurde das hagere Gesicht weiß – „ einmal kämpften Burke und Jed – und ein Kampf in den Hügeln bedeutet mehr Kämpfe!" In diesem Moment wurde Bill Trim verletzt und erzählte es mir, bevor er starb; es war, als würde man ein Grab öffnen! Ich habe die meiste Zeit mit Bill Trim gestorben – bis ich etwas über die kleine Ann gelernt habe! Und dann – ich sah weit und ganz weit, wie ich es seitdem nicht mehr getan hatte – seit ich es gehasst hatte. Ich habe gesehen, wie ich kommen und – dir alles erzählen muss, und wie du vielleicht die kleine Ann nehmen würdest, und dann könnte ich zurück zu – zu meinem Mann und – wenn er es weiß, wird endlich Frieden sein! Willst du – oh! Werden Sie bei mir sein, gütige Dame, wenn ich es Ihrem – Ihrem – Mann sage?" Nella-Rose fiel Lynda zu Füßen und flehte wie ein verstörtes Kind. „Ich hatte solche Angst. Ich wusste nicht, dass seine Welt so voller Lärm und – und richtig vieler Dinge war. Und er wird – anders – sein, und ich schaffe es vielleicht nicht, ihn verständlich zu machen. Aber du wirst – *du* wirst es tun! Ich muss zurück in die Berge. Ich habe Burke gesagt, dass ich mich seiner Güte beweisen würde, indem ich Lil ' Ann zu ihnen stelle, was sehr nett zu ihr wäre. Ich schien zu wissen, wie es ausgehen würde – und ich wagte es, es zu sagen; aber jetzt – jetzt bin ich mächtig – „ Angst !"

Die Tränen liefen aus den schmerzerfüllten Augen – sie fielen auf Lyndas kalte, steife Hände – und sie schienen ihr Herz zu erwärmen und ihre Sicht zu klären.

„Nella-Rose", sagte sie, „wo ist die kleine Ann?"

„Lil' Ann? Na ja, da ist die kleine Ann, die ihren Reifen unter deinen Kissen ausschläft. Ihr war kalt und sie war völlig erschöpft." Nella-Rose drehte sich zu der tiefen Couch unter dem breiten Fenster auf der anderen Seite des Zimmers um.

Schweigend, wie heimgesuchte Kreaturen, schlichen sich beide Frauen zum Sofa, und die Mutter zog den schützenden Kissenschirm beiseite. Dabei öffnete das kleine Kind die Augen und versuchte einen Moment lang , seinen Platz in der Fremdheit zu finden. Sie sah ihre Mutter an und lächelte langsam und eigenartig. Dann richtete sie ihren Blick auf Lynda. Es war ein alter, alter Blick – aber auch jung – flehend, voller Staunen. Das Kind war Truedale so ähnlich – so unbarmherzig, grausam wie er –, dass Lynda für einen Moment die Vernunft verließ und sie ihr Gesicht mit beiden Händen bedeckte und vor lautlosem Lachen schwankte.

Nella-Rose beugte sich über ihr Kind, als wollte sie es beschützen. „Lil' Ann", flüsterte sie, „die Dame ist eine richtig nette Dame – richtig nett!" Sie hatte das Gefühl, sie müsse es erklären und rechtfertigen.

Nach ein oder zwei Augenblicken erlangte Lynda die Kontrolle über ihre erschütterten Nerven. Plötzlich war sie ruhig und bereit, das Schwierigste und Gefährlichste auf sich zu nehmen, was je in ihrem Leben passiert war. „Bringt die kleine Ann zum Feuer." Sie sagte: „Ich werde etwas Mittagessen bestellen, und dann – wir können entscheiden, Nella-Rose."

Nella-Rose gehorchte stumm. Sie war völlig unter der Kontrolle der einzigen Person, die in dieser ratlosen und sorgenvollen Stunde in der Lage zu sein schien, sie zu führen und zu beschützen.

Lynda sah zu, wie die beiden von dem Essen aßen, das Thomas mitgebracht hatte. Es bestand keine Angst mehr, dass Truedale jetzt kommen würde. Die Sicherheit lag noch einige Stunden vor uns. Lynda selbst machte einen Vorwand zum Essen, doch sie ließ kaum den Blick von dem Gesicht der kleinen Ann los. Sie wollte, dass Vertrautheit den Schock ersetzte. Sie musste sich an diese schreckliche Ähnlichkeit gewöhnen, denn sie wusste zweifelsohne, dass sie in ihrem gesamten zukünftigen Leben eine Rolle spielen würde.

Als der letzte Tropfen Milch gurgelnd die Kehle des kleinen Mädchens hinunterlief, als Nella-Rose ihren Teller beiseite schob, als Thomas das Tablett weggenommen hatte, sprach Lynda:

„Und jetzt, Nella-Rose, was wirst du mit uns allen machen?"

Der müde Kopf der kleinen Ann wurde an die Brust ihrer Mutter gedrückt. Das Essen und die Hitze ließen ihre müden Sinne wieder in Vergessenheit geraten. Lynda überlegte schnell, wie dankbar sie für die kurze Atempause war, während sie zusah, wie das kleine, dunkle Gesicht aus ihrem Blickfeld verschwand.

„Wir liegen alle in Ihren Händen", fuhr sie fort.

„In *meinen* Händen – *meinen* ?"

"Ja. Dein."

„Ich – ich muss – es ihm sagen – und dann nach Hause gehen."

„Musst du das, Nella-Rose?"

„Was gibt es sonst noch für mich?"

„Du musst dich entscheiden. Du allein."

„Du" – die Lippen bebten – „ du wirst nicht mit mir gehen?"

„Ich – kann nicht, Nella-Rose."

"Warum?"

„Weil" – und mit aller Kraft suchte Lynda nach Worten, die den Unterschied zwischen ihr und der einfachen, primitiven Frau in ihrer Nähe verwischen würden – das Gefühl hatte, dass sie Ideen und Begriffe verwenden *musste* , die ihre Bedeutung zum Ausdruck brachten und sie und Nella-Rose nicht antrieben getrennt –" denn obwohl er jetzt mein Mann ist, war er zuerst dein Mann. Weil du der Erste warst, musst du alleine gehen – wenn du gehen willst, musst du es tun. Dann wird er entscheiden."

Nach einem Moment begriff Nella-Rose die tiefe Bedeutung und sank zitternd zurück. Der Mut und die Ausdauer, die sie bis zu dieser Stunde getragen hatten, verließen sie. Die Hilfe, die eine Zeit lang in Lynda aufgestiegen zu sein schien, brach zusammen. Allein, treibend, sie wusste nicht wohin, wartete Nella-Rose.

"Ich fürchte!" wiederholte sie immer wieder. „Ich habe richtig Angst. Er ist nicht derselbe; es ist alles, alles verschwunden – dieses andere Leben – und doch kann ich ihn nicht denken lassen –!"

Die beiden Frauen blickten einander über all das an, was sie trennte – und jede verstand es! Die Seele von Nella-Rose verlangte nach Rechtfertigung – nach Rechtfertigung – und Lynda wusste, dass sie diese haben sollte, wenn die Zukunft rein gelebt werden sollte. In diesem entscheidenden Moment musste Lynda nur eines klarstellen: eine Wahrheit, die verstanden werden musste, ohne die heiligen Rechte anderer zu verletzen. Sicherlich sollte Nella-Rose alles wissen, was es zu wissen gab, bevor sie ihre endgültige Entscheidung traf. Also sprach Lynda:

„Glauben Sie, er" – sie konnte sich trotz all ihrer Tapferkeit und ihres Sinns für Gerechtigkeit nicht dazu durchringen, den Namen ihres Mannes auszusprechen – „ glauben Sie, er erinnert sich an Sie als etwas, das geringer ist als Sie waren, als Sie sind?" Nella-Rose, das hat er noch nie! Er hat es nicht verstanden, aber er hat dich immer heilig gehalten. Was auch immer die Schuld gewesen sein mag – er hat alles auf sich genommen. Es lag daran, dass er es konnte; weil es ihm möglich war, dass ich ihn liebte – ihn ehrte . Wäre es anders gewesen, so wahr Gott mich auch hört, hätte ich ihm mein Leben nicht anvertrauen können. Dass deine und seine Ehe für ihn genauso heilig war wie für dich, wie ich jetzt sehe; und in seinem Herzen hat er sich immer an Dich erinnert wie an eine liebe, tote Frau!"

Nachdem Lynda die Worte ausgesprochen hatte, die ihr das Herz drückten, sank sie erschöpft zurück. Dann machte sie ihren ersten – ihren einzigen Anspruch auf sich selbst.

„Als alles vorbei war und sein neues Leben begann – das Leben seines Mannes – trat ich ein. Er – er erzählte mir alles."

Nella-Rose beugte sich über ihr schlafendes Kind und eine Welle des Mitgefühls überflutete ihre Gedanken.

„Ich – ich muss nachdenken!" flüsterte sie und schloss ihre schönen Augen. Was sie in dem schwarzen Raum hinter den brennenden Lidern sah, konnte niemand wissen, aber ihr verworrenes kleines Leben musste ein Teil davon gewesen sein. Sie muss alles gesehen haben – den hellen, sonnenbeschienenen Traum, der zuerst im Schatten und dann in der matten Farbe der verlassenen Hügel verblasst. Burke Lawson muss in seiner höchsten Selbstlosigkeit und göttlichen Macht mutig als ihr Erlöser – ihr Mann – aufgetreten sein! Die grauen Augen öffneten sich plötzlich und sie waren ruhig und still.

„Ich – ich wollte nur, dass er sich an mich erinnert – so wie er es einst getan hat", stockte sie. Sie warf einen letzten Blick auf Truedale . „Solange er – er dachte nicht an mich – weniger; Ich glaube, ich möchte nicht, dass er jetzt so über mich denkt, wie ich bin."

„Angenommen" – die verzweifelte Forderung nach völliger Gerechtigkeit für Nella-Rose trieb Lynda an – „ angenommen, es stünde in Ihrer und meiner Macht, alles beiseite zu schieben; Angenommen, ich – ich ging weg. Was würdest du tun, Nella-Rose?"

Wieder schlossen sich die Augen. Nach einem Moment:

„Ich – würde zu – meinem Mann zurückkehren!"

„Du meinst das – so ehrlich, wie Gott dich hört? – meinst du das, Nella-Rose?"

"Ja. Aber kleine Ann?"

Nachdem sie nun die große Entscheidung bezüglich Truedale getroffen hatte , gab es immer noch „ lil ' Ann".

Lynda kämpfte darum, die schreckliche Sache zu besiegen, die sich in ihr Bewusstsein drängte. Dann erregte etwas, was Nella-Rose sagte, ihren fieberhaften Gedanken.

„Als ich ein kleines Kind war, habe ich immer davon geträumt, eines Tages etwas ganz Großes zu tun – vielleicht ist es das. Ich möchte sein Leben und – Ihres nicht verletzen; Ich konnte meinem Mann und – und – den Babys, die dort hinten auf mich warteten, nichts tun. Aber – kleine Ann!"

Der Name kam wie ein Schluchzen. Und irgendwie dachte Lynda an Burke Lawson! Burke, der sein Bestes gegeben hatte und sich immer noch nicht unter Kontrolle halten konnte, weil – kleine Ann! Das hilflose Baby war – oh! Ja, ja – es lag in Truedales Verantwortung. Wenn sie, Lynda, ihr Leben – ihre heilige Liebe – behalten wollte, musste auch sie etwas „Großes" tun –

vielleicht das Größte, wozu eine Frau jemals berufen ist –, um ihren Glauben zu beweisen.

Einen weiteren Moment lang kämpfte sie; Dann streckte sie wie eine Blinde ihre Hände aus und legte sie auf das Kind.

„Nella-Rose, gibst du *mir* die kleine Ann?“

„Gibst du sie dir?“ In den Worten lag Angst, Zweifel, aber auch Hoffnung.

„Ich will – das Kind! Sie soll ihren Vater haben – das Zuhause ihres Vaters – seine Liebe, so Gott will! Und ich, Nella-Rose, hoffe auf Gottes Gnade und werde meiner Pflicht gegenüber der kleinen Ann nachkommen.“

Und nun lag Lynda neben dem schäbigen Paar auf dem Boden und schützte sie, so gut sie konnte, vor der letzten Enttäuschung und dem letzten Verzicht.

„Tun Sie das für – für Ihren Mann?“ flüsterte Nella-Rose.

"Ja. Für meinen – Mann!" Sie blickten einander lange in die Augen. Dann ließ Nella-Rose feierlich und langsam den Griff des Kindes los.

„Ich – gebe dir – kleine Ann.“ So hätte sie vielleicht gesprochen, wenn sie aus religiösem Eifer ihr Kind dem Tod überlassen hätte. „Ich – ich – gebe dir kleine Ann.“ Sanft küsste sie das schlafende Gesicht und legte ihre Last in die schmerzenden, angespannten Arme, die ihre zärtliche Lektion des Tragens noch lernen mussten. Ann öffnete die Augen, ihre Lippen zitterten und sie wandte sich an ihre Mutter.

„Nimm – kleine Ann!“ sie flehte. Dann trank Nella-Rose tief aus dem bitteren Kelch, aber sie lächelte – und sprach eine der Lügen, über die Engel seit Anbeginn der Welt verzeihend geweint haben.

„Lil' Ann, die freundliche Dame wird dafür sorgen, dass du sicher und glücklich bist, bis Mutter die Dinge wieder in Ordnung bringt, mit deinem Vater in den Bergen. Jes ' yo ' zeig der Dame, wie süß und hübsch du sein kannst, bis Mutter für dich kommt ! Willst du – kleine Ann?“

"Wie lang?"

„Eine gewaltige Weile .“

Ihr ganzes Leben lang hatte das Kind aufgegeben – war vor dem zurückgeschreckt, was es fürchtete, aber nicht verstand; Und jetzt akzeptierte sie alles auf die langweilige, hoffnungslose Art und Weise, wie es schüchterne Kinder tun. Sie empfing den Kuss ihrer Mutter – gab ihr einen Kuss zurück; Dann sah sie Lynda düster und misstrauisch an. Danach wirkte sie selbstgefällig und gehorchte, fast dumm, allem, was ihr gesagt wurde.

Lynda brachte Nella-Rose zum Bahnhof, sorgte für jeden Komfort und drückte ihr einen Geldbetrag in die Hand mit den Worten:

„Du musst es annehmen, Nella-Rose – um dein Vertrauen in mich zu beweisen; und es wird einige – einige Dinge – für die anderen Babys kaufen. Aber" – und hier näherte sie sich Nella-Rose und erkannte zum ersten Mal, dass der schwierigste Teil für sie noch bevorstand – „ wie wird es mit – mit Ihrem Mann – sein, wenn er es weiß?"

Nella-Rose blickte mutig auf und etwas schlich sich in ihre Augen – der Ausdruck der Macht, den nur eine Frau jemals zeigt, die erkennt, dass sie einen Mann im Griff hat.

„Er wird es ertragen – wirklich dankbar – und es wird den Hass auf Jed Martin auslöschen. Er wird die Vergebung übernehmen – da ich die kleine Ann aufgegeben habe ; und wenn er zweifelt – da ist Miss Lois Ann. Sie ist mächtig stark gegenüber Männern – wenn es auf die Frauen ankommt."

„Es ist ganz wunderbar!" murmelte Lynda. „Wundervoller, als ich verstehen kann." Und doch wusste sie beim Sprechen , dass sie es *verstand* . Zwischen ihr und Burke Lawson, einem Mann, den sie nie kennenlernen sollte, herrschte eine gemeinsame Verbindung – ein tiefes Verständnis.

Am späten Nachmittag fuhr Lynda zu Betty, während die kleine Ann starr neben ihr auf dem Sitz saß. Das Kind hatte nichts mehr gesagt, seit es gesehen hatte, wie der Zug den Bahnhof verließ und seine Mutter wegbrachte. Sie hatte weder geweint noch gemurmelt. Sie hatte danach, an Lyndas Hand haltend, erstaunliche Erfahrungen gemacht. Sie hatte gesehen, wie ihre schäbigen Kleidungsstücke in prächtigen Läden weggeworfen und durch feine Kleidung ersetzt wurden. Einmal hatte sie in einem langen Spiegel einen Blick auf ihr kleines, verwandeltes Ich erhascht und ihre dunklen Augen hatten sich geweitet. Das war alles. Lynda hatte sie fieberhaft beobachtet. Sie hatte gehofft, dass die verblüffende Ähnlichkeit mit dem Wechsel der Kleidung geringer werden würde, aber das war nicht der Fall. Gehüllt in die Insignien der Welt ihres Vaters schien die kleine Ann noch mehr zu ihm zu gehören.

„Magst du dich selbst, kleine Ann?" Lynda hatte gefragt, wann endlich ein bezaubernder Hut auf die dunklen Locken gesetzt wurde.

Es kam keine Antwort – nur der große, hilflose Blick – und um ihre Verwirrung zu verbergen, eilte Lynda zu Betty.

Das Dienstmädchen, das sie aufnahm, sagte: „Mrs. Kendall war mit dem Baby oben im Kinderzimmer."

Lynda blieb auf der Treppe stehen und fragte verständnislos: „Das Baby? Welches Baby?"

Das Dienstmädchen war eine vertrauenswürdige Person und stand Betty nahe.

„Der kleine Junge aus dem Heim, Mrs. Truedale ", antwortete sie, „und schon ist das Haus fröhlicher."

Lynda empfand eine deutliche Enttäuschung. Sie hatte gehofft, dass Betty sich ein paar Tage lang um die kleine Ann kümmern würde, aber wie konnte sie das jetzt von ihr verlangen?

In dem sonnigen Zimmer oben saß Betty in einem niedrigen Schaukelstuhl und sang vor sich hin, während sie ein ruheloses Bündel in ihren Armen hielt.

„Du, Lyn?" Lynda stand in der Tür; Betty hatte ihr den Rücken zugewandt.

„Ja, Betty."

„Komm und sieh dir meinen rothaarigen Jungen an – meinen Bobilink ! Er wird Robert Kendall sein."

Dann kam Lynda mit Ann näher. Betty hörte auf zu schaukeln und blickte die beiden mit ihrem weitreichenden, seltsam durchdringenden Blick an.

„Was für ein wunderschönes kleines Mädchen", flüsterte sie.

„Ist sie schön, Betty?"

„Sie ist – wundervoll. Komm her, Liebling, und sieh dir mein Baby an." Betty reichte dem Kind zur Begrüßung die Hand, aber Ann schreckte zurück und ihr langes Schweigen wurde gebrochen.

„Ich hasse von Natur aus Babys!" flüsterte sie mit der sanften Stimme, die sie verriet.

„Lyn, wer ist sie? Warum – was ist los?"

Lynda kam näher und ihre Worte drangen nicht über Bettys angespanntes Gehör hinaus. „Ich – ich werde sie – adoptieren. Ich – ich muss mich vorbereiten, Con. Ich hoffte, dass du sie ein paar Tage behalten würdest."

„ Natürlich werde ich das tun, Lyn. Ich bin bereit – aber Lyn, sag es mir!"

„Betty, sieh sie dir an! Sie ist aus – aus Cons Vergangenheit herausgekommen. Er weiß es nicht, er darf es nicht wissen – nicht jetzt! Sie gehört – zur Zukunft. Können Sie – können Sie verstehen? Ich habe es bis heute nie geahnt. Ich muss mich daran gewöhnen!" Dann heftig: „Aber ich werde es tun, Betty! Con's Weg ist mein Weg; seine Pflicht ist meine Pflicht; Es ist alles in Ordnung – nur am Anfang – ich muss – meine Nerven beruhigen!"

Wortlos stand Betty auf und legte das jetzt schlafende Baby in ein Kinderbett. Dann kehrte sie zu dem niedrigen Stuhl zurück und öffnete ihre Arme für die kleine Ann mit der vom Himmel gegebenen Geste, der sich kein Kind widersetzt – schon gar nicht ein leidendes, einsames Kind.

„Komm her, kleines Mädchen, zu – zu Tante Betty", sagte sie.

Fasziniert ging Ann zu der angebotenen Unterkunft.

"Wirst du mich küssen?" fragte Betty. Der Kuss wurde stumm gegeben.

„Wirst du Tante Betty deinen Namen sagen?"

„Ann."

„Ann was?"

„ Jes'lil'Ann . " _

Dann richtete Betty ihren Blick auf Lyndas Gesicht und lächelte über ihr tragisches Leid.

„Arme, alte Lyn!" Sie sagte: „Lauf nach Hause zu Con." Du brauchst ihn und Gott weiß, dass er dich braucht. Es wird die große Liebe brauchen, Lyn, Liebes, die große Liebe; aber du hast es – du hast es!"

Wortlos drehte sich Lynda um und ließ Betty bei den Kindern zurück.

KAPITEL XXI

Eine potenzielle Mutterschaft kann andere als körperliche Strapazen ertragen; und in der nächsten Woche durchlief Lynda alle Phasen der spirituellen Neuanpassung, die es ihr ermöglichten, mit der gesegneten Erfolgsgewissheit zu akzeptieren, was sie unternommen hatte.

Sie sprach nicht sofort mit Truedale , ging aber täglich zu Betty und beobachtete mit Erstaunen das Wunder, das Betty vollbrachte. Sie vergaß nie die Stunde, als sie, als sie leise die Treppe hinaufging, die kleine Ann fröhlich lachen und in die Hände klatschen hörte.

Betty spielte mit dem Baby und erzählte Ann gleichzeitig eine Geschichte. Lynda hielt inne, um zuzuhören.

„Und jetzt komm her, kleine Ann, und küsse Bobilink . Ist er nicht stinkend-süß und wunderbar?"

"Ja."

"Das ist richtig. Küsse ihn noch einmal. Und Sie haben einmal gesagt, dass Sie von Natur aus keine Babys mögen! Kleine Ann, du bist ein Humbug. Und jetzt sag mir, wie sehr dir Bobilink gefällt ."

„Haufen und Leckerbissen ."

„Jetzt küss mich, du Liebling, und komm näher – damit wir Bobbie nicht wecken. Mal sehen, das wird die Geschichte des kleinen Mädchens sein, das eine – Mutter adoptiert hat! Gestern war es Bobbies Geschichte, wie eine Mutter einen kleinen Jungen adoptierte. Sie erinnern sich, die Mutter musste ein Baby bekommen, um einen großen leeren Raum zu füllen, also ging sie zu einem Haus, in dem sich ein paar verlorene Kinder befanden, und fand genau das, was hineinpasste, und – und – aber das ist Anns Geschichte heute!

„Es war einmal ein kleines Mädchen – ein sehr liebes und gutes kleines Mädchen – das wusste alles über eine Mutter und wusste, wie lieb eine Mutter war; weil sie jemanden hatte, der gehen musste –"

„Für eine kleine Weile ?" Ann ist eingebrochen.

„Natürlich", stimmte Betty zu, „eine richtige kurze Zeit; Aber während sie wartete, dachte das kleine Mädchen, sie würde eine Mutter adoptieren und ihr nichts von der anderen erzählen, aus Angst, sie könnte es nicht verstehen, und sie würde der Adoptivmutter beibringen, wie man eine echte Mutter ist. Und jetzt muss man sich an all die Dinge erinnern, die kleine Mädchen ihren Adoptivmüttern antun. Erste-"

An diesem Punkt betrat Lynda den Raum, aber Betty fuhr ruhig fort:

„Erstens: Was machen kleine Mädchen, Ann?"

„Bring ihnen bei, wie man kleine Mädchen hält."

"Prächtig! Was als nächstes?"

„Küsse sie und kuschel sie ganz nah."

"Genau! Nächste?"

„Sie machen Mütter glücklich und bringen sie zum Lachen – indem sie unglaublich gut sind."

Dann sahen sowohl Betty als auch Ann Lynda an. Die scharfe, äußere Luft hatte Farbe in ihre Wangen und Leben in ihre Augen gebracht. Sie war sehr hübsch mit ihrem reichen Pelz und dem dunklen, gefiederten Hut.

„Jetzt, kleine Ann, trotte mit und mach die Lektion, vergiss es nicht!" Betty schob das Kind sanft zu Lynda.

Mit einem Lachen, neu gelernt und ein wenig zweifelnd, rannte Ann zu den ausgebreiteten Armen.

"Kuscheln!" befahl Betty.

„Ich lerne, kleine Ann", flüsterte Lynda, „du bist eine liebe Lehrerin. Und jetzt muss ich dir etwas sagen."

Ann lehnte sich zurück und sah Lynda misstrauisch an. Ihre jüngste Vergangenheit war so voller Ereignisse gewesen, dass sie misstrauisch und überlastet war.

"Was?" fragte sie mit mehr Angst als Interesse.

„Ann, ich bringe dich zu einem großen Haus, das auf ein – kleines Mädchen wartet."

Das Kind wandte sich an Betty.

„Ich will nicht gehen", sagte sie und ihr hübscher Mund bebte. Sollte sie immer weggeschickt werden ? – immer gehen müssen, wenn sie nicht gehen wollte?

Betty lächelte in das besorgte kleine Gesicht. "Oh! wir werden uns jeden Tag sehen", tröstete sie; „Und außerdem ist das die einzige Möglichkeit, wirklich eine Mutter zu adoptieren und fair zu spielen." Es wird für Bobilink ein weiterer wertvoller Ort für einen Besuch sein, und das Beste von allem ist, dass es in dem großen Haus einen absolut großartigen Mann gibt – für einen – für – einen Vater!"

Dabei trat echte Angst in Anns Augen – Angst, die die Ursache all ihrer Probleme war.

"NEIN!" Sie weinte. „Ich kann nicht Vater spielen!"

Lynda zog sie fest an sich. „Ann, kleine Ann, sag das nicht!" Sie flehte leidenschaftlich: „Ich werde dir helfen, und gemeinsam werden wir es wahr machen." Wir müssen, wir müssen!"

Ihre Heftigkeit beruhigte das Kind. Sie legte ihre Hände auf beide Seiten von Lyndas Gesicht und stockte schüchtern: „Ich werde – ich werde es versuchen."

"Danke liebe. Und jetzt möchte ich Ihnen noch etwas sagen: Wir werden einen Weihnachtsbaum haben."

Das bedeutete dem kleinen Hügelkind nichts, also starrte sie nur.

„Und du musst kommen und helfen."

„Du musst ihr etwas beibringen, Lyn", unterbrach Betty sie. Sie hatte Tränen in den Augen. „Denken Sie nur an so ein Baby, das die Spannung von Weihnachten nicht kennt."

Dann wandte sie sich an Ann: „Geh, Schatz", sagte sie, „und mach ein Nest für Bobbie auf dem Bett auf der anderen Seite des Flurs." Und als Ann dann davontrottete, um das Gebot abzugeben, fragte Betty: „Was hat er gesagt, Lyn, als du es ihm erzählt hast?"

„ Er sagte, er sei froh, sehr froh. Er war schon lange bereit, dass ich ein Kind nehmen sollte – als ich eines sah , das ich wollte. Er verbindet Ann natürlich mit dem Saxe Home; Ihr Zusammensein mit dir hat diesen Glauben gestärkt. Ich werde es dabei belassen – eine Zeit lang, Betty.

"Ja. Es ist besser so. „Sobald es das Kind kennen und lieben lernt", sinnierte Betty, „wird der Weg frei sein. Und oh! Lyn, Ann ist so wunderbar. Sie hat den bemerkenswertesten Charakter – so tiefgründig und zärtlich wahr für so ein kleines Ding."

„Angenommen, Betty – angenommen, Con bemerkt die Ähnlichkeit!"

Daraufhin lächelte Betty beruhigend.

„Das wird er nicht. Männer sind so dumm bescheiden. Ein hübsches kleines Mädchen würde ihnen jedes Mal entkommen."

„Aber ihr Südstaatenakzent, Betty. Es ist so ausgeprägt."

„Meine liebe Lyn, das ist es! Sie redet manchmal wie ein bisschen düster ; aber meines Wissens gibt es auf den Sachsen zehn kleine Südstaatler unterschiedlichen Alters und Geschlechts, die auf eine Adoption warten."

„Und sie kann sich zu Wort melden, Betty. Ihr Schweigen gegenüber der Vergangenheit wird verschwinden, wenn sie ihre Angst und Sehnsucht überwunden hat."

Betty sah ernster aus. "Das bezweifle ich. Kein Wort ist hier über ihre Lippen gekommen – weder von ihrer Mutter noch von ihrem Zuhause. Es hat mich verblüfft. Sie ist für ihr Alter das ungewöhnlichste und faszinierendste Geschöpf, das ich je gesehen habe. Brace ist ganz verrückt nach ihr – er will, dass ich sie behalte. Aber Lyn, wenn sie ihr seltsames Schweigen bricht, wird es deine große Stunde sein! Was auch immer Con ist oder nicht – und manchmal hätte ich Lust, ihn zu umarmen und dann wieder, als würde ich ihn schütteln –, er ist der zärtlichste Mann im Umgang mit Frauen – Brace nicht einmal ausgenommen –, den ich je gesehen habe. Es ist ihm nie in den Sinn gekommen, herauszufinden, wie sehr du ihn liebst – er ist zu sehr damit beschäftigt, dich zu lieben. Aber wenn er das herausfindet! Nun, Lyn, es bringt mich dazu, den Kopf zu neigen und leise zu sprechen."

„Nicht, Betty! Schlagen Sie nicht noch einmal Sockel vor", flehte Lynda.

„Kein Podest, Lyn; kein Sockel – aber das Echte, Großartige, *das du* endlich enthüllt hast! Und jetzt – vergiss es, Liebes. Hier kommt Lil ' Ann."

Das Kind schlich mit ausgestreckten Armen auf Zehenspitzen hinein.

„Das Nest ist ganz weich gemacht", flüsterte sie, „und jetzt trage ich Bobilink zu – zu den schläfrigen Träumen."

„Wo hast du gelernt, Babys zu tragen?" riskierte Betty und testete die Stille. Das kleine, dunkle Gesicht verfinsterte sich; Der Angstblick schlich sich in die großen Augen.

„Ich – ich weiß nicht", war die einzige Antwort, und Ann wandte sich ab – diesmal zu Lynda!

„Und angenommen, er weiß es nie?" Lynda sprach mit auf Anns weichem Haar gepressten Lippen – das Kind lag in ihren Armen.

„Dann habt ihr und Con etwas, mit dem ihr den Himmel beginnen könnt." Bettys Augen waren feucht. „Wir alle haben etwas auf der Welt, über das wir nicht viel reden – wir trauen uns nicht. Brace und ich haben unser – Baby!"

Zwei Tage später brachte Lynda Ann nach Hause. Sie gingen zuerst einkaufen und das Kind war riesig aufgeregt. Sie vergaß ihre Zurückhaltung und Schüchternheit in dem faszinierenden Delirium, zu sagen, was sie wollte, und dabei ziemlich sicher zu sein, dass sie es bekommen würde. Kein Wunder, dass sie außer sich geriet und bei Truedales erstauntem Blick wie ein ganz anderes Kind aussah als das, das Lynda beschrieben hatte.

Das brillante kleine Ding kam mit Lynda in die Halle, die Arme voller Pakete, die zu kostbar waren, um sie in andere Hände zu geben; Ihre Augen tanzten und ihre Stimme vibrierte vor Glück.

„Und jetzt nenne ich dich Muvver – Lyn , weil Du bist wirklich nett und das ist dein Haus! Es ist ein wirklich schönes Haus."

Truedale hatte seine Rückkehr nach Hause gut geplant. Er war bereit, die beiden in der Bibliothek zu begrüßen. Die plappernde Stimme bezauberte ihn mit ihrer entzückenden Sanftheit und er ging freudig vorwärts, um Lynda und das neue kleine Kind kennenzulernen. Ann war vorne; Lynda fiel zurück und wartete mit klopfendem Herzen an der Tür.

Ann hatte mehr als eine Woche Zeit mit Brace Kendall gehabt, um den Eindruck zu verwischen, den Burke Lawson in ihr Gedächtnis eingeprägt hatte. Aber sie war Männern gegenüber schüchtern und wog sie sorgfältig ab, bevor sie ihnen einen Gefallen erwies . Sie blieb stehen, als sie Truedale sah ; sie ließ unbeachtet ein Paket fallen; Sie starrte ihn an, während er mit ausgestreckten Händen wartete. Dann trat Ann langsam – wie gegen ihren Willen angezogen – vor und legte ihre Hände in seine.

„ Das ist also das kleine Mädchen, das gekommen ist, um uns beim Weihnachtsfest zu helfen?"

"Ja." Immer noch dieser starre Look. Es schien Lynda das Unnatürlichste zu sein, was sie je gesehen hatte. Und oh! Wie ähnlich waren sich die beiden, jetzt, wo sie zusammen waren!

„Du bist die kleine Ann und du wirst mit uns spielen" – Truedale blickte zu Lynda und zog sie durch die Liebe in seinen Augen zu sich – „ Du wirst mit uns spielen und du wirst uns Mutter und Vater nennen, gewonnen." Bist du es, kleine Ann?" Er hatte vor, seinen Teil voll und ganz zu leisten. Er würde nichts zurückhalten, nachdem Lynda sich nun zu diesem Schritt entschlossen hatte.

"Ja."

„Und glaubst du, du könntest mich küssen – überhaupt?"

Kurios erhob sich das Kind auf die Zehenspitzen – Truedale kniete halb vor ihr – und gab ihm einen langwierigen Kuss.

„Wir werden gute Freunde sein, nicht wahr, kleine Ann?" Truedale war erfreut, Lynda sah das. Das kleine Mädchen machte einen tiefen Eindruck.

"Ja." Dann – bewusst: „Soll ich dir beibringen, Vater zu sein?"

"Was meint sie?" Truedale sah Lynda an, die Bettys charmante Dummheit erklärte.

"Ich verstehe. Nun ja, Ann, du musst mir beibringen, Vater zu sein."

Und so begannen sie ihr gemeinsames Leben. Und nach ein paar Tagen bemerkte Lynda, dass während des Aufenthalts des Kindes bei Betty die Kruste mürrischer Zurückhaltung verschwunden war – das kleine Geschöpf war das fröhlichste und süßeste, was man sich vorstellen konnte, sobald sie sich selbst vergessen konnte. Beschützt, umsorgt und bedacht, entwickelte sie sich wunderbar und bald schien es, als wäre sie Jahre statt Tage bei ihnen gewesen. Der Eindruck war fast verblüffend und sowohl Lynda als auch Truedale äußerten sich dazu.

„Es gibt bestimmte Dinge, die sie tut, die scheinbar schon immer auf sie gewartet haben", sagte Conning, „das macht sie sehr charmant." Sie bürstet die Hunde und Katzen regelmäßig, und sie fängt an, Bücher und Papiere in meiner Höhle auf beunruhigende Weise aufzusammeln – aber sie weiß immer, wo sie hingehören."

„Das ist unheimlich", wagte Lynda; „Aber sie hat sich auf jeden Fall angepasst, Gott segne ihr Herz!"

Anfangs hatte es Momente gegeben, in denen Lynda befürchtete, dass Thomas sich an das Kind erinnern würde, aber die alten Augen konnten kaum erwarten, dass sie in dem zierlichen kleinen Mädchen den kleinen, geflickten und schmutzigen Fremden des lästigen Besuchs erkennen würden. Viele Male hatte Thomas die Aufnahme der beiden „Verlorenheiten", wie er sie nannte, erklärt und sich dafür entschuldigt.

Nein, alles schien gnädigerweise verschwommen; und Ann vergaß in ihrem neuen Zuhause offenbar alles, was hinter ihr lag. Sie hat nicht einmal darum gebeten, zu Betty zurückkehren zu dürfen, obwohl sie Betty, Brace und Bobbie mit schmeichelhafter Freude begrüßte, wann immer sie zu Besuch kamen. Sie lernte, Lynda sehr zu mögen, war oft liebevoll zu ihr; Aber in dem wunderbaren Zuhause, ihrem eigenen, umsorgten und betreuten, war es Conning, der sie am meisten ansprach. Sie wachte über ihn und wartete am Ende des Tages, und wenn sie mit Lynda unterwegs war , wurde sie nervös und besorgt, wenn sie sich bei Einbruch der Dunkelheit verspäteten.

„Ich möchte, dass Vater mich warten sieht", drängte sie; „Es gefällt mir, seine Freude zu sehen."

„Und ich auch!" sagte Lynda und kämpfte darum, den unwürdigen Groll zu überwinden, der gelegentlich die Oberhand überkam, wenn das Kind sich Conning allzu leidenschaftlich aneignete.

Aber dieser Charakterzug Anns schmeichelte und entzückte Truedale ; Oft war er amüsiert, aber er wusste, dass es vor allem das Einzige an dem kleinen Mädchen war, das sie bei ihm beliebt machte.

„Was für ein Schatz sie ist!" sagte er oft zu Lynda, wenn sie allein zusammen waren. „ Ist sie jemals unartig?"

„Ja, oft – der Affe!"

"Freut mich, das zu hören. Ich hasse einen schlaffen Jungen. Spricht sie jemals über ihre kleine Vergangenheit, Lyn?"

"Niemals."

„Ist das nicht seltsam?"

„Ja, aber ich bin froh, dass sie es nicht tut. Ich möchte, dass sie es vergisst. Sie ist sehr zufrieden mit uns – aber sie ist alles andere als perfekt." „Zu welcher Form von Gehässigkeit neigt sie, Lyn? Bei mir ist sie so lammartig, wie es nur sein kann."

"Oh! Sie hat ein feuriges Temperament, und wenn ich darüber nachdenke, zeigt sie es im Allgemeinen in Bezug auf Sie."

"Mir?" Truedale lächelte.

"Ja. Thomas hat sie neulich dabei erwischt, wie sie deine Schuhe geschwärzt hat. Sie machte ein furchtbares Durcheinander und er versuchte, sie ihr wegzunehmen. Sie verpasste ihm einen richtig heftigen Schlag mit der Bürste. Was sie sagte, war eigentlich komisch: „Er gehört mir; Wenn ich den Dreck von seinen Schuhen entfernen will, kann ich das tun. Er *soll nicht* auf der Erde laufen – und er gehört mir!'"

„Der kleine Schlingel. Und was hat Thomas gemacht?"

"Oh! er ließ sie. Die Leute ließen sie immer. Das mache ich selbst."

„Sie ist ein faszinierendes Kind", sagte Truedale lachend. Dann ganz ernst: „Ich bin ziemlich froh, dass wir ihre Vorgeschichte nicht kennen, Lyn; Es ist sicherer, sie zu nehmen, wenn wir sie finden und darauf aufbauen. Aber ich wäre bereit, viel zu riskieren, damit viel Liebe und Güte von der kleinen Ann zurückkommt, ganz gleich, wie viel sonst noch hineingedreht wird. Und die Liebe und Güte müssen ihr Pass durchs Leben sein."

„Ja, Con, und das sind alles, was sich lohnt ."

Aber jede Veränderung war für Ann und diejenigen, die mit ihr zu tun hatten, eine Zeit des Kampfes. Sie hatte eine leidenschaftliche Bindung an Orte und Menschen, und die Neuanpassung verursachte ihr Schmerz und Unruhe.

Wenn man an die Schule dachte, wäre sie fast krank geworden. Sie klammerte sich an Truedale und flehte ihn an, sie nicht gehen zu lassen.

„Aber es ist nur für den Tag, Ann", erklärte er, „und du wirst Kinder zum Spielen haben – kleine Mädchen wie du."

"NEIN; NEIN! Ich will keine Kinder – nur Bobbie! Ich will nur meine Leute!"

Lynda kam zu ihrer Verteidigung.

„Con, wir werden für ein Jahr oder so eine Gouvernante haben."

„Ist es klug, Lyn, ihr nachzugeben?"

"Ja ist es!" Ann platzte herein; „Es ist klug, ich würde sterben, wenn ich gehen müsste."

also eine Gouvernante und machte erfreuliche Lernfortschritte. Das auffälligste Merkmal des Kindes war, dass es sich am meisten entwickelte und gedieh, wenn man ihm keinen Widerstand entgegenbrachte. Wenn sie dazu gezwungen wurde, verkümmerte sie geistig und körperlich. Sie hatte die ungewöhnliche Fähigkeit, Liebe zu gewinnen und zu behalten, und hinter ihrem schüchternen und sanften Äußeren steckten Leidenschaft und Stärke, die manchmal erbärmlich waren. Obwohl sie kein robustes Kind war, ging es ihr im Großen und Ganzen gut, und mit der Zeit gewann sie an Lebenskraft . Einmal, und nur einmal, war sie ernsthaft krank, und das war, als sie etwa zwei Jahre mit Truedale und Lynda zusammen war . Soweit sie wussten, hatte sie während dieser ganzen Zeit nie auf die Vergangenheit Bezug genommen und beide glaubten, dass diese für sie tot sei; Doch als Schwäche und Fieber die unkindliche Kontrolle lockerten, geschah etwas, das Lynda beunruhigte, aber die dünne Barriere, die trotz all ihrer Bemühungen zwischen ihr und Ann bestanden hatte, für immer zum Einsturz brachte. Sie saß während eines Deliriums allein mit dem Kind, als plötzlich die kleinen heißen Hände leidenschaftlich nach oben griffen und der Name „Mutter" auf den trockenen Lippen in einem Ton zitterte, der Lyndas Ohren unbekannt war. Sie beugte sich vor.

„Was, kleine Ann?" Sie flüsterte.

Die großen, brennenden Augen sahen verwirrt aus. Dann: „Bringen Sie mich zu – zum Hollow – zu Miss Lois Ann!"

" Sch !" keuchte Lynda, jeder Nerv kribbelte. „Siehst du, kleine Ann – kennst du mich nicht?"

Das Kind schien es halb zu verstehen und stöhnte klagend:

"Ich bin verloren! Ich bin verloren!"

Lynda nahm sie in die Arme und die kranke Fantasie verging, aber von dieser Stunde an gab es eine neue Verbindung zwischen den beiden – eine tiefere Abhängigkeit.

Es gab einen Tag, an dem sie alle das Gefühl hatten, die kleine Ann würde ihnen entgleiten. Dr. McPherson war so nahe daran gewesen, die Hoffnung aufzugeben, wie er es sich äußerlich nur erlaubt hatte.

„Du solltest besser zu Hause bleiben", sagte er zu Conning; „Kinder sind scheue kleine Handwerker. Die besten von ihnen lichten manchmal den Anker, wenn man es am wenigsten erwartet."

Also blieb Truedale zu Hause und wunderte sich, als er durch das stille Haus wanderte, über die Intensität seines Leidens, während er über die Zeit nachdachte, die vor ihm lag, ohne das Kind, das erst vor Kurzem in sein Leben getreten war, von dem er nicht wusste, woher es kam. Er führte alles auf Anns bemerkenswerte Eigenschaften zurück.

Am späten Nachmittag des unruhigen Tages ging er ins Krankenzimmer und beugte sich über das Bett. Ann öffnete die Augen und lächelte ihn schwach an.

„Mach ein Licht, Vater", flüsterte sie und mit angsterfülltem Herzen drückte Truedale den elektrischen Knopf. Der Raum war bereits von Sonnenlicht durchflutet, denn er war nach Westen ausgerichtet; aber für Ann war es kalt und dunkel.

Dann wandte sie sich an Lynda, als wollte sie damit den letzten erbärmlichen Grund für ihren eigenen Abschied schaffen: „Machen Sie einen Mutterschoß für Ann", sagte sie. Lynda hob die dünne Gestalt zärtlich vom Bett und hielt sie fest.

„Ich – ich habe dir beigebracht, wie man eine Mutter ist, nicht wahr, Mama-Lyn?" Sie hatte Lynda nie einfach „Mutter" genannt, während „Vater" ganz natürlich über ihre Lippen gekommen war.

„Ja, ja, kleine Ann." Lyndas Augen füllten sich mit Tränen und in diesem Moment wurde ihr klar, wie viel ihr das Kind bedeutete. Sie hatte ihre Pflicht getan und sie manchmal sogar übertroffen, in ihrem Entschluss, nicht zu kurz zu kommen. Sie hatte sich mit Ann verbündet und aus Angst vor Ungerechtigkeit oft Partei gegen Conning ergriffen. Aber oh! es hatte immer etwas gefehlt; Und jetzt, zu spät, hatte sie das Gefühl, dass sie trotz all ihres Kampfes ihrem Schwur, den sie Nella-Rose gegeben hatte, nicht treu geblieben war!

Aber Ann blickte mit einem seltsamen, durchdringenden Blick zu ihr auf.

„Das ist die gemütlichste Runde der Welt", sagte sie stockend, „für kleine, müde Mädchen."

„Ich – ich liebe sie!" Lynda blickte zu Truedale auf , als wollte sie ein Geständnis ablegen und am Ende um Vergebung bitten.

" Natürlich tust du!" Er tröstete: „Aber – sei mutig, Lyn!" Er hatte Angst, Ann zu erregen. Dann richteten sich die müden Augen des Kindes auf ihn.

„Mommy-Lyn liebt mich!" die schwache Stimme war kaum hörbar; „Das tut sie, Vater, das tut sie!"

Es war wie eine Bestätigung – eine Anerkennung von etwas Schönem und Heiligem.

„Ich hatte das Gefühl", sagte Lynda anschließend zu Betty, „als würde sie es nicht nur Con, sondern auch Gott erzählen." Ich hatte es nicht verdient – aber es entschädigte für all den harten Kampf und fegte alles hinweg."

Aber Ann ist nicht gestorben. Langsam, fast zögernd, wandte sie sich wieder ihnen zu und brachte eine neue Kraft mit. Anscheinend hat sie das Aussehen und die Natur ihres Babys an dem schattigen Ort zurückgelassen, aus dem sie geflohen war. Als sie wieder gesund wurde, war sie das fröhlichste aller fröhlichen Kinder – manchmal fast lautstark – in der ausgelassenen Art von Bettys unbändigem Bobilink . Und die eindringliche Ähnlichkeit mit Truedale war verschwunden. Ein oder zwei Jahre lang sah das schlanke, fadenförmige kleine Mädchen wie niemand anders aus als ihr eigenes elfenhaftes Ich; und dann – es war wie eine Offenbarung – wurde sie wie Nella-Rose!

Lynda war manchmal atemlos, als sie hinsah und sich erinnerte. Sie hatte die Mutter nur einmal gesehen; aber diese Stunde hatte das Bild von Gesicht, Form und Tat in ihre Seele eingebrannt. Sie erinnerte sich auch an Connings anschauliche Beschreibung seines ersten Treffens mit Nella-Rose. Die urige, dramatische Kraft, die Anns Mutter geprägt hatte, entwickelte sich nun in der kleinen Tochter. Sie hatte die verbliebene Sprechweise – die Ausdrücke und Worte des Südens – fast vollständig verloren, aber sie unterschied sich so sehr von den Kindern, mit denen sie Umgang hatte, wie sie es je gewesen war.

Als sie stark genug war , nahm sie ihr Studium bei der Gouvernante wieder auf und begann auch mit der Musik. Sie genoss dies mit der Leidenschaft, die ihre Haltung gegenüber jeder Person oder Sache, die sie liebte, kennzeichnete.

„Oh, es lässt etwas in mich hinein, frei!" sie vertraute Truedale an . „Ich werde nie wieder unartig oder unfreundlich sein – das würde ich nicht wagen!"

"Warum?" Conning war kein Anhänger der Musik und war verwirrt über Anns Intensität.

„Warum", antwortete sie und zog die Brauen zusammen, um sich klar zu machen, „ich – ich wäre der schönen Musik nicht würdig, wenn ich schrecklich wäre."

Truedale lachte und tätschelte ihren hübschen, kurzgeschnittenen Kopf, über dem sich die neuen kleinen Locken sammelten.

Das Leben im alten Haus war zu dieser Zeit erfüllt und reich. Conning war, wie er oft sagte, respektabel beschäftigt und wichtig genug in den Angelegenheiten der Menschen, um zufrieden zu sein; er würde niemals jemand sein, der persönliche Macht genoss.

Lynda hatte sich in Anns ersten Jahren einen Partner genommen, der sich um Vorstellungsgespräche, Konferenzen und Verträge kümmerte; aber im Raum über dem Anbau ging die kreative Arbeit mit unvermindertem Interesse weiter. Die kleine Ann lernte den Ort bald lieben und hatte ihren kleinen Stuhl neben dem Kamin oder Tisch. Dort lernte sie die Lektionen der Rücksichtnahme auf andere und der Selbstbeherrschung.

„Wenn der Tag kommt", sagte Lynda zu Betty, „wenn meine Arbeit meine Pflicht gegenüber Con und Ann beeinträchtigt, wird es verschwinden!" Aber ich neige immer mehr dazu, zu glauben, dass die Einmischung eine Frage der Wahl ist. Ich bevorzuge meinen Beruf gegenüber – nun ja, anderen Dingen."

„Natürlich", stimmte Betty zu; „Frauen sollten ihren Nachwuchs nicht ewig verhätscheln, und wenn sie lernen, die Dinge beim richtigen Namen zu nennen und Eigeninitiative entwickeln, werden sie nicht mehr so viel jammern."

Lynda und Truedale hatten die Hoffnung auf eigene Kinder leider aufgegeben. Für Lynda war es schwerer als für Con, aber sie akzeptierte ihr scheinbares Schicksal und dankte dem Himmel erneut für die kleine Ann und das sichere Gefühl, dass sie sie vorbehaltlos lieben konnte.

Und dann, nach den Jahren der Veränderung und Neuanpassung, wurde Lyndas Junge geboren! Er schien alles mit einer heiligen Bedeutung zu krönen. Nicht ohne große Angst und Zweifel stieg Lynda in den Schatten hinab; Nicht ohne eine Qual der Besorgnis ging Truedale mit ihr an die Grenze, über die sie alleine gehen musste, um anzunehmen, was Gott für sie bereithielt. Sie erinnerten sich mit plötzlicher und scharfer Sorge an die Gefahr, die Betty durchgemacht hatte, obwohl keiner davon sprach; und immer lächelten sie mutig, wenn den meisten ihr Herz versagte.

Dann kamen die schwarzen Stunden des Leids und des Zweifels. Draußen tobte ein wilder Sturm, und als Truedale ihn hörte, fragte er sich, ob all die großen Ereignisse seines Lebens von diesen Naturausbrüchen begleitet sein würden. Er ging über den Boden seines Zimmers oder hing über Lyndas

Bett, und um Mitternacht, als sie ihn nicht mehr kannte oder ihn nicht mehr mit ihrem tapferen Lächeln beruhigen konnte, ging er elend davon und traf auf dem düsteren Treppenabsatz auf Ann, die weiß kauerte und verstört.

Seine Nerven waren am Ende und er sprach scharf.

„Warum bist du nicht im Bett?" er hat gefragt.

„Während – Mama-Lyn – da drin ist?" keuchte das Mädchen und blickte ihn vorwurfsvoll an. "Wie könnte ich?"

"Wie lange bist du schon hier?"

"Stets; stets!"

„Ann, du musst sofort in dein Zimmer gehen! Komm, ich gehe mit dir." Sie stand auf und nahm seine Hand. In ihren Augen lag Angst.

„Ist – ist Mama-Lyn –", stockte sie und Truedale verstand.

„Guter Gott! – nein!" er antwortete; "nicht das!"

„Ich sollte – in deiner Nähe bleiben." Ann zitterte, als sie neben ihm ging. „Sie hat dich – mir gegeben! Sie hat dich mir gegeben – um es für sie zu behalten!"

Truedale blieb abrupt stehen und sah Ann an. Verwirrt begriff er die Bedeutung der Verbindung, die dieses Kind mit Lynda verband – die sie alle mit der starken, liebevollen Frau verband, die sie dazu zwang, mit dem Tod um ein Leben zu kämpfen.

„Kleine Ann", war alles, was er sagen konnte, aber er beugte sich vor und küsste das Kind feierlich.

Als der Morgen anbrach, kam Lynda zurück – und brachte ihren kleinen Sohn mit. Gott hatte gesprochen!

Truedale , der neben ihr saß, eine Hand auf dem flaumigen Kopf, der beinahe so viel gekostet hätte, sah, wie sich die Mutterlippen bewegten.

„Du – willst – das Baby?" er hat gefragt.

„Ich – ich will die kleine Ann." Dann fielen die weißen Lider und schlossen die schwachen Tränen ab.

„Lyn, der Schatz hat die ganze Nacht vor deiner Tür gewartet – ich kann mir vorstellen, dass sie jetzt da ist."

"Ja, ich weiß. Ich will sie."

„Kannst du – gerade jetzt, Liebes?"

„Ich – muss die kleine Ann haben."

Also kam Ann. Sie war weiß – sehr beeindruckt; aber sie lächelte. Lynda öffnete nicht sofort die Augen; Sie versuchte, etwas von der alten Selbstbeherrschung zurückzugewinnen, die in den Stunden ihres Kampfes so gnadenlos zerstört worden war, aber plötzlich blickte sie auf.

„Du hast dein Wort gehalten, Ann", sagte sie. Dann: „Du – du hast einen Platz für mein Baby geschaffen. Kleine Ann – küss deinen – Bruder."

Sie benannten das Baby nach William Truedale und nannten ihn Billy, aus Rücksicht auf sein hübsches Babyverhalten.

„Er muss Onkel Williams Vertreter sein", sagte Lynda, „so wie Bobbie der Vertreter von Bettys kleinem toten Jungen ist."

„Ich denke oft an – das Geld, Lyn." Truedale sprach langsam und ernst. „Wie ich es gehasst habe; wie ich versucht habe, es loszuwerden! Aber wenn es richtig eingesetzt wird, scheint es sich selbst Würde zu sichern. Ich habe gelernt, es zu respektieren, und ich möchte, dass unser Junge es auch respektiert. Ich möchte es auf ein solides Fundament stellen und es zu einem Teil von Billys Ausrüstung machen – ein großes Vertrauen, für das er ausgebildet werden muss."

„Ich denke, ich möchte, dass seine Ausbildung seinen Kenntnissen über das Geld so weit wie möglich vorausgeht", antwortete Lynda. „Ich würde mir wünschen, dass er sich ein wenig wehrt – so wie sein Vater es vor ihm getan hat."

„Wie sein Vater es *nicht getan hat* !" Truedales Augen wurden düster. „Ich fürchte, Lyn, ich bin nach dem Modellierungsplan aufgebaut – ergänzt, aufgebaut. Manche Kerle sind ausgemeißelt . Ich frage mich – über den kleinen Billy."

„Irgendwie" – Lynda lächelte leicht zufrieden – „ Ich habe keine Angst um Billy. Aber ich würde ihm den Ruhm des Konflikts nicht nehmen – nein! Nicht um Onkel Williams Geld! Er muss seinen Teil in der Welt leisten und seinen Platz finden – nicht den Ort, den andere für ihn wählen."

„Du wirst zu ihm strenger sein als zu Ann, nicht wahr, Lyn?" Truedale meinte das leichtfertig, aber Lynda sah ernst aus.

„Das werde ich schaffen, Con, denn Billy hat etwas mitgebracht, das Ann finden musste."

"Ich sehe ich sehe! Da kommt eine Mutter ins Spiel, meine Liebe."

"Oh! Con, hier kommt sie mit Angst und Zittern ins Spiel – aber mit einem schrecklichen Verständnis."

Dieses „Verständnis" der Verantwortung der Mutterschaft wirkte sich bei Lynda sehr zu Truedales heimlicher Belustigung aus. Im Vertrauen auf ihre Pflicht gegenüber ihrem Sohn interpretierte sie ihre Pflicht gegenüber Ann. Während Billy mit seinem roten Gesicht und seinen umherschweifenden Augen in seiner extremen Jugend gurgelte oder heulte, kehrte Lynda zurück und reparierte befehlend einige Schäden in ihrer Behandlung von Ann.

„Ann", sagte sie eines Tages, „du musst zur Schule gehen."

"Warum?" Ann fragte natürlich. Sie war eine gewissenhafte kleine Schülerin und sehr zufrieden mit der Gouvernante, die täglich kam, um sie zu unterrichten.

„Du studierst und lernst großartig, Ann, aber du musst – Kinder in deinem Leben haben. Du wirst seltsam sein."

„Ich habe Bobbie und jetzt Billy."

„Ann, widerspreche nicht. Wenn Billy alt genug ist, um zur Schule zu gehen, geht er wortlos! Ich war zu schwach zu dir, Ann – du wirst es nach und nach verstehen."

Der neue Ton unterdrückte Anns Wunsch, weiter darauf zu bestehen; Sie war von dieser Einstellung ziemlich beeindruckt. Also ging Miss Ann mit einer erhabenen, distanzierten Miene zur Schule. Zuerst nahm sie das Wissen unter Protest in sich auf, so wie sie auch Essen gegessen hätte, das sie nicht mochte, von dem sie aber glaubte, dass es gut für sie sei . Dann zogen bestimmte Aspekte der neuen Erfahrung sie an und weckten sie. Aus der Masse an Dingen, die sie wissen sollte, griff sie nach den Dingen, die sie wissen wollte. Von den Mädchen, die ihre Schulstunden teilten, wählte sie sympathische Geister aus und verehrte sie, während die anderen für sie nicht existierten.

„Sie ist so intensiv", seufzte Lynda; „Sie buhlt nur um das Leiden. Sie verschwendet alles, was sie liebt, und trauert wie jemand ohne Hoffnung, wenn die Dinge gegen sie laufen."

„Sie ist der dramatischste kleine Kobold." Truedale lachte in Erinnerungen, während er sprach – er hatte Ann in zwei oder drei Schulaufführungen gesehen. „Ich sollte mich nicht fragen, ob sie Genie hatte."

Betty sah ernst aus, als sie das hörte. "Ich hoffe nicht!" war alles, was sie sagte, und von da an beobachtete sie Ann mit grübelnden Augen; Sie forderte Lynda auf, sich in der Gesellschaft von Bobbie und Billy, die in einem erfreulichen Maße normal waren, viel im Freien aufzuhalten. Ann spielte und genoss die Babys – sie vergötterte Billy und erlaubte ihm, ohne leichte Hand über sie zu herrschen –, aber wenn sie konnte, las sie Gedichte und redete mit den wenigen Mädchen, in deren Gegenwart sie hingerissen und ehrfürchtig wurde, über seltsame, fantasievolle Dinge.

Brace war der Einzige, der Ann als Witz auffasste.

„Sie arbeitet an ihren dummen Ideen, Junge", tröstete er; „Lass sie in Ruhe. Ein Junge ging hinter eine Scheune, rauchte und schwelgte in der Vorstellung, er sei ein teuflischer Kerl. Annie" – er allein nannte sie so – „ Annie raucht ihren Tabak hinter ihren kleinen Scheunen. Sie wird es satt haben. Lass sie ihre Lektion lernen."

„Das stimmt", gab Betty zu, „Mädchen sollten es genauso lernen wie Jungen – aber wenn ich *Bobbie jemals* beim Rauchen ertappe …"

„Was wirst du mit ihm machen, Betty?"

„Nun, ich bin mir nicht sicher, aber ich *weiß*, dass ich darauf bestehen würde, dass er hinter den Scheunen hervorkommt ."

Und das brachte sie alle dazu, Ann vom Standpunkt der Scheune aus zu betrachten. Wenn sie das Tragische und Düstere wollte , sollte sie es haben – im Sonnenlicht und umgeben von Liebe. Sie war also nicht länger auf die seltsamen kleinen Mädchen angewiesen, die in der Rohheit ihrer Jugendjahre wie blinde Fledermäuse umherflatterten. Lynda, Betty, Truedale und Brace lasen ihr markerschütternde Horrorgeschichten vor und nahmen sie mit in Theaterstücke – die besten. Und sie ließen sich auf eine Menge gesunden, alltäglichen Spaß ein, der sofort eine Reaktion hervorrief und einen Sinn für Humor entwickelte , der ihnen allen den Glauben gab, dass das Schlimmste vorbei sei.

„Sie hat alles vergessen, was hinter ihrer Krankheit steckt", sagte Lynda einmal zu Betty; „Es ist seltsam, aber sie scheint damit angefangen zu haben."

Dann machte Betty eine Bemerkung, an die sich Lynda später erinnerte:

„Ich glaube nicht, dass sie das getan hat, Lyn. Ich mache mir keine Sorgen um Ann, so wie du und Con. Ihre Lady-Macbeth-Pose ist einfach nur ein Mädchen; aber sie hat Tiefen, die wir noch nie erkundet haben. Manchmal denke ich, dass sie sie verbirgt, um ihre Dankbarkeit und Zuneigung zu beweisen, und weil sie so hilflos ist. Sie war fast fünf, als sie zu dir kam, Lyn, und ich glaube, sie erinnert sich noch an die Hügel und ihre Mutter!"

„Warum, Betty, was lässt dich das denken?" Lynda war entsetzt.

„Es sind ihre Augen. Es gibt Momente, in denen sie zurückblickt – weit zurück. Sie versucht, an etwas festzuhalten, das ihr entgeht. Liebe sie, Lyn, liebe sie wie nie zuvor."

„Wenn ich das gedacht hätte, Betty!" Lynda war entsetzt. "Oh! Betty – der arme Schatz! Ich kann nicht glauben, dass sie so stark – so – schrecklich sein kann."

„Es ist mehr oder weniger unbewusst – so etwas ist immer so –, aber ich denke, Ann wird eines Tages beweisen, was ich sage. In gewisser Weise ist es wie das Gefühl, das ich für mein eigenes Baby Lyn habe. Ich sehe ihn in Bobbie; Ich spüre ihn in Bobbies Lieblichkeit und Frechheit. Ann hält das, was vorher war, in dem, was jetzt um sie herum ist. Manchmal verwirrt es sie, so wie Bobbie mich verwirrt."

Ungefähr zu dieser Zeit – wahrscheinlich, weil er glücklicher war als je zuvor, möglicherweise, weil er mehr Zeit hatte, die er gewissenhaft sein Eigen nennen konnte, als er in so vielen gut verbrachten Jahren gehabt hatte – begab sich Truedale in sein Zimmer unter dem Dach. schleicht sich mit halb schuldbewusster Sehnsucht zu seinem alten Stück davon! So oft hatte er es wiederbelebt und es dann beiseite geworfen; Durch die Unterbrechung seiner Arbeit waren so viele Hoffnungen und Ängste entstanden und zunichte gemacht worden, dass er befürchtete, dass die Stärke, die sie einst gehabt haben mochte, jetzt für immer verloren sein würde.

Dennoch zog er sich noch einmal in sein Dachzimmer zurück – und Lynda stellte keine Fragen. Mit seltsamem Verständnis bewachte Ann diese Tür wie ein wahrer Drache. Als Billy seinem Vater folgte, überfiel Ann ihn; und es gab viele schnelle, lautlose Kämpfe in der Nähe des Portals, bevor der zügellose Billy weggetragen wurde und mit Anns fester Hand um sich trat, um seine empörten Schreie zu unterdrücken.

„Was macht Papa da?" Billy würde fordern, wenn er einmal besiegt wäre.

„Das geht niemanden außer Daddy etwas an", beharrte Ann unerbittlich.

„Ich – ich möchte es wissen!" Billy flehte.

„Warte, bis Daddy es dir sagen will."

Unter dem Dachdach wuchs Hoffnung in Truedales Herzen. Das alte Stück hatte sicherlich das subtile menschliche Interesse, das immer von entscheidender Bedeutung ist. Da war er sich sicher. Einmal hätte er beinahe beschlossen, Ann ins Vertrauen zu ziehen. Das Kind hatte solch ein dramatisches Gespür. Dann lachte er. Es war natürlich absurd!

NEIN! Wenn die Sache jemals zu etwas führte – wenn er es durch Auftragen von Fleisch auf die trockenen Knochen und Blut in die Adern hinter sich bringen konnte – sollte es sein Geschenk an Lynda sein! Und das Einzige, was ihn bei seiner nach all den Jahren recht steifen Arbeit ermutigte, war die Gewissheit, dass er manchmal das Herz in dem geschrumpften und verschrumpelten Ding schlagen hörte! Und so arbeitete er ehrfürchtig weiter.

KAPITEL XXII

Unter den Notizen und Vorschlägen, die über das alte Manuskript verstreut waren, befanden sich Zeilen, die in der Vergangenheit einst den kranken und bitteren Groll von Truedale geweckt hatten:

„ Deine Geschichte wurde schon vor langer Zeit geschrieben.
Deine Aufgabe ist es, zu lesen und zu interpretieren."

Immer wieder las er die Worte und dachte über seine eigene Meinungsänderung nach. Die Jugend, egal wie mager und bettelarm sie auch sein mag, sehnt sich nach Konflikten und besteht darauf – nach persönlichem Verlust und Gewinn. Doch je mehr die Zeit einen in ihre Geheimnisse einführt, desto umfassender wird die Seele – Truedale war sich jetzt sicher, dass es die umfassendere Perspektive war. Nach dem Kampf – denn der Kampf war Teil der geschriebenen Geschichte – schwand die Sehnsucht nach einem Sieg der geringeren Art, während der höhere Ruf seinen Reiz ausübte. Teil des Universellen sein; auf die Stufen zurückzublicken, die nach oben oder sogar nach unten führten, und fest davon überzeugt zu sein, dass hier oder anderswo – worauf es in der mächtigen Kette vieler Glieder ankam – die „Interpretation" sagte!

Truedale kam zu dem Schluss, dass der Fatalismus keine schwache und rückgratlose Philosophie sei, sondern eine Philosophie, die starke Seelen hervorbringen solle.

Könnten sie sich nicht als wunderwirkende Elemente erweisen, wenn sie nicht durch die engen Beschränkungen des Hier und Jetzt eingeschränkt werden, selbst wenn sie falsch sind?

Dann rückte die Wirkung auf andere wie am Anfang in Truedales Überlegungen ein. Die „Geschichten" anderer! Er lehnte in diesem Moment seinen Kopf auf seine gefalteten Hände und dachte an Nella-Rose! Er sah sie so, wie er es immer tat – zärtlich, sanft, aber als hätte er keinen wirklichen Anteil an seinem wirklichen Leben. Sie war wie etwas, das über eine fehlerhafte und ungezügelte Phase seiner vergangenen Existenz Macht erlangt hatte. Er konnte sie nicht im Sinne der Realität der Männer, Frauen und Angelegenheiten verwirklichen, die ihn nun streng prägten und beherrschten. Sie war – und das würde sie immer für ihn sein – eine Erinnerung an etwas Schönes, Liebes, aber schwer fassbares. Er konnte sie nicht mehr einordnen und reparieren. Sie gehörte zu jener seltsamen Zeit seines Lebens, in der er sich auf dem Weg zu sich selbst blindlings vorwärts stürzte, ohne die Kosten abzuwägen oder auf klare Sicht zu warten.

„Was ist aus ihr geworden?" dachte er, während er mit seiner geheimen Arbeit abseits saß. Und dann hoffte er inbrünstig, dass das, was Lynda einmal vorgeschlagen hatte, tatsächlich wahr sein könnte. Er betete, wie solche Männer beten, dass die Erfahrung, die es ihm ermöglicht hatte, sich selbst und das Leben besser zu verstehen, auch Nella-Rose einen größeren, freieren Raum gegeben hätte, ihre gewählte Rolle zu spielen.

Er erinnerte sich an sein Wissen über die Bergfrauen, wie Jim White sie beschrieben hatte – Frauen, denen die Liebe in ihrer strahlendsten Form verweigert wird. Sicherlich hatte Nella-Rose einen strahlenderen Blick erhascht als sie. Hatte es sie auf den Himmel der guten Frauen hingewiesen – oder –?

Und schließlich hielt und lenkte dieses Thema das Stück – diese Wirkung einer tiefen Liebe auf eine Natur wie die von Nella-Rose, die treibende Kraft – der erlösende und stärkende Einfluss. Am Ende nannte Truedale sein Werk „The Interpretation".

Und während sich dies hinter der Dachbodentür abspielte, verstärkte ein scheinbar unbedeutender Zwischenfall Truedales wachsenden Glauben an seine Philosophie.

Er und Lynda gingen eines Tages in das Atelier eines Bildhauers, der plötzlich berühmt geworden war, weil er eine wundervolle Figur, halb menschlich, halb göttlich, hatte, die die anspruchsvollen Kritiker aus ihrer gewohnten Ruhe gerissen hatte.

Der Mann hatte zuvor viel Gutes geleistet, aber nichts Bemerkenswertes; Er hatte seine jahrelange Arbeit mit geduldigem Mut auf sich genommen und darauf bestanden, dass es sich nur um eine Vorbereitung handelte. Am Anfang war er halb verhungert – hatte sich nach und nach auf den Weg gemacht, was jeder für einen mittelmäßigen Stillstand hielt; Aber er behielt seinen Glauben und seine fröhliche Einstellung bei und präsentierte dann in aller Stille die bemerkenswerte Persönlichkeit, die Anerkennung und Wertschätzung verlangte.

Der Künstler hatte sein Meisterwerk für einen Betrag verkauft, der vernünftigerweise für Aufregung in seinem Leben gesorgt hätte – aber das war nicht der Fall!

„Es tut mir leid, dass ich das Ding aufgegeben habe", vertraute er einigen Auserwählten an; „Komm und hilf mir, mich zu verabschieden."

Lynda und Conning gehörten zu den Auserwählten, und am Nachmittag ihres Anrufs waren sie zufällig mit ihm allein im Studio.

Alle anderen Arbeiten waren weggeräumt; die Figur stand allein im bestmöglichen Licht; und der Meister bewachte es auf unpersönlichste Weise mit ehrfürchtiger Berührung und gedämpfter Stimme.

Wäre seine Haltung eine Pose gewesen, wäre es lächerlich gewesen; aber es war so distanziert, so aufrichtig, so absolut bescheiden, dass es den Höhepunkt würdevoller Einfachheit erreichte.

„Thornton, woher hast du deine Inspiration – dein Modell?" fragte Truedale , nachdem die Schönheit der Sache in sein Herz eingedrungen war.

„Im Lehm. „Solche Dinge liegen immer im Sand", lautete die leise Antwort.

Lynda war tief berührt, nicht nur von der Statue, sondern auch von ihrem Schöpfer. „Sagen Sie uns bitte", sagte sie ernst, „was Sie meinen." Ich denke, es wird uns helfen, es zu verstehen."

Thornton lachte nervös. Er war ein schüchterner, zurückhaltender Mann, aber er dachte jetzt nur noch an das, was er darstellen durfte.

„Ich nehme immer", begann er zögernd , „ mein Pflaster in großen Klumpen, drücke es willkürlich aus und setze mich dann hin und schaue es mir an." Danach ist es nur noch eine Frage der Wahl, der Arbeit und der Entschlossenheit. Als dies" – er hob seinen ruhigen Blick auf die Figur – „ im Ton zu mir kam, sah ich es so deutlich, wie ich es jetzt sehe. Ich konnte es nicht vergessen, oder wenn doch, fing ich noch einmal von vorne an. Manchmal, das gestehe ich, habe ich bei der Arbeit seltsame Ergebnisse erzielt; Einmal, nach drei Tagen harter Arbeit, wurde ein – ein Teufel entwickelt. Es war auch nicht schlecht, ich hätte fast beschlossen, es zu behalten; aber schon bald erhaschte ich wieder einen flüchtigen Blick auf die Vision, die immer in meiner Nähe lauerte. Also habe ich etwas gekniffen und geglättet und etwas hinzugefügt, und am Ende blieb die Vision bestehen. Es war im Lehm – alles ist, bei mir. Wenn ich es dort nicht sehen kann, kann ich genauso gut aufgeben."

„Thornton, deshalb hast du nie den Mut verloren!" rief Truedale aus.

„Ja, das ist der Grund, alter Mann."

Lynda kam näher. „Danke", sagte sie mit tiefem Gefühl in ihrer Stimme, „ich verstehe; Ich dachte, ich würde es tun, wenn Sie es erklären würden, und – ich denke, Ihre Methode ist – gottähnlich!"

Thornton errötete und lachte. „Das ist wohl kaum der Fall", erwiderte er, „es ist einfach mein Weg und ich muss ihn nehmen."

Es war Spätsommer, als Truedale das Stück vollendete. Lynda und die Kinder waren weg; Die Stadt war heiß und vergleichsweise leer. Es war eine Zeit, in der kein Manager Lust hatte, sich Manuskripte anzusehen, aber wenn man ihn dazu zwang, hatte er mehr Zeit, sie zu prüfen, als er später haben würde.

Truedale nutzte dies aus und kämpfte sich – ängstlich, aber seltsam beharrlich – an den Männern vorbei, die angeheuert wurden, um einen solchen Kurs zu verhindern, und gelangte in die Gegenwart eines Managers, dessen Meinung er vertrauen konnte.

das Zeug zu lesen, um sich von Truedales Anwesenheit zu befreien. Er hatte nicht die geringste Absicht, dies zu tun, und hatte vor, den Abstieg zum Autor in Gang zu setzen, sobald die richtige Person – kurz: seine Privatsekretärin – aus dem Urlaub nach Hause kam.

Aber an diesem Abend drängte sich eine Schauspielerin, die fein genug und charmant genug war, um Aufmerksamkeit zu erregen, trotz der Hitze auf den Manager ein und erklärte ihr entsetzlich, dass sie die Rolle, die ihr in ihrem Stück zugedacht war, todmüde sei und keine spielen wollte davon!

„Aber mein Gott!" rief der Manager und fächelte sich mit seinem Panamahut Luft zu – sie waren in einem Dachgartenrestaurant – „ das ist August – und im Oktober geht es weiter."

„Nicht als verdorbene und sinnliche Frau, Mr. Camden; Ich möchte einmal in meinem Leben eine Figur sein, an die sich Frauen erinnern können, ohne rot zu werden."

„Aber, mein armes Kind, das ist deine großartige Kunst. Du bist eine Engelsfrau, aber du kannst eine Teufelin wie ein inspiriertes Geschöpf spielen. Du meinst nicht, dass du ernsthaft darüber nachdenkst, *meinen* Ruf und deinen eigenen zu ruinieren – indem –"

„Ich meine", sagte die Engelsfrau und nippte an ihrer Sauterne, „dass mir Ihr Ruf oder meiner einen völlig egal ist – das Wetter ist zu heiß –, aber ich werde kein weiteres schleimiges Stück mitmachen!" NEIN; Ich gehe zuerst ins Kino!"

Camden drehte seinen Kragen; es kam ihm vor, als würde er ersticken. "Gott bewahre !" war alles, was er schaffen konnte.

„Ich will Wälder und die freie Natur! Ich möchte, dass eine Figur mit einer kleinen, verdrehten, unerwachten Seele entwirrt wird und dazu gebracht wird, sich zu benehmen. Es macht mir nichts aus, ein bisschen unartig zu sein – wenn man mir den Hintern verbieten kann. Aber wenn der Vorhang für mein nächstes Stück, Camden, fällt, verlassen die Frauen das Theater mit einem freundlichen Gedanken an mich und nicht mit pochender Missbilligung – gute Frauen, meine ich!"

Und weil Camden ein ziemlich sentimentaler Typ war, in dem viel Aberglaube steckte, holte er Truedales Theaterstück aus der Tasche – es hatte den ganzen Abend über seinen Mantel ruiniert – und breitete es aus auf dem

Tisch, der jetzt bis auf den Kaffee und die Zigaretten leer war, an denen die Engelsfrau – Camden rauchte nicht – genüsslich paffte.

„Hier ist etwas Mist, den ein Kerl heute auf mich werfen konnte. Ich wollte es nicht rückgängig machen, aber wenn es eine Außenumgebung hat, werde ich einen Blick darauf werfen!"

"Hat es?" fragte der Engel und beobachtete das schwitzende Gesicht von Camden.

"Es hat! Große Öffnung. Hills – teuer offen."

„Ist es verrottet ?"

„Hmpf – hör dir das an!" Camdens scharfes Auge fiel auf ein oder zwei lebhafte Sätze. „Nicht die übliche Art von Bösewicht – und das Mädchen ist ziemlich einzigartig. Bis zu Tricks mit geschlossenen Augen. Ich frage mich, wie es ihr ergehen wird?" Camden blätterte schnell um und übersah dabei einige der besten Arbeiten von Con, bekam aber das, wonach er selbst suchte.

"Von Jove! sie tut es nicht!"

„Was – diese Streichhölzer auf diese Weise vorantreiben – was macht sie nicht?" fragte der Engel.

„Verdammt den Mann auf ewig und beansprucht ihr sexuelles Privileg der ungerechtfertigten Gerechtigkeit!"

„Verdammt sie sich selbst – wie eine Idiotin?" Der Engel war interessiert.

"Sie tut nicht! Sie spielt ihre eigene kleine Rolle durch die Musik der Erfahrung, die sie erlebt hat. Es ist nicht schlecht, beim Herrn Harry! Es muss gebastelt und bemalt werden, aber es ist original. Schauen Sie es sich einfach mal an."

Truedales Stück wurde über den Tisch geschoben und die Engelsfrau ergriff es. Der Geschmack, den Camden ihr gegeben hatte – wie Kaviar –, schärfte ihren Appetit. Sie las mit einer schnellen, hüpfenden Art weiter, die die Hoffnungen eines Autors zunichte gemacht hätte, die aber die Höhepunkte erfasste und die tiefen Töne einfing. Dann blickte die Frau auf und hatte echte Tränen in den Augen.

„Der kleine Ziegelstein!" sagte die Stimme der Lieblichkeit und des Nervenkitzels, „der herrliche kleine Trumpf! Warum, Camden, sie hatte ihre Ideale – echte, frische Frauenideale – und nicht die Ideale, die uns Frauen von Männern aufgedrückt wurden, die sie um ihrer selbst willen verabscheuen würden! Sie sammelte einfach die Reste ihrer beschädigten kleinen Angelegenheiten ein und machte sich ohne zu wimmern an die

Erledigung der einzigen Aufgabe, bei der sie jemals hoffen konnte, erfolgreich zu sein. Und sie ließ den Mann, der gelernt hatte, gehen! Mensch! aber das war eine große Entscheidung. Sie hätte den ganzen Plan so leicht durcheinander bringen können, aber das tat sie nicht! Der liebe, kleine, knappe, geflickte Liebling.

"Oh! Camden, ich möchte so lange wie möglich dieses Mädchen sein. Nach den ersten paar Wochen müssen Sie die Leute nicht mehr bestechen, um zu kommen – es wird sich durchsetzen, sobald sie den schlechten Geschmack aus ihrem Mund gerissen haben und herausgefunden haben, was wir vorhaben! Zählen Sie nicht die Kosten, Camden. Dies ist eine Chance für bürgerliche Tugend."

„Willst du noch mehr Zigaretten, meine Liebe?"

"NEIN. Ich habe genug geraucht."

Camden zog das Manuskript zu sich heran. „Es ist ein verdammter Rohdiamant", murmelte er.

„Aber du und ich wissen, dass es ein Diamant ist, nicht wahr, Camby?"

„Na ja, es funkelt – hier und da."

„Und es darf beim Schneiden und Setzen doch nicht kaputtgehen, oder?" Der Engel trug ihren hingebungsvollsten und schmeichelhaftesten Gesichtsausdruck. Sie behandelte ihren Mann mit inspirierter Berührung.

„Ähm! Nun ja, nein. Die Sache braucht eine Meisterhand; Daran besteht kein Zweifel. Aber guter Gott! Denken Sie an die Kosten. Dieses Outdoor-Zeug kostet wie alle Kreationen. Deine Kleider werden dich leicht entkommen lassen – du kannst dir *dieses* Engagement sparen – aber hab ein Herz und denk an mich!"

„Ich – ich denke an dich, Camby. Sie wissen genauso gut wie ich, dass Ihnen New York zur Verfügung steht. Was Sie sagen – geht! Rufen Sie sie jetzt an, um etwas zu erfahren, das sie sicherstellt, dass die Welt nicht zum Teufel geht, Camden. In dieser Szene" – und hier zog die Frau das Manuskript zurück – „ werden Männer und Frauen Tränen vergießen, die ihnen gut tun, wenn diese kleine Königin ihr schweres, aber geheiligtes Herz den Weg hinaufträgt – Tränen, die ihnen die klare Pflicht klarer vor Augen führen.". Männer und – ja, auch Frauen, Camby – *wollen* anständig sein, nur haben sie den Weg verfehlt. Das wird ihnen helfen, es zu finden!"

„Wir brauchen zwei starke Männer." Camden wagte es nicht, das flehende Gesicht ihm gegenüber anzusehen. Aber irgendetwas brachte ihn bereits dazu, dem zuzustimmen.

„Und, beim Himmel, ich kenne niemanden, der nicht entführt wird."

„Es gibt einen Jungen – er hatte bisher nur Nebenrollen –, aber ich will ihn als den Mann, der seine Lektion gelernt hat. Sie können den großen Waldriesen John Harrington geben – ich habe heute gehört, dass er auf dem neuesten Stand ist –, aber ich möchte Timmy Nichols für die andere Rolle."

„Nichols? Donner! Er ist nur fertig – was zum Teufel hat er getan? Ich erinnere mich an ihn, aber ich kann mich nicht an seine Rollen erinnern."

"Das ist es! Das ist es! Jetzt möchte ich, dass er seinen Teil nach Hause bringt – mit sich selbst!"

Camden blickte in das strahlende junge Gesicht, das eine kurze, aber glänzende Karriere nicht ruiniert hatte.

„Ich fange an zu verstehen", murmelte er.

„Du, Camden? Nun, ich fange gerade erst an, mich selbst zu verstehen!"

„Gemeinsam werdet ihr es schaffen!" Camden war plötzlich begeistert.

„Werden wir nicht? Und er hasste es so sehr, dass ich schleimig war. Niemand außer Timmy und meiner Mutter hat sich jemals darum gekümmert!"

„Wir werden diesen Kerl haben, der das Stück geschrieben hat – wie heißt er?"

„ Truedale ." Die Frau verwies auf das Manuskript.

"Ja. Truedale . Wir laden ihn morgen zum Abendessen ein. Ich hole Harrington und Nichols. Wohin sollen wir gehen?"

„Man liebt einen Ort drüben auf der East Side. Sie geben dir so gutes Essen – und lassen dich in Ruhe."

„Da gehen wir hin!"

Es war November, als die Hektik und Eile der Vorbereitungen vorbei war und Truedales Stück angekündigt wurde. Sein Name erschien nicht darauf, sodass sein Volk nicht nervös und verzweifelt war. Truedale war das oft, aber es gelang ihm, das Schlimmste zu verbergen und schweigend zu leiden. Er hatte den Schmerz überlebt, mitanzusehen, wie sein Nachwuchs amputiert, aufgerissen und ausgestopft wurde. Er war an einem Punkt angelangt, an dem er hören konnte, wie seine heiligsten Ausdrücke als Fäulnis angeprangert und durch andere ersetzt wurden, die ihn psychisch krank machten. Aber am Ende musste er, so nervös er auch war, zugeben, dass das, wovon er geträumt hatte – das, was er zu tun versucht hatte – intakt geblieben war. Seine Augen waren feucht, als bei der Generalprobe der Vorhang für seine „Interpretation" fiel.

Dann wandte er seine Aufmerksamkeit seinem persönlichen Drama zu. Er wählte seine Kiste; Darin sollten Lynda und Ann, Brace und Betty, McPherson und er selbst sein. Betty, Brace und der Arzt sollten die drei Vorderstühle einnehmen – nicht aus übermäßiger Demut seitens des Autors, sondern weil es natürlich einen großen Moment der Offenbarung geben würde – einen Moment, in dem Lynda es wissen würde! Wenn das käme, wäre es besser, dort zu sein, wo neugierige Augen sie nicht sehen könnten. Vielleicht – Truedale war darüber etwas besorgt – vielleicht musste er Lynda nach dem ersten Akt und vor Beginn des zweiten Akts mitnehmen, um ihr Zeit und Gelegenheit zu geben, ihre herrliche Gelassenheit wiederzuerlangen.

Und nachdem das Stück zu Ende war – nachdem er wusste, wie das Publikum es aufgenommen hatte – sollte es ein kleines Abendessen geben – nur sie sechs – und währenddessen würde er gestehen, im Guten wie im Schlechten. Er würde in ihrer Freude schwelgen, wenn er Erfolg hätte, oder sich auf ihr Mitgefühl stützen, wenn das Schicksal sich als unfreundlich erweisen würde.

Truedale wählte das Restaurant aus, arrangierte die Blumen und wurde dann so still und blass, dass Lynda erklärte, der Sommer in der Stadt hätte ihn fast umgebracht, und darauf bestand, dass er Urlaub machte.

„Wir hatten nicht unsere jährliche Hochzeitsreise, Con", flehte sie; „Lass es uns jetzt nehmen."

„Wir werden – wir werden gehen, Lyn, kurz vor Weihnachten."

"Nicht viel!" Lynda warf den Kopf zurück. „Vom 1. Dezember bis nach Weihnachten werden wir unsere gemeinsamen Anstrengungen brauchen, um den Forderungen von Billy und Ann gerecht zu werden."

„Aber Lyn, die Theatersaison hat gerade erst begonnen – und –"

„Sei kein Dummkopf, Con. Was kümmert uns das? Außerdem können wir irgendwohin gehen, wo es Theater gibt. Es ist zu kalt, um in die Wildnis zu gehen."

„Aber New York ist *der* richtige Ort, Lyn."

„Con, ich habe dich noch nie so eigensinnig und frivol gesehen. Du bist dünn und blass und machst mir Sorgen. Ich werde dich im Sommer nie wieder verlassen. Ann war dieses Jahr deswegen nervös. Sie erzählte mir einmal, dass sie die ganze Hitze gespürt habe, unter der du gelitten hast. Ich glaube, sie hat es getan! Kommst du *jetzt für einen Monat weg?*"

„Ich – ich kann nicht, Lyn."

„Dann also für zwei Wochen? Eins?"

„Liebling, nach nächster Woche, ja! Für eine Woche oder zehn Tage.“

„Guter alter Con! „Immer so vernünftig und – freundlich“, hob Lynda ihr glückliches Gesicht zu seinem …

Aber die Dinge geschahen nicht so, wie Truedale es arrangiert hatte – nicht alle davon. Am Eröffnungsabend des Stücks kam es zu einem kurzen Streit mit McPherson. Er sah nicht ein, warum er gezwungen sein sollte, in der ersten Reihe zu sitzen.

„Ich bin zu groß und zu dick!“ er protestierte; „Es ist, als würde man mich zur Schau stellen. Außerdem ist mein Anzug zu klein für mich und die Vorderseite meines Hemdes wölbt sich und – und ich bin nicht hübsch. Stellen Sie die Frauen an die Spitze, Truedale . Was fehlt dir überhaupt?“

Conning war verzweifelt. Für einen Moment sah es so aus, als würde der stämmige Arzt alles besiegen.

„Ich hasse Theaterstücke, wissen Sie!“ McPherson murmelte; „Warum hast du uns nicht zu einer Singkomödie oder einem Varieté mitgenommen? Herr! aber es ist heiß hier.“

Betty, die Truedales verärgertes Gesicht beobachtete, kam ihm zu Hilfe.

„Wenn Sie auf einer Party gefragt werden, ob Sie Tee oder Kaffee trinken möchten, Dr. McPherson“, sagte sie und zupfte an seinem riesigen Arm, „dürfen Sie nicht ‚Schokolade‘ sagen, das ist unhöflich. Wenn Con die Geschlechter verwechseln will , hat er ein vollkommenes Recht dazu, nachdem er sich mit dem Kauf dieser Box ruiniert hat. Setzen Sie sich neben mich, Herr Doktor. Wenn das Publikum mein wunderschönes neues Kleid betrachtet , wird es Ihren Ruf und Ihre Hemdbluse vergessen.“

Also setzte sich McPherson murmelnd und stirnrunzelnd neben Betty, und Brace ließ sich in Lammlaune neben ihn fallen.

„Es ist böse“, drehte sich McPherson noch einmal um; „Ich glaube nicht, dass Ann etwas sehen kann.“

„Ja, das kann ich, Dr. McPherson – wenn Sie dabei bleiben! Ich möchte zwischen Vater und Mama-Lyn sitzen. Wenn ich aufgeregt bin, muss ich jemanden in meiner Nähe haben, an dem ich mich festhalten kann.“

„Du solltest im Bett sein!“

Die kleine Ann lehnte sich an seine Schulter. „Sei nicht mürrisch“, flüsterte sie, „ich mag dich am liebsten – wenn du nicht der Arzt bist.“

„Umph!“ grunzte McPherson, aber er blieb danach „sitzen“, bis der Vorhang für den ersten Akt fiel. Dann wandte er sich an Truedale . Er hatte gelacht, bis ihm die Tränen in den Augen standen.

„Hat dieser große Holzfäller Sie an irgendjemanden denken lassen?" er hat gefragt.

Sie an jemanden erinnert?" Truedale kehrte zurück. Er war schwach vor Aufregung. Lynda, die neben ihm saß, war fast so weiß wie das Kleid, das sie trug – denn sie hatte sich an das alte Stück erinnert!

„Er ist dem alten Jim White so ähnlich, dass er sein Zwilling sein könnte! Ich habe seit einem Monat nicht mehr so viel gelacht. Es kommt mir vor, als hätte ich Urlaub in den Bergen gemacht."

Dann ging der Vorhang auf für die große Bühne! Camden hatte keine Kosten gescheut. Das war seine Art. Das Publikum brach in anerkennenden Applaus aus, als es die realistische Nachbildung tiefer Wälder, düsterer Pfade und eines Himmels aus Gold betrachtete. Es war eine leere Bühne – ein Moment des Wartens!

Im ersten Akt waren die Charaktere dem großen, ehrlichen Sheriff mit seiner Kenntnis der Menschen und seiner erstaunlichen Interpretation von Gerechtigkeit mehr oder weniger unterwürfig gewesen. Er war so weise – so köstlich anarchistisch – gewesen, dass das wahre Motiv des Stücks erst langsam zum Vorschein kam. Doch nun kam die Frau in den schönen, einsamen Wald! Das schäbige, strahlende kleine Geschöpf mit seinem gewaltigen Problem, das noch gelöst werden muss. Durch den Akt stieg sie höher, klarer; sie gewann Sympathie, sie offenbarte sich; und am Ende wandte sie sich mit einem Appell an ihr Publikum, der bis zum letzten Grad Erfolg hatte.

Kurz gesagt, sie hatte Truedales Stück ins Rampenlicht gebracht! Er wusste es; Jeder wusste es. Und als der Höhepunkt kam und die Entscheidung getroffen wurde – der Mann, der seine Lektion gelernt hatte, war sich der göttlichen Entsagung nicht bewusst, aber stark genug, um sein Leben mit klarem Blick aufzunehmen; Als die kleine Heldin ihre Augen und ihre leeren Arme zu dem Pfad hob, der hinauf und in die geheimnisvollen Wälder führte – und zu allem, was sie wusste, was sie enthielten – passierte etwas mit Truedale! Er spürte den Griff einer kleinen, kalten Hand an seiner. Er sah sich um und in die großen Augen von Ann! Das Kind schien hypnotisiert und wie von einer magischen Kraft berührt, strahlte die Ähnlichkeit mit seiner Mutter deutlich aus seinem Gesicht. Sie hatte Mühe, sich auszudrücken. Ich suchte nach Worten, die das, was sie erlebte, zum Ausdruck bringen würden. Es war, als würde man sich undeutlich an ein anderes Land und eine andere Szene erinnern, deren Sprache man vergessen hatte. Dann – und nur Lynda und Truedale hörten es – sagte die kleine Ann:

„Es ist Nella-Rose! Vater, es ist Nella-Rose!"

Betty hatte recht gehabt. Der Schock hatte den Schleier für einen Moment beiseite gezogen, das Kind blickte zurück – zurück; Sie hörte, wie andere denjenigen genannt hatten, an den sie sich jetzt erinnerte – der heiligere Name war ihr entfallen!

„Vater, es ist Nella-Rose!"

Truedale blickte Ann weiterhin an. Wie ein Sterbender – oder jemand, der plötzlich ins volle Leben hineingeboren wird – verstand er nach und nach! So wie Ann in diesem Moment aussah, so hatte auch Nella-Rose ausgesehen, als sie in Truedales Hütte ihren Blick zum Fenster richtete und sein Gesicht sah!

Das war Nella-Roses Kind, aber warum hatte Lynda –? Und bei diesem Gedanken überkam Truedale eine solche Welle von Gefühlen , dass er, so stark er auch war, fürchtete, er würde das Bewusstsein verlieren. Für einen Moment kämpfte er mit der bloßen körperlichen Empfindung, aber er behielt den Blick auf das kleine, dunkle Gesicht gerichtet, das sich ihm vertrauensvoll zuwandte. Dann bemerkte er, dass sich Menschen bewegten; das ganze Haus war fast leer; Während McPherson Betty beim Anziehen ihres Umhangs half, kommentierte er das Stück.

"Gutes Zeug!" gab er zu. „Da sind Muskeln drin. Nicht der übliche Appell an die hässlichere Seite des Lebens. Aber kommen Sie, Mrs. Kendall, hören Sie auf zu weinen. Es ist schließlich nur ein Theaterstück."

"Oh! Ich weiß", antwortete Betty zitternd , „aber es ist so menschlich, Dr. McPherson. Diese liebe kleine Frau hat mir fast das Herz gebrochen; aber sie hätte es völlig gebrochen, wenn sie anders gehandelt hätte. Ich glaube nicht, dass der Autor sie jemals *erraten hat* ! Irgendwo *lebte sie* und spielte ihre Rolle. Ich weiß es einfach!"

Truedale hörte das alles, während er zusah, wie der angespannte Ausdruck aus Anns Gesicht verschwand. Die Vergangenheit befreite sie und gab ihr die sichere, normale Gegenwart zurück. Dann lachte sie und sagte: „Vater, ich fühle mich so seltsam. Als ob ich – geträumt hätte."

Dann drehte sie sich mit einem tiefen, erleichterten Seufzer zu Lynda um. „Danke, dass du mich mitgebracht hast, Mama-Lyn", sagte sie, „es war das beste Stück, das ich je in meinem Leben gesehen habe." Ich wünschte nur, diese nette Schauspielerin-Dame wäre mit dem Mann gegangen, der es nicht wusste. Er tut mir wirklich leid. Und warum ist sie nicht gegangen? – Ich wäre so schnell wie alles andere gegangen."

Die Tür zwischen Anns Vergangenheit und ihrer Zukunft hatte sich geschlossen! Truedale stand auf, aber er war immer noch benommen und unsicher, was er als nächstes tun sollte. Dann hörte er Lynda sagen, und es schien fast, als würde sie aus einer Entfernung sprechen , die sie nicht überwinden konnte: „Kleine Ann, bring Vater mit.“

Er sah Lynda an und ihr weißes Gesicht erschreckte ihn, aber sie lächelte das freundliche, aufrichtige Lächeln, das ihn aufforderte, seine Rolle zu spielen.

Irgendwie lief der Rest des Plans ab, als wäre ihm kein grausamer Schock vorausgegangen. Das Abendessen war perfekt – die Gäste waren fröhlich – und als er sich beherrschen konnte, gestand Truedale – ohne Lyndas Gesicht im Auge zu behalten.

Für einen Moment waren alle still. Überraschung, Freude, verbliebene Rede. Dann fragte Ann: „Und hast du es hinter der verschlossenen Tür gemacht, Vater?“

„Ja, Ann.“

„Nun, ich bin froh, dass ich Billy draußen gehalten habe!“

„Und Lyn – wussten Sie das?“ Sagte Betty, ihr hübsches Gesicht strahlte.

„Ich – ich habe es erraten.“

Doch nach dem herzlichen Händedruck blieben die Männer still. McPherson erinnerte sich an etwas, was Jim White kürzlich zu ihm gesagt hatte, als er beim Sheriff in den Bergen war.

„Doc, dieser Kerl, den Sie einmal hierhergeschickt haben – der hat uns viel zu schaffen gemacht – hat uns alle nicht verstanden . “

Und Brace dachte an die Nacht vor langer, langer Zeit, als Conning einige Briefe auf die glühenden Kohlen warf und stöhnte!

KAPITEL XXIII

Endlich waren sie zu Hause im ruhigen Haus des alten William Truedale . Conning ging mit Ann nach oben. Im Allgemeinen ging Lynda mit ihm, um Ann einen Gute-Nacht-Kuss zu geben, bevor sie sich über Billys Kinderbett neben ihrem eigenen Bett beugten. Aber jetzt gesellte sich Lynda nicht zu ihnen und Ann plapperte mit strahlenden Augen weiter über das Stück und ihre Freude über die Leistung ihres Vaters. Sie war sehr urig und lustig. Sie rannte hinter einen Wandschirm, ließ ihr hübsches Kleid fallen und kam wie ein weiß gekleideter Engel in ihrem langen Kleid hervor, wobei ihre kurzen braunen Locken wie ein wunderschöner Rahmen um ihr ernstes, süßes Gesicht fielen.

Truedale , der neben der abgeschirmten Lampe saß, sah sie an, als ob sie in ihrem wahren Charakter da stünde.

„Kleine Ann", sagte er heiser, „komm, lass mich dich halten, während wir auf Mama-Lyn warten."

Ann kam freudig und schmiegte sich an seine Brust.

„Ich denke, dass es mein Vater war, der dieses großartige Stück gemacht hat!" flüsterte sie und kuschelte sich näher. „Ich kann es den Mädchen erzählen und bin so stolz." Dann gähnte sie leise.

„Mommy-Lyn musste wohl gehen und Billy das Geheimnis zuflüstern", fuhr sie fort und fand wie immer eine Ausrede statt einer Zurechtweisung. „ Billy hat den Ruhm seines Lebens verpasst, weil er so jung ist!"

Noch eins – ein längeres Gähnen. Dann lag der Kopf ganz still und Truedale sah, dass sie schlief. Ehrfürchtig küsste er sie. Dann trug er sie zu dem kleinen Bett hinter dem weißen Wandschirm mit seinen großen Engeln mit grüblerischen Augen. Als er sie hinlegte, blickte sie verträumt auf:

„Ich bin ein ziemlich großes Mädchen zum Tragen", flüsterte sie, „aber mein Vater ist stark und – und großartig!"

Wieder Truedale küsste sie und machte sich dann lautlos auf die Suche nach Lynda.

Er ging in ihr Schlafzimmer, aber Lynda war nicht da. Billy, rosig und mit dicken Armen über seinem hübschen blonden Kopf, schlief – ohne zu bemerken, was in der Nähe vorging . Truedale ging hin und sah sehnsüchtig auf ihn herab.

"Mein Junge!" er murmelte immer und immer wieder; "Mein Junge." Aber er küsste Billy in diesem Moment nicht.

Für Truedale bestand jetzt kein Zweifel mehr daran , wo er Lynda finden würde. Leise ging er die Treppe hinunter und in die düstere Bibliothek. Das Feuer brannte im Kamin. Die graue Asche gab kein Lebenszeichen von sich. Das Ticken der Uhr war grausam laut; und dort, neben dem niedrigen, leeren Stuhl, kniete Lynda – ihr weißes Kleid fiel in bewegungslosen Falten um sie herab.

Truedale durchquerte ohne Vorsatz den Raum, hob Lyndas Gesicht und hielt es in der Hand, während er auf dem Stuhl seines Onkels saß – dem längst leeren Stuhl.

„Lyn", sagte er und richtete seinen dunklen, besorgten Blick auf ihren, „Lyn, wer ist Anns Vater?"

Lynda hatte nicht geweint; Ihre Augen waren trocken und – treu!

„Du, Con", sagte sie leise.

Hätte sich Lynda in den vergangenen Jahren jemals erlaubt, sich vorzustellen, wie Conning diese Stunde treffen würde, hätte sie nicht mehr verlangen können, als er jetzt gab. Sie sah, dass er bereit war, alles auf sich zu nehmen, was auf ihn zukam. Sein Gesicht wurde weiß; sein Mund zuckte, als die Wahrheit dessen, was er hörte, in seine Seele eindrang; aber sein Blick wandte sich nie von dem ab, was zu ihm erhoben wurde.

„Kannst du mir alles darüber erzählen, Lyn?" er hat gefragt.

Einen Moment lang zögerte Lynda. Missverständnis, Truedale fügte hinzu:

„Vielleicht möchten Sie es heute Abend lieber nicht tun! Ich kann warten. Ich vertraue dir absolut. Ich bin sicher, dass Sie klug gehandelt haben."

"Oh! Con, ich war es nicht – nicht ich. Es war Nella-Rose, die weise gehandelt hat. Ich habe ihr alles überlassen! Sie hat entschieden. Ich wollte Sie schon immer, zumindest seit Jahren, wissen lassen; aber es war Nella-Rose's Wunsch, dass du das nicht tun solltest. Und jetzt hat die kleine Ann es möglich gemacht."

Und dann erzählte Lynda es ihm. Er hatte sie losgelassen und saß mit fest geballten Händen da und blickte auf die Asche auf dem Herd. Lynda drückte sich an ihn und beobachtete – beobachtete die Wirkung jedes Wortes.

„Und, Con, als ich es wusste, hat jede Faser meines Wesens dich beansprucht! Ich wollte sie und – und Ann wegstoßen, aber es gelang mir nicht! Dann habe ich versucht, für Sie zu handeln. Da Nella-Rose die Erste in deinem Leben war, sah ich, dass sie alles haben sollte, was ihr gehörte; Ich wusste, dass du es so haben würdest. Als ich mich dazu durchringen konnte, beiseite zu treten, übergab ich uns alle in ihre Obhut. Sie war sehr verängstigt, sehr bemitleidenswert, aber sie schloss die Augen und ich wusste, dass sie die

Wahrheit sah – die große Wahrheit, die unser aller Leben hütete und ehrlich behandelt werden musste – sonst würde sie alles zerstören. Als ich ihr ruhiges Gesicht beobachtete, konnte ich sehen, dass sie sich zurücktastete, zurück. Dann wurde ihr klar, was das alles bedeutete. Aus dem Kampf – dem Zweifel – erhob sich ihr großer, großartiger Ehemann – ihr Mann! Er hatte sie gerettet, als sie völlig verloren gewesen war. Was auch immer ihn jetzt bedrohte, musste verschwinden! Ihr Mädchentraum verblasste und die sichere Realität dessen, wofür er stand, blieb bestehen. Dann öffnete sie die Augen und traf ihre große Entscheidung. Da du sie in deinen Gedanken nie entehrt hast , wollte sie nicht, dass du sie so erkennst, wie sie damals war! Aber – es blieb die kleine Ann! Oh! Con, bis Billy kam, wusste ich nie , was Nella-Roses Opfer bedeutete! Ich dachte, ich hätte es getan – aber danach wusste ich es! Man muss ins Tal hinabsteigen, um die Bedeutung der Mutterschaft zu finden. Ich hatte schon früher meine Pflicht getan oder versucht, sie zu erfüllen, aber Billy hat mir beigebracht, Ann zu lieben und zu verstehen – den Rest!"

Für einen Moment herrschte Stille. In der weißen Asche war ein kleiner roter Funke zu sehen. Es glühte und pochte; es war schwer, etwas zu finden, von dem man leben konnte.

„Und Lyn, nachdem sie in die Berge zurückgekehrt war – wie war es mit ihr?"

„Sie hat alles außer deinem Namen auf die Seele ihres Mannes gelegt. Er hat nie mehr verlangt. Seine Liebe war groß genug – göttlich genug –, um sie anzunehmen. Oh! Con, in all den Jahren, in denen ich versucht habe, meinen Teil beizutragen, hat mir der Ehemann von Nella-Rose dabei geholfen! Nella-Rose blickte nie zurück – zu Ann und mir. Nachdem sie das Kind auf den Altar gelegt hatte, vertraute sie."

„Ja, das wäre ihr Weg." Truedales Stimme brach ein wenig.

„Aber, Con, ich blieb durch diese wundervolle alte Frau – Lois Ann – mit ihr in Kontakt. Ich – oh! Con, ich habe das Leben für sie alle einfacher und schöner gemacht; genau so, wie du es getan hättest. Lois Ann hat mir vom Glück des kleinen Hüttenhauses erzählt, von den Kindern – es sind drei –"

Eine scharfe Pause veranlasste Truedale , sich umzudrehen und Lynda anzusehen.

"Und nun?" er hat gefragt.

„Con, Nella-Rose ist letztes Jahr gestorben!"

Die Stille im Raum drängte sich; Selbst das Ticken der Uhr blieb unbemerkt. Der Funke auf dem Herd war zu einer Flamme geworden; es hatte etwas gefunden, von dem es sich ernähren konnte. Wie eine strahlende Hoffnung erhob es sich, verblasste und sprang dann höher in die weiße Asche.

„Sie ging, Con, wie ein Kind, das es satt hat, zu spielen. Sie war bei Lois Ann; es war das Bergfieber, und ihr blieb gnädigerweise die Erkenntnis des Leidens oder – der Entsagung erspart. Sie wiederholte immer wieder, dass sie schöne Dinge sah; sie war froh – froh bis zur letzten Minute. Ihre Kinder und ihr Mann sind in das alte Zuhause von Nella-Rose gegangen. Lois Ann sagt, dass sie alle retten! Das ist alles, Con – alles."

Dann beugte sich Truedale mit trübem, aber unerschrockenem Blick zu Lynda und zog sie hoch, bis sie sich, vor ihm kniend, ihre Hände auf seinen Schultern, einander gegenübersahen.

„Und so retten Frauen Männer!" er sagte.

„Auf diese Weise versuchen sie, sich selbst zu retten", antwortete Lynda.

„Oh, Con, Con, wann werden unsere Männer lernen, dass es das eine Leben, die eine große Liebe ist, die wir Frauen wollen? – das volle Wissen und – die Verantwortung?"

"Mein Liebling!" Truedale küsste den zarten Mund. Dann zog er sie näher und fragte:

„Erinnern Sie sich an den Tag in Thorntons Atelier – und an seine Worte? Wenn ich auf mein Leben zurückblicke, kann ich nicht verstehen – ich werde es vielleicht nie verstehen –, was der Schöpfer meinte, aber ich weiß, dass alles im Sande lag!"

Lynda zog sich zurück, ihre Hände hielten ihn immer noch fest. Ihr tapferes Lächeln machte ihr blasses Gesicht weicher.

"Oh! der liebe, liebe Ton!" Sie flüsterte. „Der Ton, der gepresst und geformt wurde – wie ich ihn liebe. Ich verstehe es auch nicht, Con, aber eines weiß ich: Der Meister hat nie die Vision im Ton verloren."

DAS ENDE

www.ingramcontent.com/pod-product-compliance
Lightning Source LLC
LaVergne TN
LVHW040007200726
843493LV00005B/1166